아이의 자존감을 키워주고 싶은 부모를 위한 **딸 공부법**

사랑받는 아빠는 소통법이 다르다

신우석(딸 육아교육 전문가) 지음

서사원

아빠의 사랑과 진심을 전하는 일을
절대 포기하지 마라

어느 대학에서 있었던 일이다. 교수가 투명한 유리 항아리 하나와 상자 하나를 가지고 들어와 강의실 테이블 위에 올려놓았다. 교수는 아무 말 없이 상자에서 주먹만 한 크기의 돌을 꺼내더니 항아리에 집어넣기 시작했다. 곧 돌은 항아리의 주둥이 높이까지 차올랐다. 교수가 학생들에게 물었다.

"여러분, 이 항아리가 가득 찼습니까?"

"네, 가득 찼습니다."

그러자 교수는 이번엔 상자에서 방금 넣은 돌보다 작은 자갈을 꺼내어 항아리에 집어넣기 시작했다. 자갈은 먼저 들어가 있던 돌들의 사이사이로 끼워져 들어갔다. 자갈이 항아리의 주둥이까지 차오르자 교수가 학생들에게 다시 물었다.

"항아리가 가득 찼습니까?"

"네, 가득 찼습니다."

그러자 교수는 이번엔 상자에서 모래를 꺼내어 항아리에 붓기 시작했다. 모래는 먼저 들어가 있던 돌과 자갈들 사이사이를 채워갔다. 모래가 항아리의 주둥이까지 차오르자 교수가 또 물었다.

"항아리가 가득 찼습니까?"

모래보다 더 작은 돌은 없을 것으로 생각한 학생들은 대답했다.

"네, 가득 찼습니다."

그러자 교수는 상자에서 물이 든 주전자를 꺼내어 모래 위에 물을 붓기 시작했다. 물은 모래를 진하게 적시며 천천히 차올랐다. 항아리 주둥이까지 물이 차오르자 교수가 또 물었다.

"항아리가 가득 찼습니까?"

학생들은 아무 말도 할 수 없었다. 이제껏 자신 있게 대답했지만, 계속 새로운 것이 나와 그 빈틈을 메꾸는 걸 두 눈으로 똑똑히 봤기 때문이다. 교수는 이번엔 상자에서 소금을 꺼내더니 항아리 주둥이 위에 뿌리기 시작했다. 물에 젖은 모래 위로 뿌려진 소금은 계속해서 녹아 들어갔다. 한참 소금을 뿌리던 교수가 말했다.

"이제 소금도 더는 들어가지 않습니다. 그럼, 이제 항아리가 가득 찼습니까?"

그러자 한 학생이 손을 번쩍 들며 이렇게 말했다.

"아니요, 아직 다 차지 않았습니다!"

교수는 학생을 보며 빙긋이 웃으며 말했습니다.

"방금 다 찼습니다."

이 이야기가 주는 교훈은 두 가지다.

하나는, 우선순위가 중요하다는 것이다. 만약 다른 것들을 먼저 집어넣었다면 큰 돌은 항아리에 영원히 집어넣지 못했을 것이다. 항아리는 하루 24시간의 한정된 시간을 살아가는 우리의 인생을 의미한다. 가장 중요한 일을 우선순위로 둬야 한다. 그렇다면 우리에게 지금 가장 중요한 일은 무엇일까? 열심히 돈을 버는 일이 가장 중요하게 여겨진다면 그 돈을 왜 벌어야 하는지부터 생각해봐야 한다.

아빠로서 돈을 버는 일은 가정을 책임지기 위해 분명 필요한 일이다. 하지만 딸을 한 명의 소중한 존재로 키워내는 일과 나란히 놓고 봤을 때, 어떤 일이 진정한 목표이고 어떤 일이 그 목표를 이루기 위한 수단에 불과한지 생각해보자. 수단에 쏟는 시간이 목표를 이루는 시간에 쏟는 시간보다 더 많다고 하더라도, 우선순위를 분명하게 세울 수만 있다면 중간에 길을 잃고 헤매는 일은 절대 일어나지 않는다. 때때로 경로를 이탈하게 되더라도 이내 올바른 길로 들어서게 될 것이기 때문이다. 방향만 명확하면 목표에 닿는 건 결국 시간문제일 뿐이다.

다른 하나는, 딸의 마음을 들여다보는 일을 끝까지 놓지 말아야 한다는 것이다. 앞으로 딸이 살아가야 할 세상은 절대 만만하지 않을 것이다. 끊임없는 미디어의 공격, 친구들과의 관계에서 겪게 되는 문제, 미래에 대한 불안, (아빠들이 가장 두려워하는) 이성 문제 등에 계속 노출될 것이다. 수많은 수치심을 경험하게 되고 낮아지는 자존감에 힘들어할 수도 있다. 하지만 문제는 자신이 벼랑 끝에 서는 상황이 돼도 부모를 걱정시키고 싶지 않은 마음에 쉽게 자신의 마음을 털어놓지 못하고 상처를 안고 살아가는 경우가 많다는 사실이다.

처음 교육자의 길에 접어든 이후부터 지난 15년간 그렇게 홀로 힘들어하는 딸들을 참 많이 봐왔다. 나이가 열다섯 살이건, 서른다섯 살이건, 모두 시간이 지나도 저절로 해결되지 않는 깊은 상처를 가슴속에 지닌 딸들이었다. 그중에는 특히 아빠와 사이가 많이 벌어진 아이들이 많았다. 아빠들은 딸을 진심으로 사랑했지만, 딸들은 혼자라고 느꼈다. 그리고 아빠들 역시 외로워했다. 아빠와 딸은 한쪽이 다른 한쪽에게 일방적으로 영향을 주는 사이가 아닌, 서로가 서로에게 의존하는 존재이기 때문이다.

딸은 아빠를 포기하지 않는다. 아빠가 힘을 잃게 되는 건 딸이 사춘기를 지나며 더는 아빠 말을 귓등으로도 듣지 않게 될 때가 아니다. 진로 문제, 취업 문제에 도움이 되지 못한다고 느낄 때가 아니다. 결혼해서 이제 아빠가 아닌 다른 남성과 한 가정을 이루게 될 때가 아니다. 바로 아빠 스스로 '이 정도면 됐겠지'라고 생각하는 순간이다.

'누구나 아빠가 될 수 있지만, 누구나 아빠 노릇을 하는 것은 아니다'라는 말처럼 진정한 부모의 역할을 한다는 것은 결코 쉬운 일이 아니다. 하지만 이제는 딸을 품에서 떠나보내야만 하는 그 순간이 왔다고 상상해보라.

"아빠, 그동안 정말 감사했어요. 아빠가 저를 위해 최선을 다했다는 걸 알고 있어요. 아빠와의 추억은 앞으로도 분명 저에게 큰 힘이 될 거예요. 사랑해요, 아빠."

이제 겨우 여덟 살이 된 딸아이를 앞에 두고 이런 상상을 하는 것만으로도 눈시울이 뜨거워지고 코끝이 매워진다. 우리가 진정으로 원하는 것은, 단지 누군가로부터 좋은 아빠라는 타이틀로 인정받는 것보다 결국 이런 게 아니겠는가?

딸에게 아빠의 사랑과 진심을 전하는 일을 절대 포기하지 마라. 포기하기 전에는 어떤 것도 끝나지 않는다.

딸 육아교육 전문가
신우석 소장

차례

Prologue 아빠의 사랑과 진심을 전하는 일을 절대 포기하지 마라 · 002

 딸 아빠 육아의 현재 위치

Chapter 1 친구 같은 아빠가 되고 싶었습니다

딸바보가 될 것인가 그냥 바보가 될 것인가	· 015
진짜 왕자는 왕자병에 걸리지 않는다	· 025
딸에게 인정받는 아빠가 되는 방법	· 037
딸은 이런 아빠를 원한다	· 043

Chapter 2 딸 키우기가 원래 이렇게 힘든 겁니까?

아빠의 고정관념에서 벗어나라	· 051
길 잃은 대한민국의 아빠 육아	· 060
먼저 딸 육아의 방향성을 가져라	· 067
딸 육아에 성공하는 아빠가 사업도 성공한다	· 073
딸에게 먹히는 훈육은 따로 있다	· 081

Chapter 3 밑도 끝도 없이 좋은 아빠가 되고 싶습니다

아빠가 딸의 미래 남친을 상상하기조차 싫어하는 진짜 이유	· 093
딸보다, 엄마보다, 먼저 아내를 지켜라	· 102
지금 아빠의 모습이 미래 사위의 모습이다	· 110

 아빠의 존재감을 높이는 5단계 로드맵

Step 1. [애착] 이제는 말만 들어도 지겨운 그놈의 애착 형성

그래도 애착 형성이 중요한 이유	·123
애착의 기본 재료, 스킨십	·135
애착의 필수 양념, 긍정의 대화	·138
애착의 MSG, 비밀 데이트	·143
딸에게 추억되는 특별한 남자가 되라	·149

Step 2. [소통] 도대체가 말이 통해야지 말입니다

소통이 왜 중요한가?	·159
말하는 것보다 더 중요한 소통의 기술, 경청	·164
사랑받는 아빠는 소통법이 다르다	·169
아빠의 세상에서 벗어나라	·178

Step 3. [놀이] 인형 놀이는 대체 언제까지 해야 합니까?

평생 끝날 것 같지 않은 인형 놀이 탈출법	·185
놀이와 교육, 한 번에 두 마리 토끼를 잡아라	·192
집안일도 훌륭한 놀이 교육이 된다	·201

Step 4. [자존감] 자존… 뭐라고요?

자존감? vs 자신감?	·211
엄친딸도 피하지 못하는 딸의 평생 고민	·219
딸을 왕따의 위험으로부터 구해내는 방법	·232
진정한 내면의 아름다움을 가르쳐라	·240
아빠의 자존감이 먼저다	·248

Step 5. [경험] 충분히 놀아주면 되는 거 아닌가요?

경험은 양보다 질이다 · 257
불친절한 아빠가 딸을 크게 키운다 · 266
어떤 크기의 화분에서 키울 것인가 · 274

Part 3 딸 아빠 육아의 목표

Chapter 1 지혜로운 딸로 키우고 싶습니다

지혜로운 아이는 쇼핑하는 법이 다르다 · 285
싸우지 않고 이기는 법을 가르쳐라 · 293
가르치려 하는 순간 아이의 생각은 멈춘다 · 298
스스로 공부하는 딸로 키우는 아빠의 육아법 · 304

Chapter 2 자기 인생의 주인으로 키우고 싶습니다

누구를 위한 인생을 살게 할 것인가 · 317
머리가 아닌 마음을 움직여라 · 325

Epilogue 세상에 나쁜 아빠는 없다 · 331

Part 1

딸 아빠 육아의
현재 위치

딸바보가 될 것인가
그냥 바보가 될 것인가

아빠들이 생각하는 친구 같은 아빠

"일 년에 몇 번 되지도 않는데, 가끔 아버지 댁에 가면 말 한마디 없이 그저 TV만 보다 돌아옵니다. 어머니와는 이런저런 얘기를 많이 하지만, 아버지와는 친밀감이 너무 없어서 입이 안 떨어지는 것 같아요."

이제 곧 마흔을 바라보는 나이가 되었음에도 아직도 생생하게 남아 있는 엄하고 권위적인 아버지 밑에서 자란 기억 때문에, 아버지를 보는 것이 여전히 불편하다는 아빠들이 많다. 어린 시절, 아버지의 나지막한 한 마디에도 쿵쾅대던 심장은 이제 더는 아버지를 무서워하지 않는다. 심지어 이빨 빠진 호랑이 같은 아버지 모습을 보며 연민을 느낀다. 하지만 마음 한구석에는 아버지를 향한 원망이 여전히 남아 있어서 둘 사이의 거리는 쉽게 좁혀지지 않는다.

'나는 아버지 같은 아빠가 되지 않겠다.'

이것이 바로 요즘 아빠들이 생각하는 '친구 같은 아빠'의 목표다. 아빠의 새로운 역할이 필요한 상황인 건 분명하다. 하지만 문제는 경험도, 참고할 만한 역할 모델도 없다는 것이다. 친구 같은 아빠가 되고자 마음먹은 아빠는 일단 아이와 수평적 관계를 형성하는 것에 중점을 둔다. 아이를 때리지 않는 것은 물론이고, 아이를 혼내거나 아이에게 명령하지 않는다. 아이의 의견을 듣고 아이가 원하는 것이 있을 땐 가능한 한 들어준다. 아이에게 반말을 허락함으로써 '우리는 친구'라는 것을 공식화한다.

여기까지만 해도 분명 이전의 가부장적이던 아버지의 모습과는 엄청난 차이가 있다. 아빠의 관점에서 볼 때 이 정도면 정말 파격적인 조건이 아닐 수 없다. '나는 느껴보지 못했던 따뜻함을 내 아이에게는 줄 수 있다!'는 자부심마저 느껴진다.

하지만 아빠는 곧 다시 힘이 빠진다. TV만 틀면 등장하는 연예인 아빠들과 비교되는 모습에 초라해질 뿐이다. 그들은 평일임에도 아이와 함께 데이트하고, 주말에는 엄마도 없이 단둘이 여행을 간다. 단순히 아이를 혼자서도 잘 보는 멋진 아빠일 뿐만 아니라 아내에게 휴식을 제공하는 멋진 남편이기까지 하다. 그뿐만이 아니다. 방송에 등장하는 기본적인 육아 환경 자체가 우리와는 다르다. TV 속 아이는 넓은 집에서 많은 것을 누리며 우리 아이보다 훨씬 더 행복해 보인다. TV 속 아빠는 친구처럼 다정다감하고 경제적인 여유까지 있는 완벽한 모습이다.

그에 반해 나는 아이에게 해줄 수 있는 것이 너무 부족하기만 하다. 물론 그것이 시청률을 위해 연출된 모습이라는 걸 모르는 바 아니다. 하지만 그럼에도 분명 어딘가에 저런 아빠들이 있을 거라는 생각이 자신감을 자꾸만 떨어뜨린다. 그리고 더 좋은 아빠가 되기 위해서는 더 많은 돈을 벌어야 한다는 압박감마저 느낀다.

결국 아이에게 더 많은 것을 주기 위해 아빠는 지금보다 더 바빠져야 한다는 결론에 다다른다. 어쩔 수 없이 아이를 엄마에게 맡기고 돈 버는 일을 우선으로 한다. 모두 아이를 위한 일이라고 생각한다. 하지만 아빠의 빈자리가 어떤 것인지 아는 아빠는 아이에게 미안함을 느끼게 되고, 이번에는 아이에게 가능한 모든 것을 다 해주는 '착한 친구'가 되고자 노력한다.

- 장난감, 과자 등 아이가 사달라는 것은 모두 사주는 아빠
- TV, 게임, 스마트 폰 등을 무제한 허락하는 아빠
- 아이가 스스로 해야 할 일까지 다 해주는 아빠

아빠는 사탕에 기뻐하는 아이의 모습을 자신을 향한 사랑의 표현으로 착각하고 만족한다. 엄마는 자신을 나쁜 엄마로 만드는 아빠의

양육 방식이 썩 마음에 들지는 않지만, 엄한 아빠의 모습보다는 낫다고 생각한다. 그리고 그 사이 눈에 보이지는 않지만, 아이의 이는 계속 안으로 깊이 썩어들어간다.

친구 같은 아빠의 함정

한 번은 놀자! 딸육아연구소를 찾은 한 아빠가 이런 말을 한 적이 있다.

"친구 같은 아빠가 되기 위해 카리스마를 버렸습니다."

아빠들은 이렇듯 친근함과 권위가 양립할 수 없다고 생각하는 경우가 많다. 아이에게 항상 다정한 모습을 보이며 아이의 요구를 최대한 들어주어야 우리가 그토록 바라던, 어려움이나 고민거리가 생겼을 때 쉽게 자신의 고민을 털어놓을 수 있는 따뜻한 아버지의 모습에 가까워진다고 생각하기 때문이다.

하지만 그런 생각은 매우 위험한 함정이 될 수 있다. 온실 안의 화초처럼 자란 아이는 자신이 원하는 것은 무엇이든 쉽게 가질 수 있다고 생각하게 된다. 세상을 살아가기 위해 필요한 분별력을 갖출 기회를 제대로 갖지 못하기 때문이다. 자신이 원하는 것을 취하기 위해서 자신을 위험에 빠뜨릴 수도 있고, 의도치 않게 다른 사람들에게 피해를 줄 수도 있다. 이때 아빠는 아이를 혼내지 않고도 아이가 올바른 방향으로 나갈 수 있도록 도와줄 수 있는 성숙한 통제 방식을 알아야 한다. 그런데 친구 같은 아빠들은 이런 상황을 만나게 되면 당황하는 경우가 많다. 그저 아이의 눈높이에 자신을 맞추는 데만 집중하고 있었기 때문이다.

딸의 나이가 만 6세를 넘어가면 자아가 성장하면서 논리적이고 구체적인 사고를 하기 시작한다. 그전까지는 부모의 말 한마디면 '그런가 보다' 하고 넘어갔던 내용도 이때부터는 통하지 않을 때가 많다. 마치 '작은 사춘기' 같은 상황들을 겪게 되는 것이다. 그때까지 친구 같은 아빠가 되는 것에 주력했던 아빠들은 이 시기부터 아이가 버릇없어졌다고 판단하는 경우가 많다.

눈에 넣어도 아프지 않을 하나밖에 없는 내 새끼지만, 고집을 피우거나 아빠를 무시하는 발언을 하면, 마치 믿었던 도끼에 발등이 찍힌 것처럼 가슴 아프고, 억울하고, 섭섭하고, 도무지 이해되지 않으면서 화가 나기도 한다.

'내가 널 어떻게 키웠는데….'

관계 지향적 성향이 강한 딸은 이 시기부터 매사 이유와 명분을 따지기 시작하기 때문에 단순 반복을 통한 학습만으로도 충분했던 전보다 더 많은 이해와 사고를 필요로 한다. 특히 같은 또래의 아들보다 성장이 빠른 딸은 관계에 대한 이해가 깊어지기 시작한다. 가령, 친구들간의 따돌림처럼 그전에는 겪어보지 못했던 완전히 새로운 갈등을 경험하기도 한다. 이런 때일수록 아직 자신을 지키기에는 어린 딸에게 자존감을 지킬 수 있도록 도와주는 사람이 필요하다.

하지만 그 어떤 좋은 의도와 훌륭한 육아 목표를 가졌다 해도 아이가 아빠를 그저 친구처럼 만만하게만 본다면 그것을 아이에게 전해줄 방법은 없다. 아직 세상은 아들보다 딸에게 더욱더 위험한 곳이다. 아빠는 딸에게 엄마 혼자서는 주기 힘든 특별한 영양소를 공급해주어야 한다.

아빠의 방식으로 새롭고 스릴 넘치는 모험을 경험하게 해주고, 성숙하고 논리적인 대화로 딸의 시야를 넓혀주어야 한다. 섬세한 감정을 지닌 딸이 중요한 순간에 자신의 감정과 행동을 분리할 수 있도록 건강한 통제력을 가질 수 있게 도와줘야 한다.

그것이 아빠가 수많은 세상의 위험으로부터 딸을 지키는 방법이다. 딸에게 필요한 건 단지 친구 같기만 한 아빠가 아니라, 태어나서 처음 겪게 되는 다른 아이들과의 관계에서 오는 갈등 상황을 현명하게 이겨낼 수 있는 지혜를 함께 주는 아빠다.

아빠가 딸 육아에 더 적극적이어야 하는 이유

유대인들은 한 가정에서 열 명 이상의 아이를 기르는 경우가 많다. 자녀는 하느님이 내려준다는 믿음으로 아이가 생기는 대로 모두 낳기 때문이다. 아이를 하나만 키워도 온갖 역경을 겪으며 수많은 고민에 쌓이는 우리로서는 도무지 상상할 수 없는 일이다.

하지만 그렇게 많은 아이를 키워내는 상황 속에서도 부모가 아이들에게 큰소리를 내는 경우가 거의 없다고 한다. 그것은 결코 유대인 아이들이 태어날 때부터 범상치 않아 스스로 부모 입에서 큰소리가 날 일을 만들지 않기 때문이 아니다. 부모가 아이의 관점에서 상황을 바라봄으로써 말썽을 피울 만한 상황을 예측하고, 그 상황이 발생했을 때 어떻게 대처하겠다는 것까지 미리 계획을 세워두기 때문이다.

아이는 스스로 말썽을 피워 혼이 날 수 있는 상황에 놓이면 마음이 불안해진다. 하지만 부모가 의연하게 대처하는 모습을 보게 된다면 평소 아무리 친구처럼 함께 장난을 치던 사이라도 그 존재감과 권위를 느끼게 된다. 아이에게 화를 낼 확률 또한 낮아지기 때문에 아이에게도 상처가 되지 않고 부모 자신도 상처를 받지 않게 된다.

아이를 키우면서 벌어질 수 있는 모든 상황을 예견한다는 것은 상식적으로도 불가능하다. 하지만 일반적으로 딸의 성향을 바탕으로 육아의 방향성을 결정하고 로드맵을 그릴 수 있다면 무작정 열심히 키우는 것과 비교했을 때 훨씬 난이도가 낮아질 것은 분명한 사실이다. 그러기 위해서는 아빠가 딸 육아에 더 적극적으로 나서야 한다. 그 이유는 다음과 같다.

첫째, 엄마는 너무 바쁘다

일반적인 엄마의 인터뷰 내용을 보자.

"아침에 일어나자마자 아이 깨워 밥 먹이고 씻기고 유치원에 보내는 것부터 전쟁의 시작이네요. 밥은 한 숟가락 먹는 둥 마는 둥 하다가 아이 등원시키고 잠시 집안일 좀 하다 보면 금세 하원 시간이에요. 아직 혼자 노는 것에 익숙하지 않아서 누구든 같이 놀아줘야 하는데 눈에 보이는 사람은 엄마밖에 없죠. 다른 일 다 미뤄두고 아이랑 놀아주는데 집에 장난감을 산더미 같이 쌓아두고도 아이는 집에서만 노는 것에 금방 흥미를 잃어요. 뭘 해야 지루해하지 않을까 항상 새로운 놀이를 찾아서 헤매는 것도 일이고요. 금방 또 저녁 해 먹일 시간 되고 씻기고 책 좀 읽어주면 어느새 밤 11시가 넘는 경우가 많아요. 아이 겨우 재우고 나면 그때부터 다시 집안일 시작이죠. 매일 하루가 그렇게 지나가요."

아무리 건강한 엄마라도 이런 스케줄을 반복하면 체력적으로도 한계에 부딪힐 수밖에 없다. 마음은 아이에게 좋은 것만 주고 싶지만, 실상은 겨우겨우 필요한 정도만 챙기기에도 바쁜 상황이다. 아이의 육체적 성장을 책임지기에도 버거운 탓에 지적, 정서적 성장까지 신경 쓸 여력이 없는 것이다.

둘째, 아빠만 할 수 있는 딸 육아의 역할이 있다

아이가 너무 엄마 껌딱지라 같이 놀아주려고 해도 엄마만 찾으니 의욕이 떨어진다고 하소연하는 아빠들이 많다. 아무래도 성장 과정에서 아빠보다 엄마와 함께하는 시간이 길었기 때문에 아이가 엄마를 더 많이 따르는 것은 어쩌면 당연하다. 게다가 딸은 엄마와 같은 여성적 성향을 지니는 경우가 많기 때문에 그 결속력이 강할 수 있지만, 아빠는 딸을 마치 '다른 종족'처럼 느끼기도 한다. 하지만 오히려 서로 다른 성향이 딸 육아에서 아빠가 엄마보다 더 근본적인 도움 요인이 될 수 있다.

모든 것에 장단점이 존재하듯, 엄마와 딸이 지닌 여성적 성향이 갖는 취약점 또한 존재한다. 관계적 성향을 강하게 지닌 탓에 다른 사람들로부터 자신의 존재를 인정받는 일에 신경 쓰는 경우가 많다. 그러다 보니 스스로 자신을 다른 사람들과 비교하기도 하고 그 결과 자신감이 위축되기도 한다. 딸이 그런 부분에서 정서적으로 약해지면 같은 여성으로서 그런 내용을 잘 이해하는 엄마가 쉽게 도와줄 수 있을 거라 생각하기 쉽다.

하지만 성인이 된 엄마도 여전히 같은 갈등 상황에 빠지며 낮은 자존감으로 고민하는 경우가 많다. 딸을 이해하는 일에서는 아빠보다 수월하지만 문제를 근본적으로 해결하기에는 오히려 다른 성향을 지닌 아빠가 더욱 유리할 수 있다.

아들을 키우는 경우, 부모의 지나친 통제가 아들의 성장에 오히려 방해될 수 있다고 많은 전문가들이 말한다. 아이가 스스로 자신만의 방법을 찾을 때까지 기다려주는 것이 더 좋다는 것이다.

하지만 딸은 아들과 다르게 키워야 한다. 딸에게는 좀 더 확실한 밀착 마크가 필요하다. 감정이 자신을 스스로 무너뜨리지 않도록 감정을 통제하는 법을 알려주고, 타이밍 적절하게 효과적인 칭찬을 하는 것도 중요하다. 온실 속의 화초처럼 키우기보다 더욱더 단단한 딸로 키우기 위해 깊은 관심을 기울여야 한다. 그러기 위해서는 그저 아이와 잘 놀아주는 딸 바보 아빠보다 성숙한 모습의 지혜로운 딸 바보 아빠가 되어야 한다.

진짜 왕자는
왕자병에 걸리지 않는다

권위적인 아빠와 권위 있는 아빠는 다르다

마치 '권력'이라는 단어와 어감이 비슷하기 때문일까, '권위를 갖는다'는 말을 불편하게 생각하는 경우가 많다. 하지만 권위적인 아빠와 권위 있는 아빠는 다르다. 왕자가 아닌 사람이 왕자병에 걸려 왕자인 척하는 것이 잘못이지, 진짜 왕자가 된다면 그만한 대접을 받는 것에는 아무런 문제가 없다. 마찬가지로 '권위적인' 것은 잘못된 것이지만 진정한 권위를 갖는 것은 절대 잘못된 것이 아니며, 오히려 자녀 교육을 할 때 없어서는 안 될 필수 요소라고 해도 과언이 아니다.

    권위적인 아빠는 자신과 아이를 수직 상하 관계로 인식하고 자신의 힘을 의도적으로 드러낸다. 가만히 있으면 자신의 지위를 인정받지 못할 것이라는 불안함 때문이다. 아이에게 자기 생각을 주입하려 애를 쓰고, 아이가 그것을 따르지 않으면 화를 내거나 강압적인 태도를 보이면서 아이를 위협한다.

"아빠 말을 듣지 않으면 어떻게 되는지 보여주지."

아이 마음에는 관심이 없고 오로지 자신의 지위를 지키는 것에만 관심이 있다. 마음은 곧 그 사람의 존재를 의미한다. 권위적인 아빠에게서 양육된 아이는 자신의 존재를 신뢰하지 못하고 불안해 한다. 자신을 신뢰하지 못하면 다른 사람도 신뢰할 수 없다. 자존감이 낮은 사람들의 특징 중 하나는 다른 사람들과 관계를 이루며 살아가는 데 어려움을 겪는다는 것이다. 관계 지향적 성향의 딸에게 다른 사람들과의 관계를 맺는 일이 어려워진다는 것은 그 어떤 것보다도 치명적이다.

처음엔 친구 같은 아빠가 되는 것을 목표로 삼았던 아빠들도 나중에는 권위적인 아빠로 변하는 경우가 많다. 친구가 되기로 마음먹은 아빠들에게는 아이에게 OK 사인을 주는 것 이외에 달리 선택권이 주어지지 않는다. 하지만 아무리 생각해도 이건 좀 아니다 싶은 상황을 만나게 되면, 아이에게 싫은 소리를 하지 않기 위해 엄마의 목소리를 끌어들인다.

"엄마가 그렇게 해도 된다고 했어?"

"너 그러다 나중에 엄마한테 혼난다."

그런 방법이 효과를 보는 경우도 있다. 하지만 아이가 말을 듣게 된 건 엄마를 방패로 삼았기 때문이다. 엄마에게 모든 권위를 실어준 아빠는 결국 스스로 만든 무력감에 빠지게 된다. 수치심을 느끼고 화가 치밀어 오른다. 그리고 그것이 모두 자신이 권위를 내려놓았기 때문이라고 생각하고 급하게 노선을 변경한다. 딸을 키우는 집에서는 이렇게 솜사탕 같던 아빠가 어느 날 갑자기 폭군이 되는 경우가 많다.

아빠의 관점으로 볼 때, 아빠의 변신에는 그럴 만한 명분이 있다고 여기겠지만 그건 아빠만의 생각이다. 딸에게 아빠는 그저 자신의 기분에 따라 '지킬박사와 하이드'처럼 오락가락하며 불안감을 조성하는 사람일 뿐이다. 일관적이지 않은 아빠의 말, 행동, 혹은 표정 하나하나는 민감한 딸에게 아빠에 대한 신뢰를 내려놓게 한다. 하지만 자신의 지위를 지킬 방법에만 몰두하는 권위적인 아빠는 그런 딸의 마음을 알지 못하고 계속해서 딸의 불안을 키운다.

결국 시간이 많이 흘러 딸에게 정말 중요한 일이 생겼을 때 아빠만 빼놓고 엄마와 딸 단둘이서 모든 것을 상의하고 의논한 것을 알게 된다(어쩌면 죽을 때까지 모를 수도 있다). 젊었을 때는 가장으로서 한 집안을 호령하는 듯했지만, 결국 자신의 선택으로 이빨 빠진 호랑이 신세가 되었다는 사실을 뒤늦게 알게 된다. 이것이 실제 지금 이전 세대의 아버지들이 겪고 있는 문제다.

아들과 딸이 느끼는 친밀도는 관계에 따라 다르다. 남성은 자신의 친구가 자신보다 사회적으로 우월한 위치에 있더라도 크게 불편해하지 않는다. 오히려 그런 우월한 존재가 자신과 관계를 이루고 있다는 사실을 자랑거리로 생각하기도 한다.

하지만 딸은 그렇지 않다. 딸과 가까워지기 위해서는 무게감보다는 친근감 있는 존재로 다가가는 것이 더 효과적이다. 그렇다고 마냥 딸이 원하는 것을 주기만 해서는 안 된다. 겉으로 드러나 있지 않은 내면에는 분명한 무게감과 나름의 철학을 바탕으로 한 뚜렷한 기준이 있어야 한다. 울타리를 분명하게 치되 눈에 보이지 않을 정도로 넓게 치는 것, 이것이 딸을 자유롭게, 동시에 안전하게 키우는 아빠의 권위다.

어떻게 권위를 쟁취할 것인가

이제까지 주 양육자의 역할은 주로 엄마가 맡았던 것이 사실이다. 그러다 보니 아이는 엄마가 키우는 것이고 아빠의 역할은 단지 그런 엄마를 도와주는 것으로 생각하는 아빠들이 많다. 하지만 딸을 키우는 데 있어 아빠의 역할이 미치는 영향은 단지 엄마의 보조 정도 수준이 아니다.

대한민국 여고생 400명을 대상으로 한 연구 결과에 따르면, 아동 및 청소년기 아빠의 육아는 딸의 자존감과 정체성 확립에 엄마의 육아보다 더 다양한 방면으로 영향을 미친다고 한다. 아빠의 적극적인 육아 참여는 딸의 학업 역량과 대인 관계 능력, 신체 및 운동 역량을 향상시키고 품행을 올바르게 이끄는 데 매우 긍정적인 영향을 미치며, 엄마의 육아는 딸의 학업 역량, 운동 역량, 신체적 매력에 대해 영향을 크게 미치지 않는다고 한다. 대다수 아빠의 생각과는 달리 딸을 키우는 일에서는 아빠의 육아가 분명하게 더 큰 효과를 발휘한다는 것이다.

하지만 아빠들은 보통 아들을 키우는 것보다 딸을 키우는 것에 소극적인 경우가 많다. 딸의 여성적 성향에 익숙하지 않기 때문에 자신은 주로 가사 일을 맡아서 하고 딸은 엄마에게 맡긴다. 물론 힘든 가사 일을 아빠가 한다면 엄마의 육체적 피로를 덜어줄 수 있다.

하지만 그보다 오히려 가사를 엄마에게 맡기고 아빠가 딸과 함께 시간을 보내기를 권한다. 아무리 엄마가 온종일 아이와 함께 시간을 보내며 정성을 다했다 하더라도 아빠가 해야 하는 역할까지 전부 대신할 수는 없기 때문이다. 그렇다면 아빠는 어떻게 스스로 권위를 되찾을 수 있을까?

1. 딸의 성향을 파악하라

한창 사춘기 때문에 힘들어하는 중학생 여자아이들을 직접 만나게 되면, 아빠는 컨설팅을 마치기가 무섭게 "대체 왜 그러는 거랍니까? 성적 문제입니까, 아니면 외모 문제입니까?"라는 식으로 물어봐

오는 경우가 많다. 그런 딸을 보며 답답함을 느낄 아빠의 심정은 충분히 이해된다. 하지만 가장 큰 문제는 아빠가 딸의 문제를 단지 딸의 개인적인 문제로만 본다는 점이다.

많은 연구 사례에 따르면, 사춘기 딸의 문제는 자신이 중요하다고 생각하는 사람들과의 관계 상실로 인한 외로움에서 비롯되며, 그것은 청소년 비행과 반사회적 행동, 불안과 우울, 섭식장애, 심지어 자살에 관한 생각으로까지 이어질 수 있다고 한다. 그렇다면 딸이 가장 중요하게 생각하는 사람들이란 과연 누굴 말하는 것일까? 바로 부모다.

하지만 딸의 여성적 성향을 충분히 이해하고 있지 못한다면 어째서 딸이 부모, 특히 아빠와의 관계로 인한 문제 때문에 힘들어 할 수밖에 없는지 역시 이해하기 어렵다. 딸을 온전히 키우고자 한다면, 먼저 여성의 성향을 충분히 이해해야 한다.

2. 엄마와 적극적으로 상의하라

대부분의 경우, 엄마는 '딸과 아빠'와의 관계에 관해 매우 구체적인 관심을 갖는다. 엄마 역시 딸로 태어나 한 가정에서 부녀관계를 경험해봤기에 그것이 딸의 미래에 어떤 영향을 끼치게 될지 잘 알고 있기 때문이다.

만약 아버지와의 관계가 좋았던 엄마라면 딸도 아빠와 그런 좋은 관계를 만들어나갈 수 있길 바랄 것이고, 그렇지 못했다면 딸은 자신과는 다른 건강한 부녀관계를 이룰 수 있길 바랄 것이다. 어떤 상황에서도 엄마의 개입에는 그만한 명분이 있다.

아빠의 관점에서 볼 때는 엄마의 개입이 '간섭'처럼 느껴지면서 부부간 육아 갈등의 원인이 되기도 한다. 하지만 특히 정서적인 부분에 관련해서라면, 우선 딸과 같은 성별을 가진 엄마의 의견을 존중하고 적극적으로 함께 상의하는 것이 좋다. 단, 엄마와 상의할 때는 딸에게 혼란을 주지 않기 위해 딸이 없는 자리에서 하기를 권한다.

3. 모르는 것을 부끄러워하지 마라

딸을 가진 아빠의 가장 큰 약점이 있다면 바로 '뻔하다'라는 생각이다. 세상에 정답은 없다. 더구나 엄마에게 필요한 것이나 엄마의 마음에 대해서도 다 알지 못하는 아빠가 딸에 관한 것을 모두 안다는 것은 마치 신의 영역을 넘보는 것과 같다. 오히려 '모른다'라고 전제하는 것이 훨씬 도움이 된다. 해결사 아빠가 되고 싶은 마음은 굴뚝같겠지만, 모를 수밖에 없는 것을 아는 척하거나 가리는 것은 더 큰 오해를 불러일으킬 수도 있다.

모르면 모른다 하고 딸과 함께, 그리고 엄마와 함께 답을 찾아보라. 오히려 그런 솔직한 자세가 아빠의 자존감을 지키는 데 도움이 된다.

4. 화내지 마라

때때로 딸이 고집을 부린다거나, 아빠를 만만하게 보는 듯 느껴질 때가 있다. 아빠의 권위가 무너지는 상황이라면 아빠도 사람인지라 화가 날 수 있다. 하지만 딸과의 관계를 무너뜨리는 가장 큰 요인이 바로 아빠의 화내는 모습이다.

아이들과 만나 이야기해보면 처음엔 아무렇지 않게 이야기를 나누다가 어느 순간 감정을 주체하지 못하고 눈물을 쏟아내는 모습을 자주 보게 된다. 그럴 때 보통 여자아이들이 많이 하는 말은 "아빠가 화낼 때 너무 무서워요."다.

아빠의 화는 딸에게 지울 수 없는 상처가 될 수 있다. 우리는 보통 화가 나면 상대가 명백한 원인을 제공했기 때문에 상대에게 화를 내는 게 마땅하다고 생각하는 경우가 많다.

하지만 화는 스스로 수치심을 느끼고, 자신을 그런 감정으로부터 보호하기 위한 방어기제다. 딸에게 수치심을 느낄 정도로 못난 아빠가 아니라면, 엉뚱한 곳에 화를 내지 말고 속으로 천천히 숫자를 세자. 숫자를 세는 데 집중하면 이성적 기능을 담당하는 좌뇌의 운동이 활발해지면서 감정을 억제하는 데 효과가 있다고 한다.

5. 딸의 기분을 맞추려 하지 마라

아빠의 권위는 명분을 바탕으로 흔들리지 않는 원칙에서 나온다. 딸의 마음에 공감하는 것과 눈치를 보는 것은 다르다. 공감 능력은 딸을 키우는 아빠라면 필수적으로 가져야 하는 덕목이지만, 딸의 눈치를 보게 되면 아빠의 일관성을 잃게 된다. 딸을 언제나 기분 좋게만 해줄 수는 없다. 때로는 확실한 훈육을 위해 달갑지 않은 말이나 결정을 해야 할 때도 있다. 필요한 상황에서 해야 할 말을 하면서 "미안하지만"이라는 식의 불필요한 사과는 아빠의 메시지를 명확하게 전달하는 것을 방해한다. 가부장적인 아빠는 나쁘지만, 물러터진 아빠 역시 신뢰하기 어려운 건 마찬가지다. 명분이 확실하다면 눈치 보지 말고 해야 할 말을 명확하게 하라.

6. 딸을 놀리지 마라

간혹 딸을 짓궂게 놀리거나 장난을 친다며 괴롭히는 아빠들이 있다. 아이스케키를 하거나, 고무줄을 끊고 도망가는 등 유년 시절 좋아하는 여자아이에게 부적절한 방법으로 관심을 표현하던 남자아이의 버릇이 남아 있기 때문이다. 아빠에게는 그것이 친근감의 표현일지 몰라도 딸에게는 결코 그런 의미로 받아들여지지 않는다. 아무리 딸과 사이가 좋은 아빠라도 딸에게 창피를 주면 딸은 아빠가 자신과의 관계를 망가뜨릴 마음이 실제로 있다고 생각할 수 있다.

그리고 딸의 나이가 어릴 경우 그것은 단순한 수치심에서 그치지 않고 생존에 대한 두려움으로까지 이어질 수도 있다. 아빠가 자신의 생존을 책임지는 보호자라는 걸 딸도 알고 있기 때문이다. 결국, 어린 딸의 수치심이나 두려움을 유발하는 아빠는 권위가 아닌 권력을 휘두르는 아빠가 되어 딸의 반감을 사게 된다.

7. 침묵을 두려워하지 마라

아빠가 딸과 이야기 나누는 모습을 보면 딸이 제대로 이해했는지 알아보기 위해 습관처럼 말 끝에 "알았어?"를 붙이는 경우가 많다. 그렇게 재차 확인하는 행동은 아빠의 불안함에서 나온다. 하지만 그런 행동은 딸에게 어떻게 하면 아빠의 권위를 떨어뜨릴 수 있는지를 알게 할 뿐이다. 아빠의 메시지는 굵고 짧고 명쾌해야 한다. 생각보다 딸은 아빠의 말을 귀담아 듣는다. (만약 이 말이 의심스럽게 느껴진다면, 정말 의심해봐야 할 것은 딸의 이해력이 아닌 딸의 관점에서 느끼는 아빠와의 애착 관계다.) 해야 할 말을 하고 난 뒤에는 딸에게 대답을 강요하지 말고 스스로 생각을 정리할 수 있는 시간과 공간을 준 뒤 일단 물러나자.

8. 체면을 생각하지 마라

딸과 사이가 좋으면서도 권위를 지키는 아빠들은 사람들이 많은 공공장소에서도 딸과 함께 유치한 행동을 하며 노는 경우가 많다. 아무 관계 없는 다른 사람들의 눈치를 보는 것보다 지금 딸과 함께하는 시간을 놓치지 않는 것이 더 중요하다는 것을 알기 때문이다. 한 번 지나간 순간은 아무리 나중에 땅을 치고 후회해도 두 번 다시 찾아오지 않는다. 스스로 자존감 높은 아빠가 되고 싶다면 아빠의 체면 따위는 신경 쓰지 말고 딸과 함께, 매 순간 최선을 다해 놀자.

9. 시행착오를 두려워하지 마라

아빠라면 누구나 좋은 남편, 좋은 아빠가 되고 싶어 한다. 하지만 자신의 능력 발휘를 통해 존재 가치를 증명하는 것을 무척 중요하게 생각하는 아빠에게, 딸을 키우는 일은 어쩌면 세상에서 가장 어려운 일일지도 모른다. 종종 무력감이 느껴지고, 아빠로서 능력 발휘를 못 할 수도 있다는 두려움 때문에 화가 나거나, 문제 상황에서 벗어나고 싶은 충동이 들 수도 있다.

하지만 태생이 육아 전문가인 듯한 엄마에게도 분명 시행착오의 시간이 있었다는 사실을 기억하자. 딸에게 실패는 성공의 어머니라는 것을 가르쳐주고 싶다면, 아빠도 실패를 두려워하지 말고 성장의 기회로 삼을 수 있어야 한다.

10. 아빠 스스로 권위를 분명히 하라

권위는 '아빠'라는 이름에서 저절로 얻어지지 않는다. 가만히 앉아 있어서는 얻을 수 없다. 육아에 소극적인 태도를 보이는 아빠는 딸의 관점에서 볼 때 영웅이 아닌, 그저 엄마의 보조로만 보일 뿐이다. 딸과 관련된 일을 엄마에게만 미루지 말고 더욱더 적극적으로 나서라. 스스로 딸 육아의 주체가 되어 결정을 내리고, 딸에게 필요한 경험을 함께하고, 의견을 제시하라. 필요하다고 판단되면 엄마의 관점을 인정하면서 아빠의 다른 관점에 대해 솔직하게 말하라. 엄마라고 항상 딸에게 유익한 결정만 내릴 것이라는 근거는 없다. 때로는 아빠의 명분을 확실히 하고 의견을 고수하는 자세도 필요하다.

딸에게 인정받는
아빠가 되는 방법

마음대로 딸의 마음을 단정 짓지 마라

아이가 너무 어려 말도 제대로 못할 때는 '어서 빨리 커서 대화가 통하는 날이 왔으면' 하고 바랄 수 있다. 하지만 정작 아이가 말을 '잘' 하게 되면 이제까지의 기대는 어느 순간 사라져버리기도 한다. 바로 아이와 기 싸움을 시작하게 되면서부터다. 사회생활을 통해 이제 웬만한 인간관계의 갈등 상황은 다 겪어본 아빠. 하지만 자식과의 갈등은 쉽게 해결되지 않는 경우가 많다. 한 엄마가 말했다.

"저희 딸은 아빠가 세상에서 제일 싫다고 합니다. 그런 말 하면 안 된다고 혼도 많이 내는데, 항상 그렇게 아빠를 무시해요. 어떻게 해야 하나요?"

'엄마한테 하는 것과 달리 유독 아빠를 무시해서 아빠가 감정적으로 힘들어한다'는 사연을 듣게 되면 나는 종종 이런 질문으로 이야기를 시작하곤 한다.

"혹시 고양이를 키워보셨나요?"

강아지는 주인이 부르면 대부분 냉큼 달려와서 온갖 애교를 부리곤 하지만 고양이는 다르다. 주인을 주인으로 생각하지 않고 마치 친구처럼 생각한다. 그래서 고양이를 키우는 사람들은 스스로 자신을 고양이 주인이 아닌 '집사'라고 호칭한다.

예전에 친한 친구의 집에 갔다가 친구가 키우던 고양이를 보게 된 적이 있다. 친구와 함께 TV를 보는 데 집중하고 있을 때였다. 어디선가 갑자기 고양이 한 마리가 나타났다. 처음 만났는데도 먼저 다가와 발끝에 몸을 비비며 애교를 부리는 모습이 너무 귀여웠다. 하지만 예뻐해 주려고 손을 내미는 순간 고양이는 '후다닥' 하고 저 멀리 도망을 가버리는 게 아닌가? 그 뒤로 몇 차례 같은 상황을 겪고 나니 이제는 조금 당황스럽기까지 했다.

"쟤 완전 나쁘다. 먼저 와서 애교 부릴 땐 언제고, 이뻐해 주려니까 도망가네."

"그랬어? 흐흐흐 나도 처음 키울 땐 '대체 어느 장단에 춤을 춰야 하나?' 싶은 적이 있었어. 불러도 오지 않으면서 제 기분 좋을 때는 와서 애교를 부리더라고. 심지어 어떤 땐 새벽 5시에 혼자 일어나서 놀아달라며 깨우더라니깐. 완전 어이없었지."

"아니, 그런 푸대접을 받으면서까지 키워드려야 하는 거야?"

그러자 친구가 말했다.

"그런데 이젠 아주 그냥 개냥이가 다 되었어."(개냥이란, 마치 강아지처럼 붙임성 있는 고양이를 일컫는 말이다.)

"뭘 어떻게 한 거야?"

"별로 한 건 없어. 오면 예뻐해주고, 안 오면 말고, 그냥 그런가 보다 하고 내 할 일만 했지. 밥 주고 물 주고 모래 갈아주고. 그랬더니 나중엔 저도 내가 편해졌는지, 예전처럼 도망가지 않고 계속 애교만 부리더라고."

그때 깨달았다. 사실은 고양이가 나를 무시한 것이 아니었다는 사실을 말이다. 오히려 고양이의 마음을 무시한 건 나였다. 눈에 보이는 행동만 보고, 그 마음을 뻔한 것이라고 단정해버렸기 때문이다.

딸의 은밀한 메시지에 찰떡같이 답하라

관계 지향적 성향이 강한 딸은 사람과의 관계를 매우 중요하게 여기는 경우가 많다. 가정에서 벗어나 다른 사람들을 만나 작은 사회를 경험하기 시작하는 유치원 시기부터 성인이 되어서까지도 타인과의 관계 형성은 여성에게 매우 큰 영향을 미친다. 심한 경우, 친구와의 관계로 인한 극심한 스트레스 때문에 전학을 고려해야만 하는 상황이 생길 수 있을 정도로 타인과 관계를 맺는 일은 딸들에게 매우 중요하고도 민감한 사안이다.

하지만 엄마가 뭐라고 한마디 하면 바로 "네, 엄마"라고 순순히 대답하는 딸이 아빠가 하는 말은 그냥 못 들은 척 무시하는 등 버릇없이 구는 경우를 종종 볼 수 있다. 심지어 엄마와 대놓고 차별 대우를 하기도 한다.

"엄마는 되고 아빠는 안 돼!"

"아빠는 저리 가!"

아빠를 만만하게 대하는 딸의 버릇없는 태도를 고치기 위해 아빠들은 아이에게 화를 내거나, 똑같이 아이를 무시하며 빈정거리거나, 아이의 물건을 빼앗는 방법 등으로 아빠가 가진 힘을 드러내 아이를 제압하기도 한다. 하지만 이런 방법은 아빠와 딸의 사이를 더욱더 나쁘게 할 뿐이다.

딸이 관계 지향적인 성향이 강하다는 것을 이해했다면, 아마도 지금쯤 이런 의문을 가질 수 있을 것이다.

'다른 사람과의 관계가 중요하다면, 왜 아빠와는 일부러 갈등 상황을 만드는 걸까?'

아마도 연애하던 시절, 엄마를 통해(혹은 다른 사람이었을 수도 있겠지만) 이미 여러 차례 들어본 경험이 있을 것이다.

"자기, 나 사랑해?"

현명한 남성이라면, 설령 그것이 백만 스물한 번째 같은 질문을 받는 상황이었다 하더라도 여전히 변함없는 미소를 지으며 마치 처음 들은 것처럼 대답할 것이다.

"그럼, 당연하지. 사랑하고말고."

물론 이것은 이 세상에서는 보기 어려운 극단적인 예에 불과할 수도 있다. 내가 말하고자 하는 건, 그만큼 변함없는 마음을 표현하는 것이 중요하다는 것이다.

같은 여성적 성향을 지닌 딸 역시 마찬가지로 자신의 존재를 인정받고 싶어 하는 욕구가 강하다. 그리고 아빠를 무시하거나 버릇없이 구는 등 자기만의 방식으로 아빠의 마음을 확인한다.

'아빠, 나 사랑해요?'

'내가 이렇게 버릇없이 굴어도 날 사랑할 수 있어요?'

'이러면 어때요? 이래도 내가 아빠한테 사랑받을 수 있는 존재인가요?'

한 가지 안타까운 사실은 아빠에게는 이렇게 은밀하게 메시지를 던지는 방식이 별로 효과가 없다는 것이다. (만약 그런 방식이 효과가 있었다면, 종종 엄마가 "그런 걸 꼭 말로 해야만 알아?"라며 아빠를 답답하게 여길 이유가 없었을 것이다.) 하지만 딸은 아직 그 사실을 모른다. 단지 자신이 할 수 있는 최선을 다해 메시지를 던지고 그것에 반응하는 아빠의 모습을 통해 마음을 확인할 뿐이다.

만약 아이가 "아빠 싫어!"라고 한다면, "그렇구나, 아빠는 우리 딸을 정말 많이 사랑하는데!"라고 우선 아이의 표현을 받아주고 아빠의 마음을 전하자. 예상치 못했던 아빠의 반응을 통해 아이는 아빠의 진심을 느끼고 태도를 바꾸게 될 것이다.

딸에게는 아빠의 마음을 확신할 수 있는 좀 더 많은 단서와 긴 시간이 필요하다. 조바심을 내기보다 아빠의 변함없는 진심을 보여주면 된다. 어떤 상황에서라도 딸에 대한 아빠의 사랑을 의심하게 만들면 안 된다.

딸은 이런 아빠를 원한다

"네가 나라를 팔아먹어도 아빠는 무조건 네 편이야!"

같은 말이라도 누가 했느냐에 따라 그 말이 갖는 힘은 달라진다. 특히 비난의 말은 상대를 내가 인정할 수 있을 때만 수용할 수 있다. 《언니의 독설》 저자인 김미경 강사는 여성들을 위한 강연을 펼치며 독설하는 것으로 유명하다. 때로는 자신의 처지는 생각하지 않고 자신과 같은 상황의 남성에게 더 많은 것을 바라는 여성들을 거침없이 꾸짖기도 한다.

"저는 5,000만 원 있으면서, 왜 남자는 5억 원 있어야 하는데? 이런 불공정 거래 좀 하지 마세요."

맞는 말이지만, 분명한 비난의 어조를 담고 있다. 하지만 여성들은 그것을 비난으로 받아들이지 않는다. 오히려 자신들이 잘 되길 바라는 마음에서 하는 말이라는 것을 안다. 상대를 '같은 편'으로 인정하고 있기 때문이다. 같은 편은 나와 같은 경험을 한 사람이다. 나의 마음을 아는 사람이다. 신뢰할 수 있는 사람이다.

신뢰는 안정감과 일관성으로부터 생긴다. 딸이 아빠로부터 보호받는다는 느낌을 받을 수 있는 이벤트를 일관성 있게 반복하는 것이 효과적이다. 딸의 일과 중에는 아직 어른의 보호가 필요한 일들이 있다. 등·하원 또는 등하교하기, 필요한 물건이나 간식거리 사러 가기, 병원 가기, 밥 먹기, 미디어 시청하기, 목욕하기, 자기 전에 책 읽기 등이 될 수 있다. 우리 딸의 경우엔 어떤 것들이 있을지 생각해보자. 사소한 이벤트라 하더라도 그 일만큼은 아빠가 전담한다는 규칙을 정하고 지키면 된다.

내 경우를 예로 들어보겠다. 수아는 어렸을 때부터 거의 매일마다 새벽 3~4시 정도가 되면 잠자리에서 일어나 화장실에 간다. 마침 그 시간은 내가 한창 책을 읽거나 글을 쓰고 있을 시간이다. 방문이 열리는 소리가 나면 나는 무엇을 하고 있었든 간에 무조건 하던 일을 멈추고 수아에게로 간다. 수아를 화장실까지 데려다주고 꼭 껴안은 채 등을 토닥토닥해주면, 수아는 내 어깨에 얼굴을 묻고 편하게 기댄다. 다시 방까지 데려다주고 침대에서 이불을 덮어주면 웃으며 나를 꼭 껴안아주고 다시 잠자리에 든다.

수아는 외출해 있을 때도 화장실에 갈 때면 엄마보다 아빠를 먼저 찾는다. 별 것 아니지만 이런 일상적 속에서의 반복적인 의식이 안정감과 신뢰를 쌓는 데 도움이 된다.

딸은 '나는 사랑받는 존재일까?'라는 의심에 쉽게 빠진다. 사랑받는 존재가 되기 위해 언제나 자신의 존재 가치를 입증하려고 애를 쓴다. 타인의 반응에 온 신경을 기울인다. 자신이 만들어낸 결과의 우수성에 집착한다. 그러다가 정작 자신에게 필요한 일을 돌보지 못하고 엉뚱한 곳에 시간을 쓰게 된다.

딸이 자기 인생을 살면서 해야 할 일은 타인에게 자신을 스스로 입증하는 것이 아니다. 남들과 상관없이 그저 자신이 가야 할 길을 가는 것이다. 다만 자기답게 사는 것이다. 그러기 위해서는 우선 아빠가 어떠한 조건 없이도 얼마든지 아이의 편이 될 수 있다는 것을 보여줘야 한다.

간혹 딸에게 이런 조건을 다는 아빠들이 있다.

"오늘 아빠 말 잘 들으면 내일 놀이 공원 데려갈게."

그러면 딸은 자신을 향한 아빠의 사랑이 자신이 만드는 상황에 따라 변할 수 있다고 생각하게 된다. 인정받기 위해 노력하다가 결국 자기 인생에서 필요한 본질을 놓치게 되는 것이다.

딸이 어떤 행동을 하고 어떤 말썽을 피우든지 아빠의 사랑과는 아무런 상관이 없어야 한다. 아빠의 사랑이 조건 없고 일관성 있게 느껴질 때, 딸은 자신이 언제나 사랑받을 수 있는 아이라는 생각에 의심하지 않는다.

나만 사랑하는 아빠

첫째로 태어난 아이들은 처음엔 모두 외동아이다. 외동아이는 언제나 엄마 아빠의 사랑을 독차지한다. 하지만 동생이 생기면 상당히 많은 부분의 관심과 사랑을 동생과 나눠 가져야 하는 상황이 발생한다. 그리고 첫째라는 새로운 이름표를 갖게 된 딸에게 이렇게 말하며 어른스럽게 행동하기를 바란다.

"넌 누나(언니)니까 동생한테 양보해야지."

딸은 일반적으로 어린 아기에게 관심을 두고, 더 잘 안아주는 등 아기 돌보는 일을 좋아하는 경우가 많다. 연구 결과에 따르면, 딸은 본능적으로 어린 아기를 돌보는 행위를 하는데, 이는 장차 아기를 가진 엄마가 되었을 때를 대비해 교육 효과가 있을 것이라는 기대 때문이라고 한다. 그런 과학적 연구 결과들을 바탕으로 생각해본다면 분명 첫째가 되는 딸들은 동생 돌보는 일을 무척 맘에 들어 할 것으로 생각하기 쉽다. 하지만 오히려 그와는 정반대되는 양상을 보이는 경우가 생기기도 한다.

한번은 각각 열 살과 세 살인 딸 둘을 키우는 아빠가 이런 고민을 토로한 적이 있었다.

"터울이 커서 동생을 더 잘 돌볼 수 있겠지 싶었는데, 큰 애가 동생을 너무 싫어해요. 대놓고 엄마를 동생한테 뺏겨서 싫다는 말까지 할 정도예요. 그만큼 혼자 오래 사랑을 받았으면서도 여전히 부족하다고 생각하는 게 이해가 안 돼요."

첫째가 너무 이기적인 것 같다는 말이었다. 하지만 '오랫동안 혼자 사랑받았으니 그 정도면 충분하지 않을까?'라는 생각은 누구의 생각인가? 잠시 내 손 안에 있었던 것을 잃게 되었을 때와 오랫동안 당연히 내 것으로 생각했던 것을 잃게 되었을 때를 비교하면 과연 언제 상실감이 더 크게 느껴질까?

아마도 딸은 동생에게 아빠의 사랑을 빼앗겼다고 느꼈을 것이다. 심한 경우엔 '분리 불안증'과 같은 애정 결핍 증상까지 보이는 경우도 있다. 그것으로 끝이 아니다. 동생을 미워했다는 사실은 딸이 자라 성인이 되고 난 후에도 스스로 '해서는 안 되는 일을 했다'는 죄책감으로까지 남을 수도 있다.

인류 역사상 최고의 베스트셀러인 《성경》 내용 중에는 이런 말이 나온다.

'마땅히 행할 길을 아이에게 가르쳐라. 그리하면 늙어서도 그것을 떠나지 아니하리라.' (잠언 22장 6절)

부모의 생각에 갇히지 않고 자기답게 사는 아이로 키우라는 의미다. 그러기 위해서는 한 배에서 나온 형제자매일지라도, 한 명 한 명을 각각의 관점에서 이해해야 한다. 육아든, 교육이든, 어떤 상황에서도 마찬가지다. 가령 빵집에서 빵을 살 때도 그저 아이들 머릿수만큼 빵을 집는 것이 아니라, 아이들 각자가 좋아하는 빵을 골라야 한다. 어떤 딸은 설탕이 묻은 빵을 좋아하고, 또 어떤 딸은 설탕 대신 크림이 올라간 빵을 좋아할 수도 있다. 딸 각자가 가진 취향을 파악하라. 혹시 아직 그런 부분에 관한 정보가 부족하다면 그것은 딸들에게 더 많은 신경을 기울여야 한다는 의미다.

딸들을 여럿 키울 때, 특히 신경 써야 하는 부분은 아이들의 서열을 가리지 않고 언제나 공평하게 대해야 한다는 것이다. 딸들은 누구나 자신이 아빠에게 가장 특별한 존재가 되기를 바란다. 심지어 아빠가 엄마를 사랑하는 것보다도 자신을 더 사랑해주기를 바라는 것이 딸의 마음이다. 그 마음을 모두 개별적으로 공감해주어야 한다. 상황이 허락한다면 아이들 각자에 똑같은 시간을 배분하여 돌아가며 일대일로 대화를 나누는 것이 좋다.

만약 그럴 만한 여유가 없을 때는 함께 대화하면서 한 명도 빠짐없이 대화에 참여할 수 있도록 균등하게 기회를 줘야 한다. 한 명 한 명 눈을 맞추면서 관심을 온전히 주고 있음을 보여줘야 한다. 그런 아빠의 모습을 통해 아이들은 자신이 특별한 존재로 인정받는다는 것을 느낀다.

Chapter 2
.
.
.

딸 키우기가 원래 이렇게 힘든 겁니까?

아빠의 고정관념에서
벗어나라

엄마라면 쉬울 거라는 착각

"아빠가 아이와 잘 놀아주는 편입니다. 하지만 아빠 특유의 승리욕과 책임감, 그리고 뭔가를 해내야 한다는 본능이 강해서인지 욱했다가 미안해하고…. 아이가 점점 자랄수록 남편도 힘들어하는 것 같아요. 뭔가는 해주고 싶은데 뭘 해줘야 하는지 어려워한답니다. 지켜보는 아내 입장으로 안타까울 때가 많이 있네요. 남편에게 잔소리가 아닌 객관적인 육아의 즐거움을 알려줄 방법이 없을까요?"

연구소로 날라온 한 엄마의 사연에서 애써 노력함에도 결과가 좋지 않은 아빠, 그 모습을 안타까워하는 엄마, 그리고 그런 부모의 모습을 보고 있었을 아이까지, 세 사람의 마음이 모두 느껴지는 듯했다. 하지만 왜 그런 노력에도 불구하고 이 가운데 행복해 보이는 사람은 아무도 없는 걸까?

세상에는 분명 노력만으로는 쉽게 되지 않는 일들이 있다. 아빠가 딸을 키우는 일이 바로 그중 하나다. 아들로 태어난 아빠에게 딸이라는 존재가 어렵게 느껴질 수 있는 이유는, 단지 나와는 다른 여성적 성향을 지녔기 때문만이 아니다. 성인과 어린아이라는 세대 차이에서 오는 거리감 역시 무시할 수 없다. 그러니 아빠에게 딸 육아란 보통 어려운 일이 아님에는 틀림이 없다. 그러니 자연스럽게 이런 생각이 들 수 있다.

'딸은 여성이니까 같은 여성인 엄마가 육아하는 것이 아무래도 더 수월하지 않을까?'

언뜻 일리가 있는 말인 것 같지만, 그렇게 따지면 아들을 키우는 집은 아빠가 엄마보다 육아를 더 잘해야 하는 게 정상이다. 하지만 정작 엄마들도 아빠만큼이나 딸들에게 어떤 육아가 필요한지는 구체적으로 모르는 경우가 많다. 왜일까? 그럴 수밖에 없는 두 가지 이유가 있다.

첫째, 아빠가 아빠 노릇을 하는 게 처음이듯 엄마 또한 엄마로 사는 것이 처음이기 때문이다.

둘째, '중이 제 머리를 못 깎는다.'는 말처럼, 엄마 또한 같은 여성으로서 딸의 감정에 공감하기는 쉬울 수 있어도, 그 문제를 어떻게 해결해야 하는지 모르기는 마찬가지인 경우가 많기 때문이다.

놀자! 딸육아연구소를 운영하면서 그동안 딸을 키우는 수많은 엄마를 만났다. 엄마들과 컨설팅을 해보면 겉은 너무나 평온해 보이는데 속을 들여다보면 있는 대로 곪아 있는 경우가 많다. 오죽하면 연구소에 커피 믹스보다 더 빨리 동이 나는 것이 곽 티슈일 정도다. 그만큼 가슴속에 아픔을 안고 사는 엄마들이 많다.

그런데 더 안타까운 사실은 무엇이 자신의 삶을 그토록 힘들게 만들어왔는지조차 대부분 제대로 알지 못한다는 것이다. 표면적으로 드러난 문제들은 현재 겪고 있는 육아 문제나 그로 인한 부부간의 갈등이 전부인 것처럼 보인다. 하지만 조금만 더 들어가 보면 문제의 본질은 친정아버지와 밀접하게 관련된 경우가 많다. 이렇듯 아빠는 딸의 마음속에 깊은 흔적을 남기고 평생 영향을 미친다. 그것이 상처든, 추억이든 말이다.

그럼, 어떻게 하면 딸과 함께 즐거운 시간을 보낼 수 있을까?

어렵게 생각할 필요 없다. 사랑하는 사람과 데이트하는 것을 생각해보자. 정말 사랑한다면, 데이트의 내용이 어떠한들 상관이 있을까? 심지어 데이트 코스를 잘못 정해 낭패를 보았더라도, 단지 함께하는 것만으로도 행복한 시간이 될 것이다. 잘 보이고 싶은 마음에 잔뜩 힘주고 나가봐야 그것이 자신의 진짜 모습이 아니라면, 누구보다 내가 먼저 불편을 느끼기 마련이다. 딸과 함께하는 시간 역시 마찬가지다. 뭔가를 해내야 한다는 강박에서 벗어나 함께하는 시간의 소중함을 느낄 때, 비로소 그 시간을 온전히 즐길 수 있다.

중요한 건 몸이 아닌 마음이다

"눈에 넣어도 아프지 않을 만큼 사랑하는 딸이지만, 엄마 없이 아이와 단둘이 있을 때면 함께 놀아주는 것이 너무 힘듭니다. 놀아주기 시작한 지 십 분도 되지 않아 울고 짜증을 내거나 다시 엄마를 찾는 아이의 모습을 보면 가끔은 화가 날 정도로 섭섭할 때도 있고요. 저는 나름대로 최선을 다해서 놀아주는데, 도대체 뭐가 문제인 걸까요?"

남성의 뇌는 세상 돌아가는 일에 관심이 많고, 그 안에서 사물이 어떤 원리로 움직이는지 분석하고 만들고 싶어 하는 욕구가 강하다. 심지어 사람의 얼굴까지도 사물로 인식해버리기 때문에 사람 간의 의사소통에는 관심이 없고 오히려 다른 사람과 있는 것을 불편해하는 경향이 있다.

하지만 여성의 뇌는 다르다. 대부분 여성은 다른 사람과의 정서적 교류에 민감하게 반응하기 때문에 공감 능력이 뛰어나고 정신없이 얘기하는 중에도 타인의 표정이나 말투의 미세한 변화를 통해 그 사람의 감정 변화를 금방 눈치챈다.

이런 여성의 뇌를 가진 딸은 자신과 함께 있는 아빠의 눈빛과 표정이 어떤지, 얼마나 사랑스러운 목소리로 자신을 부르는지, 얼마나 섬세한 손길로 자신을 대하는지 살피고 아빠의 마음을 금세 파악한다. 기껏 신나게 목말을 태워주었더라도 그러고 나서 힘들다는 듯이 아이를 땅에 거칠게 내려놓거나 "자, 이제 됐지?"라며 할 만큼 했다는 식의 반응을 보인다면, 딸은 그런 아빠의 반응을 통해서 아빠가 자신을 귀찮은 존재로 여긴다고 판단할 수 있다.

아이와 함께 하는 시간을 아빠가 진심으로 즐기지 못하면 아무리 그것을 티 내지 않으려 노력해도 소용없다. 딸은 절대 속일 수 없다. 심지어 내가 의식하지 못하고 있을 때도 다가와 이렇게 묻기도 한다. "아빠, 혹시 무슨 일 있어?" 그리고 그 질문의 의미는 '혹시 나 때문에 기분이 안 좋은 거야?'이다. 말도 안 되는 소리라고 생각되겠지만 사실이다. 아빠가 열심히 놀아주는데도 딸의 얼굴이 시무룩해 있다면, 아빠가 딱히 어떤 잘못을 해서가 아니라, 단지 아빠의 표정이 그다지 즐거워 보이지 않았기 때문일 수도 있다.

때로는 그런 아빠 표정이 딸과는 전혀 관계없는 다른 근심 때문일 수도 있다. 하지만 중요한 건 그런 표정을 딸은 자신을 향한 부정적인 반응으로 받아들인다는 것이다. 그런 악순환이 반복되면 결국 아이는 더는 상처받지 않기 위해 아빠에 대한 기대를 점차 내려놓는다. 그리고 자신을 더 소중히 대하는 엄마를 찾아간다. 이것이 딸이 엄마 껌딱지가 되는 과정이다. 딸을 엄마 껌딱지로 만드는 건 엄마의 특별함이 아닌 아빠로부터 받게 되는 상처인 셈이다.

아빠 관점에서는 그런 일방적인 판결이 억울하게 느껴질 수도 있겠지만, 아이에게 무엇보다 중요한 것은 자신의 존재를 대하는 아빠의 마음이다. 자신과 함께하는 시간을 즐기지 못하는 아빠의 모습에서 아이가 아빠의 진심을 이해하기를 바라는 것은 무리다.

만약 엄마가 아이의 옆에 앉아 핸드폰을 들여다보는 아빠를 나무란다면, 그것은 단지 아이와 함께 열심히 놀이에 집중하라는 의미가 아님을 기억하자. 아무리 입으로 온갖 효과음을 만들어내고, 아이를 들었다 놨다 땀까지 뻘뻘 흘려가며 열심히 놀더라도 정작 마음이 다른 곳에 가 있다면 결과는 역시 마찬가지다. 언제나 가장 중요한 건 아빠의 마음이다.

최선을 다해 놀아주는 아빠의 함정

오늘날 딸을 키우는 많은 아빠의 가장 큰 고민 중 하나는 바로 아이와 함께 시간을 보내는 것이다. 아무리 애를 써도 툭하면 울어버리는 딸의 예민한 감정 선에 맞춰주기가 너무 어렵다는 사연들부터 딸과 도대체 무얼 하면서 함께 놀아주어야 할지 모르겠다는 고민을 토로하는 아빠들까지, 자신과 전혀 다른 성향을 지닌 딸과 놀아주는 일이야말로 아빠들에게는 지상 최대의 과제인 경우가 많다.

하지만 반대로 엄마들을 만나 이야기를 들어보면, 힘든 일을 하는 것도 아니고, 그저 아이와 좀 놀아주는 것마저 어려워하는 아빠의 모습을 좀처럼 이해하지 못하겠다며 고개를 젓기 일쑤다. 아빠는 나름대로 최선을 다한다고 하지만 엄마는 '아빠가 딸을 건성으로 대하는 것을 매일같이 지켜보자니 정말 속이 터진다'라고 말한다. 아빠의 방법이 아닌 태도에 문제가 있다는 것이다.

나는 바쁜 스케줄 때문에 가끔은 며칠씩 딸의 얼굴을 보지 못하는 날도 있을 만큼 함께 하는 시간이 많지 않다. 하지만 그런데도 함께 있을 때면 수아는 어김없이 껌딱지가 되어 엄마한테는 가지도 않고 나에게 찰싹 달라붙어 있다. 이런 사정을 아는 사람들은 도대체 비결이 뭐냐는 질문을 종종 던지곤 한다. 그때마다 나의 대답은 한결같다.

"아이와 놀아주지 말고 함께 놀아보세요."

만약, 평소에 스스로 '놀아준다'는 표현을 자연스럽게 사용한다면, 혹시 지금 아빠로서 책임을 다하겠다는 의지로 딸과 함께하는 시간을 마치 노동하듯 억지로 버티고 있는 것은 아닌지 스스로 질문해볼 필요가 있다.

내가 좋아하는 취미 활동을 더 잘하고 싶은 마음에서 생기는 열정을 생각해보자. 골프를 좋아하는 사람들은 누가 시키지 않아도 수없이 스윙 연습을 한다. 낚시하는 사람 또한 마찬가지다. 틈만 나면 관련 자료들을 찾아가며 스스로 낚시를 공부하고 기나긴 시간을 지루해하지 않고 강태공의 마음으로 채운다. 아무리 육체적인 피로가 쌓이고 원하는 결과가 생각만큼 얻어지지 않더라도, 그 과정을 인고의 시간으로 느끼며 스트레스를 받기는커녕, 오히려 행복감마저 느끼기 마련이다.

이쯤에서 혹자는 아마 이런 생각이 들 수도 있을 것이다.

'하지만 아이 수준에 맞는 유치한 놀이가 아빠한테 즐거울 리가 없잖아!'

만약 그렇게 생각한다면 먼저 놀이의 관점부터 바꿔야 한다. 놀이는 단지 아이의 지루한 시간을 없애주기 위한 수단이 아닌 애착 형성을 위한 필수 도구다. 즐거울 수 있기에 함께 하는 게 아니라, 함께 할 수 있기에 즐거운 거라는 얘기다.

많은 아빠가 아이와 함께 놀아주기, 여행가기, 체험하기 등등 어떤 특정한 활동을 하는 데만 집중하지만 정말 중요한 건 따로 있다. 바로 아이를 탐구하는 것이다. 윌리엄 셰익스피어는 《베니스의 상인》을 통해 이렇게 말했다.

'자기 자식을 아는 사람이야말로 지혜로운 아버지다.'

사랑하면 궁금해지고, 제대로 알기 위해서는 함께 많은 것을 경험해야 한다. 아이와 함께 하는 모든 경험은 결국 사랑하는 아이에 대한 호기심으로부터 시작되는 것이다.

유대인 속담에 '100명의 아이가 있으면 100개의 생각이 있다.'는 말이 있다. 그만큼 모든 아이가 전부 다르고 특별하다는 것이다. 이처럼 우리 딸에게도 나름의 개성 넘치는 성향과 잠재력이 있다. 아빠 육아의 최종 목표는 바로 그런 딸의 본질까지 파악하는 것이다.

혹시, '딸 하나 키우는데, 그렇게 신경 써야 할 것이 많은 거냐?'라고 생각되는가?

그렇다면 이번엔 거꾸로 내가 물어보겠다.

"당신이 생각하는 딸의 존재 가치는 어느 정도인가?"

길 잃은 대한민국의
아빠 육아

육아 시장에서 왕따 당하는 아빠들

어느 날 아침에 문자 한 통이 날아왔다. (아마 보통 아빠들은 이런 문자를 받아본 경험이 없을 가능성이 크다. 하지만 엄마들은 이런 문자를 한 달에도 몇 번씩 받는 경우가 많다.) 육아 전문가로 유명한 분이 일산에서 무료로 강연을 하니 참가 신청을 하라는 내용이었다.
 '동네에서 이런 좋은 강연을, 그것도 무료로 들을 수 있다니!'
 반가운 마음에 강연 신청을 하려는 순간, 문자 내용의 중간쯤에 이런 문구가 눈에 띈다.
 '자녀 또는 남성 입장 불가'

보통 이런 경우 엄마만 참석할 수 있도록 하기 위해 이런 문구를 적어 놓는다. '엄마만의 힐링을 위한 시간입니다.'

만약 상담이 필요한 상황이라면, 때로는 부부나 가족 동반이 본인의 속마음을 시원하게 드러내도록 하는 데 방해가 될 수 있다. 하지만 이런 몇 백 명 규모의 강연에서 굳이 엄마만 따로 오게 하는 이유는 사실 따로 있다. 엄마들에게 팔아야 하기 때문이다. 뭘? 아이들을 대상으로 한 키즈 금융 상품, 키즈 보험 상품을 말이다.

실제로 놀자! 교육생 중에 예전에 보험회사에서 수년간 일한 경력이 있다는 엄마 수강생 분은 이런 경험을 얘기했다. 자신이 예전에 보험회사에서 일한 경험이 있어 웬만한 세일즈 멘트가 숙달되어 있음에도, 어찌나 현란하게 유혹하던지 정신을 차려보니 이미 상품을 신청하고 난 다음이었다는 것이다.

나 역시 남성인지라 한 번도 직접 경험할 수는 없었지만, 이런 경험담을 수도 없이 듣다 보면 아무래도 엄마 무료 강연단의 세일즈 실력은 타의 추종을 불허하는 것 같다. 심지어 보험회사에서 일하는 한 지인조차도 주변 사람들이 이런 곳에 간다고 하면 강매를 당할 수 있으니 가지 말라며 한사코 만류한다는 걸 보면 말이다.

물론 우리가 핸드폰을 사용하면서 무료 앱을 다운받아 사용하려면 일정량의 광고 시청을 감수해야 하는 것처럼, 이렇게 강연과 결합한 형태의 세일즈가 그 자체로 문제가 있다고는 할 수 없다. 다만 내가 말하고 싶은 두 가지는 첫째, 가더라도 알고 가자는 것, 둘째, 육아 교육 시장에서 이런 식으로 아빠들이 대놓고 왕따를 당하고 있다는 사실을 아빠들 스스로 인지하자는 것이다.

무료 강연이랍시고 엄마들 불러다 놓고 뭐 하는 짓이냐며 열 받거나 들고 일어날 일이 아니다. 생각 없이 그런 곳에나 쫓아다닌다며 아내에게 핀잔을 줄 일은 더더욱 아니다. 우리 아이의 미래를 책임지기 위해 혼자 동분서주하는 아내를 생각한다면 이젠 왜 이런 일들이 하루가 멀게 전국적으로 벌어지고 있는지를 한 번, 아니, 여러 번 진지하게 생각해봐야 한다.

아이가 여섯 살 때까지는 그저 건강하게 키우면 되는 거라며 마음을 평온하게 먹던 엄마들도, 아이가 일곱 살이 되면 취학을 앞두고 아이의 교육 문제로 많은 관심을 보이는 주변 엄마들의 분위기로 인해 덩달아 마음이 불안해지는 경우가 많다.

만약 어느 날 뭔 까마귀 고기를 먹었나 싶을 정도로 아내가 정신을 놓고 다니는 듯 보인다면 그건 나이나 건망증 때문이 아니다. 바로 아이의 미래를 염려하면서 느끼는 불안함 때문이다. 제 아무리 원더우먼 같은 엄마라도 엄마 혼자서 아이에게 필요한 모든 것을 채우기는 어렵다. 아빠가 함께하지 못한 만큼 아이가 겪게 될 결핍은 반드시 존재한다.

감정 표현을 억압당한 체 자란 아빠들

"퇴근하고 집에 돌아오면 설거지나 청소 등을 제가 하고 딸아이는 아내가 돌보는 편입니다. 가끔 아내가 씻어야 한다거나 급한 일이 생겼을 때 어쩔 수 없이 저 혼자 육아를 맡아야 하는 경우가 있는데, 그때마다 예민한 딸과 어떻게 놀아줘야 할지 몰라 난감할 때가 많습니다."

아빠의 관점에서 딸과 함께 즐겁게 시간을 보내기란 생각보다 쉽지 않은 일이다. 아빠에게 가장 자신 있는 '몸으로 놀아주는 놀이'가 힘 조절 실패로 자칫 과격해지면 딸은 10분도 안 되어 울음을 터뜨리기 쉽다. 물론 아이를 울리지 않고 노는 방법으로는 딸의 성향에 안성맞춤인 '인형 놀이'라는 게 있다. 하지만 문제는 남자의 관점에서 정말 지루하기 짝이 없는 인형 놀이를 억지로 하다 보면 이번엔 아빠가 울고 싶어진다는 점이다.

친구 같은 아빠의 마인드로 기분 좋게 시작한 놀이가 아빠를 만만하게 보는 딸의 태도로 인해 종종 무서운 훈육으로 끝나버리고 마는 때도 있다. 이럴 땐 정말 딸에게 계속 '친구 같은 아빠'가 되어야 하는 것이 맞는 건지, 아니면 '권위 있는 아빠'가 되어야 하는 것이 맞는 건지 헷갈리기 시작하면서 양육 방향에 대한 깊은 고민에 빠지기도 한다.

하지만 무엇보다 아빠가 딸 육아에 있어 어려움을 가장 크게 느끼게 되는 때는, 바로 '딸의 반응을 도무지 이해하기 어려울 때'다. 여성 특유의 섬세한 감정 선을 가진 탓에 상황에 따라 복잡하게 나타나는 딸의 말과 행동이 감당하기 힘든 것이다. 얼핏 생각하면 아빠는 남성이기 때문에 여성의 특성을 가진 딸의 이런 감정적인 반응을 받아들이기 힘든 것이 어쩌면 당연할지도 모른다.

하지만 뇌 과학자들의 말에 따르면, 뇌의 측면에서 볼 때 오히려 여성보다 남성이 더 감정적인 존재라고 한다. 실제로 아이들을 보면 여자아이들보다 남자아이들이 같은 갈등 상황 속에서 더 자주 화를 내거나 억울해하면서 울기도 하는 등 감정적으로 반응하고 표현하는 모습을 자주 볼 수 있다. 하지만 그럴 때마다 남자아이들은 보통 이런 식으로 호통을 맞는다.

"사내자식은 아무 때나 우는 거 아니다!"

아빠는 아들로 태어나 자라는 동안 줄곧 '사내자식'이라는 단어가 가진 무게에 그런 감성을 억압당하며 자라왔다. 원래 감정에 민감한 존재인 아빠는 그런 본능을 숨기는 것에 학습된 나머지, 이제 심지어 자신의 감정을 읽는 것마저 서툴러졌다. 그리고 그런 아빠에게 세상 달콤한 솜사탕 같다가도 순간 날카로운 가시를 가진 장미처럼 변하고 마는, 감정 변화를 예측하기 힘든 '딸'이라는 존재 자체에 어떻게 다가가야 하는지 너무 조심스럽고 어렵게 느껴지는 것은 어쩌면 당연한 결과다.

여자를 모르는 평생 남자, 아빠

딸이 좋아하는 공주 인형, 백만 스물한 번쯤 들었지만, 여전히 귀에 익숙하지 않은 딸이 좋아하는 음악, 그 옷이 다 그 옷 같은 딸의 옷, 딸의 말투를 포함한 모든 것은 아빠에게 마치 외계인의 것처럼 느껴질 수도 있다.

종종 강의를 하면서 '아빠가 딸과 가까워지는 것은 마치 외국인 친구를 사귀는 것과 같다.'는 말을 하곤 한다. 친구를 처음 사귈 때 우리는 그 친구에 대해 단 한 가지의 정보도 갖고 있지 않은 채 관계를 형성하게 된다. 친해지고 싶다는 호감이 생기면 그 호감이 호기심을 부르고 호기심은 질문을 만들어내기 마련이다. 하나씩 알게 되고 함께 경험해 가면서 가까워진다. 애착을 형성한다는 것은 그렇게 서로를 경험하며 마음으로 알아가는 것이다. 더구나 처음엔 말도 잘 안 통하는 외국인 친구라면 더 큰 노력과 더 많은 이해가 필요하다.

우리는 종종 '내 자식이니까 세상 누구보다 내가 가장 당연히 잘 안다.'고 생각하곤 한다. 하지만 정말 그럴까? 열렬히 사랑해서 결혼에 골인한 뒤 지금까지 몇 년이나 함께 살아온 아내의 성향조차도 아직 채 파악하지 못하고 종종 어리둥절한 경우가 많다. 하물며 나와 우리 아버지보다도 더 나이 차가 많이 나는 딸을 온전히 이해하는 일은 당연히 어려울 수밖에 없다.

아들 양육법에 관한 서적은 많다. 그렇다는 건, 그만큼 아들 키우는 것이 어렵다고 느끼는 부모(정확히 얘기하자면 엄마)가 많다는 의미일 것이다. 많은 사람은 딸을 키운다고 하면 '딸은 키우기도 편하고 얼마나 좋은가!'라고 말하는 경우가 많다. 하지만 그것은 어쩌면 이제까지 육아에서 주 양육자 역할을 맡았던 엄마 관점의 얘기일지도 모른다. 아이를 키우는 것에 부모 공동의 역할이 강조되는 요즘, 딸을 키워야 하는 아빠로서는 이런 모든 상황이 부담스러울 수밖에 없다. 다들 키우기 편하다고 하는데, 아빠에게는 정작 어렵게 느껴지거나 뭐 하나라도 자칫 망치게 된다면 그땐 딸 바보가 아니라, '그냥 바보'가 될 테니 말이다.

이전에 〈밥블레스유〉라는 TV 프로그램에 출연한 가수 박진영 씨가 이런 말을 한 적이 있다.

"전혀 다른 고민이 온 거야. 내 인생에. 아기가… 생기니까. 솔직히 남자아이면 좀 자신 있어. '야, 하지 마. 하지 말라고 했잖아 인마. 울지 마, 남자가' 이렇게 탁탁탁! 그런데 여자면… 딸이면… 아빠가 어떻게 해야 하는 거지? 무섭게 혼을 내야 하나?"

이런 반응이 나올 수 있는 이유는 딸 아빠의 고민이 이미 같은 여성의 특성을 가진 엄마 관점에서의 고민과는 시작점부터 다르기 때문이다. '아들로 태어나 평생 남자인 아빠'가 딸을 잘 키우기 위해서는 이제껏 충분히 이해하지 못했던 '여성'에 관한 공부가 절실히 필요하다.

먼저 딸 육아의 방향성을 가져라

딸은 아들과 다르게 키워야 한다

1992년, 존 그레이의 《화성에서 온 남자 금성에서 온 여자》라는 글로벌 베스트셀러가 등장했다. 이 책은 우리에게 '다른 별에서 온 두 사람은 서로 다를 수밖에 없다'는 메시지를 던졌고, '틀린 것이 아니라 다른 것'이라는 중요한 인식을 남녀 관계 안에서 풀어냈다는 점에서 연애 관계서의 최대 역작으로 꼽히기도 한다. 이 책에서 설명하는 여성과 남성의 차이는 다음의 한 줄로 간략히 요약할 수 있다. "스트레스를 받으면 남자는 동굴로 들어가고 여자는 대화를 나눈다." 그만큼 여성과 남성은 뇌의 작동 방식부터가 차이가 날 만큼 서로 명백하게 다르다.

마찬가지로 딸과 아들은 사고방식뿐 아니라 선호하는 것도 다르고 사람과의 관계를 맺는 형태 또한 완전히 다르다. 하지만 단순히 '다르다'는 사실을 추상적으로 인지하는 것만으로는 충분하지 않다. 아빠가 딸 육아의 온전한 공동 양육자로 바로 서기 위해서는, 먼저 딸이 가진 일반적 특성이 아들과는 어떻게 다른지, 딸에게 특히 효과적일 수 있는 육아법은 무엇인지 등의 구체적인 사실을 파악해야 한다.

진화심리학에서 보는 아들과 딸의 차이는 명백하다. 아들은 세상을 보고, 딸은 사람을 본다. 인류 역사 600만 년 중 단 1만 년을 제외한 나머지 기간인 무려 599만 년간, 남성의 주 임무는 사냥이었고 여성의 주 임무는 사냥을 제외한 모든 것이었다. 사냥하기 위해서는 멀리서 빠르게 움직이는 사냥감을 집중해서 잘 보는 것이 중요했다. 그 결과 남성은 여성보다 멀리 있는 것을 잘 보고 움직이는 것에 호기심이 생기는 특성을 갖게 되었다. 마트에 장을 보러 갔는데 어느새 저 멀리 잘 보이지도 않는 장난감 코너를 발견하고선 혼자 뛰어가 장난감에 정신이 팔려 불러도 대답 없는 아들의 모습을 보게 되는 경우가 바로 이런 특성을 잘 나타내는 예다.

반대로 여성은 남성들이 사냥을 나가는 동안, 그들이 하지 못하는 나머지 일들을 처리했어야 했다. 거주지 주변에서 사냥으로 얻을 수 있는 고기 식량을 제외한 나머지 식량을 채집하거나, 요리하고 아이를 낳아 기르는 일, 그리고 아이를 키우느라 손이 부족한 부분을 서로 돕고 언제라도 맹수 등의 외부 침략에 대응할 수 있도록 주변 이웃들과 좋은 관계를 유지하는 일 등이 바로 그런 것이다.

이렇게 육아를 위해 사회적 관계를 형성하는 것을 중시하는 여성의 특성은 지금까지 같은 모습으로 이어져 오고 있다. 엄마들이 조리원 동기 모임이나 인터넷상의 맘 카페 등을 통해서 집단을 이루고, 함께 육아에 필요한 여러 가지 정보를 교환하는 것이 바로 그런 여성의 관계 중심적 특성을 잘 보여주는 예다.

딸에게는 사람을 사귀고 유대를 형성하는 일이 매우 중요하다. 언젠가 엄마와 함께 도서관에 다녀온 수아가 한껏 만족스러운 표정을 하고 있어 무슨 좋은 일이 있었는지 궁금해 물었다.

"우리 수아가 기분 좋은 일이 있었나 보네?"

"응, 도서관에서 새로운 친구를 사귀었거든!"

책을 읽으러 도서관에 갔는데, 만약 누가 괜히 말이라도 걸면 어색하거나 귀찮아야 하는 것이 아닌가? 왠지 수상한 느낌이 들어 다시 물었다.

"맘에 드는 오빠가 있었던 거야?"

"아니~ 여자친군데 담에 또 만나서 같이 놀기로 했어."

그러고 보니 예전에 강연을 마치고 돌아오던 길에 길가에 있는 떡볶이집에 들어갔을 때의 기억이 떠올랐다. 당시 내 옆에는 한 남자아이가 엄마와 함께 어묵을 먹고 있었다. 잠시 후 어떤 여자아이가 오더니, 음식을 시키고서는 그 남자아이에게 대뜸 말을 걸었다.

"넌 이름이 뭐니?"

어묵을 입에 물고 있다가 느닷없이 질문을 받은 그 남자아이는 마치 '뭐지?'라는 눈빛으로 여자아이를 쳐다봤다. 아마 나 또한 '딸 육아 교육'이라는 독특한 일을 전문적으로 하고 있지 않았다면 그렇게 생각했을 것이다. '떡볶이를 먹으러 와서는 처음 본 아이에게 말을 걸고 이름까지 묻다니?' 여자아이들은 그만큼 누군가와 관계를 맺는 것에 관심이 많다. 딸의 성향을 단 한 단어로 표현한다면 그것은 바로 '관계'가 될 것이다.

딸을 키우는 아빠 육아의 방향

우리 집에는 루비라는 이름의 강아지가 있다. 내가 결혼하기 전부터 혼자 키웠던 강아지인데, 지금은 수아의 여동생이 되어 있다. 수아는 루비를 정말 끔찍하게 아낀다. 아침저녁으로 다가가 꼭 껴안으며 인사하는 건 물론이고, 자기만 한 덩치를 마치 아기를 안 듯 품에 안고 토닥거리기도 한다. 루비에게 이불을 덮어주거나 잠자리를 마련해 주는 것도 수아의 몫이다. 가족들이 함께 외출하는 날엔 루비가 외로워하지 않을까 항상 걱정이 많다. 날씨가 쌀쌀할 때 산책을 하러 가게 되면 자신의 외투보다도 루비의 옷을 먼저 챙긴다. 어쩌다 아빠가 루비에게 밥 주는 것을 깜빡하고 있으면, "루비 밥 안 줬어? 아빤 루비를 사랑하지 않는 거야?"라고 실망스러운 눈빛을 보내며 난처하게 만들기도 한다.

이처럼 딸은 대부분 동물을 무척 좋아한다. 특유의 공감 능력을 발휘하며 누군가를 돌봐야 한다는 일종의 책임감을 강하게 갖는다. 행동 반경이 대체로 정해져 있고 범위가 넓지 않지만, 그 안에서 주변의 여러 가지 것에 세심하게 반응하기 때문에 오히려 가까운 곳에 있어 자칫 놓치기 쉬운 것들을 관찰하고 발견해내는 능력이 뛰어나다.

반면, 아들은 사람이나 동물보다 주로 비행기나 자동차 같은 탈것이나 방문 손잡이처럼 일정한 체계를 가지고 움직이는 사물에 반응한다. 경쟁과 도전을 좋아하는 기질이 있어 집을 떠나 위험한 활동에 참여하는 것을 즐기며 자신이 원하는 목표를 이루는 것을 기뻐한다. 남성의 특성을 가진 아빠 역시 마찬가지다. 아빠는 보다 멀리 있는 정보를 파악하는 것에 능하고, 가까운 주변에서는 쉽게 얻을 수 없는 새로운 경험을 쌓아 자신의 것으로 만들려는 성향이 강하다.

이렇게 남녀의 성향은 서로 다르고 각각의 장점이 있다. 만약, 딸이 그 둘의 장점을 모두 가질 수 있다면 어떨까? 분명 인생을 살아가기에 훨씬 유리할 것이다.

아빠와 함께 많은 대화를 나누는 딸은 그렇지 못한 딸과 비교해 똑똑해질 수밖에 없다. 똑똑하다는 표현의 의미는 단지 학교 공부를 잘하고 성적을 잘 받아오는 것만을 말하는 게 아니다. 아빠가 딸에게 전달할 수 있는 것은 단순한 지식이 아닌, 집이나 주변에서 얻을 수 없는 다양한 경험이다. 자신이 본래 갖고 있던 세심한 관찰력에 아빠로부터 얻은 폭넓은 간접 경험을 더해 자신만의 지혜를 얻게 되는 것이다. 이것이야말로 호랑이가 날개를 다는 격이 아니겠는가?

딸은 아들보다 달리기가 느린 편이다. 하지만 아빠의 손을 함께 잡고 달리면 혼자서는 느낄 수 없는 빠른 속도와 하늘을 달리는 듯한 자유로움을 느낄 수 있다. 딸은 아들보다 조심성이 많은 편이라, 나무에 무조건 높이 오르는 것을 꺼린다. 하지만 아빠의 어깨 위에 올라앉아 목말을 타면 세상 가장 높은 곳에서 경치를 내려다볼 수 있으며, 보이는 모든 것에 관해 끝도 없이 얘기를 나눌 수도 있다. 아빠와 함께라면 위험해 보이지만 스릴 넘치는 공구들을 이용해 목공을 같이 할 수도 있으며, 고장 난 물건을 척척 고칠 수도 있다. 그리고 그렇게 함께하는 매 순간, 아들보다 언어 능력이 좋은 딸은 논리적인 판단에 강한 아빠와 대화를 통해 누구보다 똑똑하고 생각이 깊은 아이로 자랄 수 있다. 아빠는 이렇게 딸에게 넓은 세상을 경험하게 할 수 있는 특별한 존재다.

그리고 그런 아빠로부터 자란 우리의 딸들은 장차 성인이 되어서도 자신에게 특별한 경험을 선사한 아빠에게 엄지를 치켜세우며 이렇게 말할 것이다.

"우리 아빤 다른 아빠들과는 정말 달라."

딸 육아에 성공하는 아빠가
사업도 성공한다

딸에게는 타고난 성공 DNA가 있다

한 연구에 따르면, 아이가 성장하는 과정 동안 아빠는 딸보다 아들과 더 많은 스킨십을 나눈다고 한다. 그것은 바로 아빠가 강하게 갖고 있는 남성의 정체성 때문이다. 아빠는 일반적으로 딸보다 동성인 아들에게서 더 편안함을 느끼기 때문에 아들과 함께 시간 보내는 것을 선호한다는 것이다. 생각해보면 너무나도 당연한 얘기다. 아빠와 아들은 서로 기질적으로 공통점을 갖고 있기 때문이다. 운동을 좋아하는 아빠는 공 하나만 있어도 아들과 함께 시간을 보내는 데 큰 어려움이 없다.

하지만 우리는 딸과 더욱 친밀한 관계를 유지하도록 노력할 필요가 있다. 딸에게는 아빠에게 다소 부족하거나 제대로 활용하고 있지 못한 '공감 능력'이라는 것을 갖고 있기 때문이다.

공감 능력은 다른 사람의 관점에서 그 사람의 경험과 감정을 이해하고 공유하는 능력을 말한다. 공감 능력은 단지 딸과 아내와의 관계를 원활하게 이루는 데만 유용한 것이 아니다. 사회적 관계가 중요한 비즈니스에서도 필수적인 기술이다.

성공하는 기업의 리더는 기업 구성원들을 단지 일하는 노예의 무리로 생각하지 않는다. 그들을 각각 감정을 지닌 하나의 개인으로 이해하고 그들의 관점에서 소통하며 공감한다. 공감을 기반으로 한 기업 문화는 구성원 간의 신뢰와 소속감을 구축하고, 노동력의 생산성을 높인다. 기업 외부적으로는 공감을 통해서 제품과 서비스를 경험하는 고객의 관점에서 고객의 감정을 이해할 수 있기 때문에 고객친화적인 서비스를 제공할 수 있다.

사우스웨스트 항공사는 포춘에서 선정하는 '세계에서 가장 존경받는 10대 기업'에 23번이나 이름을 올렸으며, "비즈니스는 사람이다."라는 기업 이념을 바탕으로 다른 항공사와는 차별화된 서비스를 제공하며 성공적인 경영 성과를 내는 것으로 유명하다. "기내에서는 흡연이 불가하지만 비행기 날개 위에서 피우시는 건 가능합니다.", "만약 구명조끼를 사용해야 하는 상황이 발생한다면, 조끼를 무료로 드리겠습니다."라는 식의 유머가 가득한 안내 방송이 나오고,

랩으로 전달되는 비행기 안전수칙에 승객들은 열광했다. 이것은 사우스웨스트 항공사에 연간 약 1억 4천만 달러, 우리 돈으로 무려 약 1,674억 원에 육박하는 추가 수익을 발생시켰다. 고객의 관점에서 고객의 마음에 공감한 결과다.

  주변 사람들로부터 '딸 바보'라고 불리는 아빠들의 공통점은 정서적으로 민감하다는 것이다. 일반적으로 '남자다움'을 남성의 정체성이라 생각하는 아빠들과는 확실히 다른 성향이지만, 그런 아빠를 보는 딸의 눈에서는 연신 하트가 나오기 마련이다. 아빠의 진실한 관심을 느끼게 되면, 딸은 아빠와 함께하는 가운데 정서적 안정감을 느끼며 자신의 능력을 온전히 펼칠 수 있을 것이다. 또한 아빠는 자신과 다른 기질을 가진 딸과 가까워지도록 노력하는 동안, 이제껏 발견하지 못했던 자신의 역량을 온전히 키우고 활용하는 법을 배울 수 있다.

어떻게 공감해야 하는가

공감한다는 건 단순히 다른 사람의 마음을 들여다보는 것이 아니다. 그 사람에게 관심을 갖고 염려하며, 그 사람의 감정과 생각을 이해하고 적절한 정서로 반응하는 것이다. 예를 들어, 딸이 울고 있는 것을 보면서 '왜 울지? 뭐가 잘 안돼서 속상한가?'라고 생각한다고 해보

자. 이 경우는 상대의 마음을 나의 관점에서 궁금해하는 것일 뿐, 공감하고 있는 것이 아니다. '울고 있잖아! 슬퍼하고 있어!'라고 느꼈다면 앞뒤를 보지 않고 당장 달려가서 꼭 안아주며 위로하는 '직접적인 행동으로 옮기는 것'이 바로 공감하는 것이다.

아마 수아가 다섯 살 때쯤이었던 걸로 기억한다. 한 번은 수아와 함께 깔깔대고 웃으며 잘 놀고 있다가 갑자기 '흑!' 소리를 내면서 슬피 우는 척 장난을 친 적이 있었다. 수아는 곧바로 나를 감싸 안고 울음을 터뜨리며 '아빠 울지 마!'를 연발했다. 깜짝 놀란 나는 장난이었다며 고백하고 그새 큰 슬픔에 빠져버린 수아를 한동안 품 안에 안고 위로를 해주어야만 했다.

잘 놀다가 내가 왜 갑자기 울었는지 수아는 영문을 알 리 없었다. 하지만 곧바로 나의 감정(물론, 가짜였고 연기력도 형편없었지만)을 느끼고 함께 따라 울며 나를 위로하기 시작했다. 공감하기 위해서는 어떠한 이유도 따질 필요가 없었던 것이다.

물론, 남성적 성향이 강한 아빠에게 이런 공감 능력을 익히는 일은 마치 이제 막 세발자전거를 타기 시작한 어린아이에게 도로 주행 시험을 보라는 것만큼 어렵게 느껴질 수도 있다. 하지만 다음의 핵심 키워드 하나만 기억한다면, 잠들어 있던 아빠의 공감 능력을 깨우는 데 도움이 될 것이다. 그것은 바로 '모른다'이다.

'모른다'

아마도 많은 아빠가 한 번쯤은 아내로부터 '변했다!'라는 식의 핀잔을 들어본 경험이 있을 것이다. 아빠 관점에서는 나름 억울하다는 생각이 들 수 있다. 바쁘게 살다 보니 그런 거지, 마음이 변한 건 아니라고 생각하기 때문이다.

하지만 아빠가 변한 이유는 바쁜 일상 때문이 아니다. 그것은 바로 '안다!'는 생각 때문이다. '내 아내니까, 내 아이니까, 그 마음을 뻔히 알고 있다.'는 생각이 상대의 감정과 마음을 들여다보고 이해하는 공감 능력을 방해하는 것이다.

나는 그것을 '선택적 공감'이라고 부른다. 선택적 공감이란, 예를 들어 고객이나 직장 상사와 같이 이른바 '나의 위치를 지키기 위해 신경 써야 하는 상대'에게만 선택적으로 공감하는 것을 말한다. 만약 상대가 나에게 익숙한 사람이라고 판단하면, 나의 위치를 위협받을 일이 없기 때문에 굳이 공감 능력을 발휘하지 않는 것이다.

하지만 생각해보자. 이제까지 누구라도 나의 마음을 나보다 더 정확히 알 수 있는 사람이 과연 있었는지 말이다. 반대로도 마찬가지다. 나 또한 오로지 나 자신만을 제외한 다른 누구의 마음도 정확히 알 수 없다. 언제나 '모른다'라는 생각으로 접근해야 한 치 앞도 보이지 않는 깊은 바닷속에서도 타이태닉호를 건져 올리듯 숨어 있던 딸의 마음과 만날 수 있다.

자신의 감정을 건강하게 표현하라

평소 논리 정연하게 또박또박 말을 잘하던 아빠도 부부싸움을 하게 되면 엄마의 말발을 이기지 못하는 경우가 많다. 일반적으로 남성의 뇌는 자신의 부정적인 감정을 언어로 표현하는 데 약하다는 뇌 과학자들의 말을 생각하면, 화가 날 때 말문이 막히는 건 어쩔 수 없는 일인 것 같다.

하지만 엄마들의 의견은 좀 다르다. "평소 얼굴을 보면 항상 무표정하거나 화를 내거나, 둘 중 하나예요." 뭔가 잘못되었다고 생각되면 단지 화를 냄으로써 상황을 뒤집으려 할 뿐, 자기 감정을 표현하는 데는 인색하다는 것이다. 아빠의 이런 성향은 항상 아빠로부터 자신의 존재를 인정받기를 바라며 아빠의 기분을 살피는 딸을 불안하거나 혼란스럽게 할 수 있다.

'아빠는 내가 한 일에 대해 어떻게 생각하는 걸까?'

'아빠는 나를 정말 좋아하는 걸까?'

누구나 한 번쯤은 직접 상대와 얼굴을 마주하지 못하거나 목소리가 들리지 않는 상태에서 카톡을 통해 메시지를 주고받다가, 상대의 의도를 오해한 경험이 있을 것이다. 감정은 마음을 읽을 수 있는 가장 확실한 구체적 근거가 되기 때문이다.

얼마 전 동명의 소설을 원작으로 한 영화 〈82년생 김지영〉을 본 아내는 영화 속 남편의 모습이 소설 속에서보다 더 다정다감하고 이해심 깊은 '좋은 남편'으로 그려졌다고 했다. 그 말에는 분명 일리가 있었다. (분명히 말하지만 나는 아내처럼 공유에 열광하지 않는다.) 하지만 그 둘은 동일 인물이고 아내를 생각하는 마음 또한 마찬가지일 텐데, 마치 다른 사람처럼 느껴진 이유는 무엇일까? 그것은 아마도 소설에서는 표현할 수 없었던 인물의 세밀한 감정을 영화 속에서는 배우의 표정이나 말투를 통해 충분히 드러낼 수 있었기 때문일 것이다.

그간 육아 문제나 부부관계 문제로 연구소를 찾아와 눈물 흘리는 아빠들의 모습을 보면 엄마들과 전혀 다를 것이 없었다. 여성과 남성의 근본적인 마음은 다르지 않다. 다만 남성의 경우, 자신의 감정을 드러내는 것에 익숙하지 않을 뿐이다.

그 이유는 보통의 남성들이 성장 과정에서, 그리고 사회적으로 남성이 자신의 감정을 드러내는 일은 수치스러운 것이라고 학습되기 때문이다.

"사내자식이 되어서 뭘 그런 것 갖고 그래?"

"계집아이처럼 훌쩍거리지 마라."

여성의 경우, 슬픔이나 분노, 괴로움 등의 부정적인 감정을 갖게 되면 누군가에게 말하고 싶어 하는 경향이 있다. 다른 사람과의 소통이 그런 감정을 해소하는 출구가 되는 것이다.

하지만 어려서부터 자신의 감정을 감추는 것에 익숙한 남성은 마찬가지로 부정적인 감정을 갖게 되면 이른바 '동굴'로 들어가버릴 때가 많다. 뭔가에 몰두하는 것이 마음을 진정시키고 기분을 전환하는 데 도움이 된다는 생각 때문이다.

　자신의 감정을 혼자 정리하는데 익숙한 남성의 이런 경향은 종종 오해를 불러일으키기도 한다. 서로 다툼이 생겼을 때 남성은 기분을 풀기 위해 혼자만의 시간으로 들어가지만, 갈등 상황을 일방적으로 피해버린 남성의 감정을 파악할 방법이 없는 여성은 극도의 불안감을 느끼게 된다. 그래서 시간이 지나면 남성은 혼자 기분이 풀려 있지만, 여성은 오히려 이전보다 더 화가 나게 되는 것이다.

　하지만 마치 깔끔하게 정리된 듯 보이는 남성의 감정은 사실 해소된 것이 아니라 억눌려 있는 것에 불과하다. 괜찮아진 듯했다가 시간이 지나면서 또다시 크게 다를 것 없는 문제로 갈등을 겪는 이유는 바로 감정을 제대로 해소하지 못하고 단지 덮어놓았기 때문이다.

　감정은 마음을 표현하는 도구다. 마음은 곧 자기 자신이다. 자기 자신의 정서적 건강과 사랑하는 가족과 원만한 관계를 이루기 위해서는 먼저 자신의 감정을 존중하고 건강하게 표현하는 것이 중요하다. 자신의 감정을 잘 이해할 수 있어야 다른 사람의 감정 또한 쉽게 이해할 수 있다.

　공감 능력은 상대방의 감정을 배려하기 위해, 자신의 감정을 안정적으로 제어할 수 있는 자기 통제력을 포함한다. 공감 능력을 키우고 싶다면, 먼저 나의 감정을 상대방에게 건강하게 표현하는 데 익숙해지자.

딸에게 먹히는 훈육은
따로 있다

딸은 언제나 아빠의 머리 꼭대기에 있다

"핸드폰 보면서 밥 먹으면 소화 안 돼. 밥 먹을 땐 밥 먹는 데 집중해야지."

"아빠도 밥 먹을 때 핸드폰 볼 때 있으면서 왜 그래? 공평하지 않아!"

어린 딸에게 자신조차 인식하고 있지 못했던 사실을 지적받은 아빠는 당황하기 마련이다. 할 말이 없어진 아빠는 상황을 주도하기 위해 자신의 지위를 이용해보지만 좀처럼 통하지 않는다.

"너 아빠한테 지금 그게 무슨 말버릇이야? 아빠가 핸드폰 보지 말라고 아까부터 몇 번이나 말했어?"

"세 번"

딸은 마치 CCTV와 같다. 때로는 있는 듯 없는 듯 그 존재조차 인식하지 못할 정도로 조용하지만 아들보다 민감하게 발달한 오감과 여성 특유의 육감을 이용해 항상 자신의 주변 상황을 파악한다. 집중해서 책을 읽고 있는 중에도 등 뒤에서 들리는 말을 모두 들을 수 있을 만큼 다중작업에 능하다. 이런 딸에게 떳떳한 아빠가 되기 위해서는 뾰족한 방법이 따로 없다. 딸의 존재를 의식하지 않아도 될 만큼 스스로 떳떳한 아빠가 되는 것이다.

어느 날 한 유대인 아빠는 어린 딸의 손을 잡고 장을 보러 나갔다. 한 상점에 들어가 물건을 사고 거스름돈을 받아 나왔다. 그런데 집으로 돌아가던 중 거스름돈을 세어보니 원래 받아야 하는 것보다 더 많은 돈을 거슬러 받았다는 것을 알게 되었다. 아빠는 다시 상점으로 돌아가 주인에게 거스름돈을 더 받았다며 돌려주었다. 주인은 아빠에게 "나 같으면 그 돈을 돌려주기 위해 굳이 다시 돌아오지는 않았을 텐데, 왜 그렇게까지 했습니까?"라고 물었다. 그러자 그 유대인 아빠는 아무렇지 않다는 표정으로 이렇게 대답했다. "나는 유대인이니까요."

얼핏 보면 이 이야기는 유대인들이 스스로 갖고 있는 자긍심에 관한 내용인 것처럼 보일 수도 있다. 하지만 중요한 것은 그게 아니다. 바로 이야기가 진행되는 내내 딸이 아빠의 손을 잡고 다니면서 그런 아빠의 모습을 계속 지켜보고 있었다는 것이 핵심이다. 아빠는 마땅히 해야 할 일을 '먼저 행함'으로써 아이를 가르치는 진정한 의미의 '선행학습'을 생활 속에서 실천한 것이다.

인간에게는 '거울 신경세포'라는 것이 있다. 거울 신경세포란 타인의 행동을 자신의 뇌에서 거울처럼 비춰 따라 하고 마치 자신이 실제로 같은 행동을 취하고 있는 것처럼 반응하는 뇌 신경세포를 말한다. 스포츠 경기를 시청할 때 자신도 모르게 화면 속의 선수와 같은 동작을 취하게 되는 것 역시 거울 신경세포 반응이다.

뇌 과학자들의 연구 결과에 따르면, 거울 신경세포는 남성보다 여성에게 더욱더 많이 발달해 있다고 한다. 거울 신경세포의 발견에 대해 당시 과학자들은 "사람의 마음을 읽는 뇌 기능을 발견했다"며 거울 신경세포가 인간의 공감 기능과도 밀접한 관련이 있다고 했다. 공감 능력이 뛰어난 딸은 아빠의 행동을 따라 하는 능력 역시 뛰어나다는 것이 입증된 것이다.

추상적 사고보다 구체적 증거가 효과를 발휘하는 딸에게는 잔소리나 설득이 쉽게 통하지 않는다. 지혜로운 아빠는 말이 아닌 행동으로써 딸의 변화를 끌어낸다.

언제나 공감이 먼저다

한번은 저녁 식사 하는 자리에서 수아가 그날 유치원에서 있었던 일을 얘기했다. 친구들과 함께 놀이하는 과정에서 한 친구가 수아에게 "넌 욕심쟁이야!"라는 말을 했다는 것이었다. 여자아이들 사이에서 욕심쟁이라는 말은 배려가 부족한 아이에게 하는 비난의 말이다. 배려가 부족하다는 비난은 남을 배려하는 것을 덕목으로 생각하는 딸에게 그냥 무시하고 지나갈 만한 것이 못 된다. 수아는 그 말에 속이 많이 상한 듯 보였다. 하지만 얘기를 들어보니 그 친구가 왜 그렇게까지 말했는지 충분히 이해되는 상황이었다. 그러다 자칫 아이들 사이에서 따돌림을 당할지도 모른다는 걱정이 들었다. 수아의 생각을 바로잡아줄 필요가 있다고 판단한 나는 수아에게 이렇게 질문했다.

"만약에 수아한테 다른 친구가 똑같이 하면 수아는 기분이 어떨 것 같아?"

상대의 관점에서 생각할 수 있도록 아이에게 질문하는 건 아이가 스스로 도덕적인 사람이 될 수 있도록 도와주는 매우 효과적인 방법임에 틀림이 없다. 난 스스로 적시타를 날렸다는 생각에 내심 흐뭇해했다. 하지만 수아의 반응은 기대와 달랐다. 아주 잠깐의 정적이 흐른 뒤, 수아는 속이 잔뜩 상한 표정으로 이렇게 말하고는 밥을 먹다 말고 제 방으로 들어가버렸다.

"욕심쟁이라고 한 사람이 욕심쟁이야!"

아뿔싸! 순간 내가 무엇이 가장 중요한 것인지 잊었다는 것을 깨달았다. 아이가 아빠에게 원한 건 문제를 해결해달라는 것이 아니었기 때문이다. 딸은 단지 말로 밀고 들어오면서 자신을 학습시키고자 하는 아빠의 권위를 인정하지 않는다. 딸은 자신을 올바로 이끌어주는 아빠보다 먼저 자신의 마음을 이해해주는 아빠를 필요로 한다. 결론을 내리는 것이 아닌 마음을 풀어나가는 과정을 함께하는 것이 더 중요하다.

방문을 열고 들어가 보니 수아는 침대 위에서 이불을 뒤집어쓴 채로 누워 있었다. 조심스레 이불을 걷어보니 그새 울고 있었는지 두 눈가가 반짝이고 있었다. 수아를 들어올려 꼭 안고 등을 토닥이며 말했다.

"아빠가 우리 수아 속상한 줄도 모르고 그렇게 말해서 많이 서운했겠다. 친구랑 사이좋게 지내고 싶었는데 친구가 그렇게 얘기해서 아주 속상했겠어."

그렇게 아이가 숨기고 있던 감정에 먼저 공감해주니 아이는 언제 토라졌었냐는 듯이 이내 진정되었다. 식사를 마저 마치고, 그 뒤에 이어진 대화에서 아이는 아빠의 의견을 객관적인 시선에서 잘 받아들였다.

딸은 친구들과 관계를 형성해 나가는 과정에서 상대로부터 상처를 받을 수도, 상처를 줄 수도 있다. 하지만 딸의 본심은 언제나 '그 아이와 사이좋게 지내고 싶어'다. 그 마음을 선생님이나 다른 친구들은 모두 몰라준다고 하더라도 아빠만큼은 알아줘야 한다. 아빠로부터 공감받은 딸은 자존감이 높아져 자신에 대한 부정적인 평가에 민감하게 반응하지 않고 건강하게 자신을 지킬 수 있다.

훈육보다 효과적인 '아빠의 마음' 전하기

인간의 뇌에는 자극을 받아들이는 단계가 있다. 바로 '생존-감정-학습'의 단계다. 각각의 단계에서는 충분한 욕구가 충족되어야 한다. 그렇지 못할 경우 다음 단계에 필요한 자극을 제대로 받아들이지 않는다.

어린아이가 짜증을 낼 때 그 이유를 살펴보면 다른 특별한 이유가 있어서가 아니라 단지 졸리거나 배가 고팠기 때문인 경우가 많다. 생존 불안 상태였기 때문에 감정 단계가 정상적으로 작동하지 못한 것이다. 마찬가지로 우울함, 슬픔 등의 감정 단계가 충족되지 않으면 감정 불안 상태가 되고 학습에 필요한 자극을 제대로 받아들이지 않는다. 아이에게 아무리 훈육이 필요한 상황이라 하더라도 그에 앞서 먼저 아이의 감정을 공감하지 않으면 어떠한 정당한 명분이 있다 하더라도 훈육이 통하지 않는다. 훈육은 학습 단계에 해당하기 때문이다.

하지만 아무리 이런 단계를 잘 이해하고 있다 하더라도 매번 아이의 감정에 먼저 공감하기 어려울 때가 있기 마련이다. 아빠도 사람이다. 아무리 상대가 자식이라 하더라도 일방적으로 참는 것이 억울하게 느껴질 수 있다. 가정에서 아빠들은 딸에게 자신의 모습을 드러내지 않는 경우가 많다. 너무 바빠서 딸에게 얼굴조차 보여주기 힘든 상황을 말하는 게 아니다. 아빠는 강해야 한다는 생각 때문에 함께 하고 있음에도 자신의 속마음을 드러내지 않는 것을 말하는 것이다. 아이 때문에 속상할 땐 '속상하다'라고 아이에게 감정을 솔직하게 전하는 것이 오히려 효과적이다.

수아 엄마는 외국 항공사 객실 승무원이다. 업무 특성상 한 번 비행을 나가면 보통 2박 3일간 집을 비우게 된다. 특별한 일정이 있지 않는 한 나는 수아와 단둘이서 그 기간을 함께 한다. 아이와 단둘이 있으면 어떻게 시간이 지났는지도 모르게 하루가 가는 때가 많다. 몸이 크게 고된 것은 없다. 다만 정신적 고난이 더 크게 느껴질 때가 종종 있을 뿐이다.

한번은 저녁 식사도 해결할 겸 동네 마트에 갔다. 이름은 마트지만 동물원과 장난감 상점, 그리고 놀이방까지 있는 제법 규모가 있는 쇼핑몰에 가까운 곳이었다. 식당으로 가던 도중 수아의 관심은 놀이방으로 쏠렸지만, 식사 시간을 놓치면 안 되었기에 수아를 다독여 우선 식당으로 가서 음식을 주문했다. 밥을 몇 숟가락 뜨다 말고 수아의 투정이 시작되었다.

"밥 그만 먹고 놀이방 갈 거야."

"밥 안 먹으면 배고플 텐데?"

"그럼 이따가 먹으면 되지?"

"수아가 이따 먹고 싶다 하면 그때 밥이 있을까?"

아빠가 쉽게 포기하지 않고 질문 공세를 이어가자 아이는 슬슬 입을 삐죽대기 시작한다.

"아빠가 사주면 되지?"

"항상 수아가 하고 싶은 것만 할 수 있어요?"

"아빠가 다 하게 해주면 되잖아! 흥!"

"수아가 그렇게 얘기하면 아빠 기분이 어떨 것 같아?"

"아빠, 벌써 화난 거 같은데?"

아빠가 평소에 하지 않던 존댓말을 쓰는 것을 보고 눈치 빠른 아이는 아빠의 기분을 바로 파악했다. 이런 상황에서 억지로 온화한 척을 하는 건 어차피 통하지 않는다. 마음이 상한 것을 애써 부정하기보다 아빠의 감정을 솔직하게 표현하는 것이 좋다. 다른 사람과의 관계 유지를 위해 자신의 감정을 숨기는 것에 익숙해질 수 있는 성향을 지닌 딸에게, 자신의 감정을 솔직하게 표현하고 그것에 스스로 책임지는 모습을 가르치는 좋은 기회가 될 수도 있다.

"응, 속상해. 하지만 수아한테 화내진 않을 거야. 아빠가 화내면 수아도 속상해질 테니까."

그러자 혼자 킥보드를 타고 저만치 사라진다. 모른 척하고 밥을 먹고 있으니 뭔가를 한참 구경하다가 쪼르르 아빠한테 달려온다.

"아빠, 미안해."

말없이 웃으면서 두 팔을 벌리자 수아가 품 안으로 들어온다.

"아빠가 속상해 하니까 수아도 속상했구나. 아빠 걱정해줘서 고마워."

한 마디 싫은 소리도 안 했는데 안겨서 서럽게 울기 시작한다. 한

동안 울다 눈물을 그친 수아는 순식간에 밥을 뚝딱 해치웠다.

아이가 삐딱하게 나갈 땐 아이를 혼내기보다 적절한 질문을 하고 아이의 정당하지 않은 행동으로 아빠의 속상한 마음을 분명하게 표현해주는 것이 좋다. 그리고 생각할 수 있는 '시간'과 '공간'을 주면 아이는 결국 자신의 행동에 대해 생각하고 잘못을 깨닫게 된다. 그것이 아이를 혼내지 않고 스스로 뉘우치게 하는 가장 효과적인 방법이다.

밥을 다 먹고 나더니 이번엔 대뜸 아이스크림을 사달라고 한다.

"너 엄마 없을 때 자꾸 아빠한테 그런 것만 사달라 하면 아빠 그냥 혼자 집에 갈 거야."라고 했더니 이렇게 대꾸한다.

"아빠가 그럴 리 없잖아? 아빠가 날 얼마나 사랑하는데."

Chapter 3

·

·

·

밑도 끝도 없이 좋은 아빠가 되고 싶습니다

아빠가 딸의 미래 남친을
상상하기조차 싫어하는 진짜 이유

그 놈팽이를 믿을 수 없다는 명분은 과연 타당한가?

딸의 나이와 상관없이, 딸을 키우는 아빠들이라면 공통으로 갖는 고민이 있다. 언젠가 딸이 자신 앞에 다른 남성을 데리고 나타날 것에 대한 걱정이다. 아빠의 이런 심정은 종종 딸의 미래 남자 친구에 관한 이야기에 반응하는 모습에서 드러나기도 한다.

"암튼 언제고 내 눈앞에 나타나기만 해봐 내가 아주 그냥! 어휴! 통금은 무조건 일곱 시다!"

그 자식이 누구든 상관없다. 단지 상상하는 것만으로도 아빠의 눈빛은 날카로워지고, 심장 박동이 빨라지며 전투 태세를 갖추게 된다.

왜 이렇게까지 공격적으로 반응하게 되는 걸까? 아빠의 명분은 이렇다.

"그놈이 어떤 놈인지 알고 믿어?"

하지만 생각해보면 아빠 자신도 어느 집 귀한 딸과 연애하고 결혼했다. 분명 내로남불('내가 하면 로맨스, 남이 하면 불륜'이라는 뜻)이라고 할 수 있다. 그런데도 이런 모순적인 반응이 나올 수 있는 이유는, 바로 아빠 자신이 남성의 특성에 관해 누구보다 잘 알고 있기 때문이다. 심지어 과학적인 근거도 있다.

여성과 남성의 뇌는 서로 분명한 구조적 차이를 갖고 있다. 청각을 비롯한 언어, 그리고 정서적 측면에서는 여성의 뇌가 더 많은 신경세포를 갖고 있어 남성보다 더 민감하게 반응할 수 있다. 하지만 반대로 행동과 공격성에 관련된 뇌 중추는 남성이 여성보다 크다. 성적 충동과 관련된 뇌 공간도 남성의 뇌가 여성과 비교해 2.5배 정도 더 크다. 실제로 평균적으로 여성이 하루 1회 정도 성적 충동을 느낀다고 한다면, 남성은 52초마다 성적 충동을 느낀다는 연구 결과도 있다.

아빠에게 딸은 자식이면서도 마치 연인과도 같은 존재로 느끼는 경우가 많다. 여성은 배우자가 다른 사람에게 정서적으로 몰입하는 것을 상상할 때 질투를 느끼지만, 남성은 배우자의 성적 일탈을 상상할 때 정서적 고통을 느낀다고 한다. 그래서 딸이 자신이 아닌 다른 남성과 함께 있는 모습을 상상하는 것만으로도 상실감을 크게 느끼게 되는 것이다.

어떤 아빠들은 딸이 결혼할 때 본인이 직접 나서서 개입한다. 심지어 흥신소를 통해 신랑이 될 사람의 배경을 뒷조사하는 경우도 있다. 내 딸은 믿지만, 상대 남성은 믿을 수 없기 때문이다.

하지만 아무리 두 팔을 걷고 나서봐야 아빠가 할 수 있는 일에는 한계가 있다. 결국 딸의 짝을 선택하는 건 누구인가? 다른 누구도 아닌 딸 자신이다. 결국 아빠가 못 믿는 건 그 녀석이 아니다. 내 딸이다. 내 딸이 좋은 남성을 분별할 수 있는 눈을 가졌다면 어떤 누구를 선택하든, 불안해할 이유가 없지 않겠는가?

좀 더 생각해보자. 그렇다면 때가 되었을 때 딸은 어떤 기준으로 남성을 선택하게 될까? 과연 그 기준은 어떻게 세워지는 걸까? 자기 나름의 그 기준을 정말 믿어도 되는 걸까?

아빠는 딸에게 생애 최초의 남성이자 가장 가까운 이성이다. 딸은 아빠가 자신과 엄마를 대하는 방식을 보고 자연스럽게 남성에 대한 기준을 세운다. 남성을 선택하는 눈을 키운다. 남성과 어울려 살아가는 인생을 배운다. 자신이 지켜야 할 규칙을 배운다. 결국 아빠가 믿지 못하는 건 그놈의 배경도, 딸의 남자 보는 눈도 아니다. 바로 아빠 자신이다.

아빠가 딸을 위해 해줄 수 있는 최선은 아빠 스스로 딸에게 세상에서 가장 믿을 수 있는 남성이 되는 것이다. 아빠의 내면을 단단하게 키우고 딸을 열렬히 사랑하는 모습을 보여주자. 자신을 사랑하는 아빠의 믿음직한 모습을 보고 자란 딸이라면, 특별히 뭔가를 가르치지 않더라도 딸은 껍데기만 요란한 남성을 구분해내는 눈을 자연스럽게 갖게 될 것이다.

딸을 세상의 위험으로부터 지키는 방법

얼마 전 여섯 살짜리 이란성 남매 쌍둥이를 키우는 아빠가 연구소를 찾아와 이런 질문을 했다.
"딸과 아들이 한자리에서 함께 어울려 놀 수 있는 놀이가 뭐가 있을까요?"
딸과 아들의 서로 다른 성향에 관해 간략하게 설명하고 적당한 놀이를 소개하면 될 듯했지만, 아빠가 고민하는 본질적인 문제가 무엇인지 궁금했다.
"둘이 꼭 같이 어울려 놀면 좋겠다고 생각하는 이유에 대해 여쭤도 될까요?"
그러자 아빠가 말했다.
"가끔 엄마를 좀 쉬게 해주려고 아이들을 집 앞에 있는 학교 운동장으로 데리고 나갈 때가 있습니다. 그런데 딸은 보통 모래밭에서 가만히 앉아 놀고, 아들은 운동장을 이리저리 정신없이 뛰어다니니까 한 번에 둘을 보기가 힘이 듭니다. 한 번은 집 앞에 있는 학교 운동장으로 딸아이를 데리고 가서 놀고 있었는데, 딸아이가 목마르다고 해서 마실 물을 사러 가고 있었습니다. 그런데 느낌이 이상해서 아이가 있던 곳을 돌아보니 어떤 할아버지가 말을 걸고 계시는 겁니다. 그래서 가던 걸음을 멈춘 채 이도저도 못 하면서 한참을 바라보고만 있었죠. 할아버지가 다른 곳으로 가신 뒤 얼른 딸아이에게로 가서 '할아버지가 뭐라 하시더냐?'라고 물었는데 얘기를 들어보니 별 얘기는 아니었습니다. 다행이다 싶으면서도 어찌나 가슴이 쿵쾅거리던지…. 무척 당황했었거든요. 조두순 출소 소식을 알게 된 다음부터 아무래도 더 걱정되는 것 같습니다. 그런 사람이 언제 어디에 또 있을지 모르니까…."

아빠의 걱정도 무리는 아니다. 경찰청 통계에 따르면 야외 활동이나 외출이 많은 시기에는 연평균 무려 2만 명이 넘는 아동 실종 사고가 발생한다고 한다. 하지만 아이들은 항상 호기심이 많고 어른들이 미처 예상하지 못하는 행동을 하는 경우가 많다. 부모가 아무리 각별하게 신경을 쓰더라도 아이가 눈 깜짝할 사이에 없어지는 상황은 얼마든지 생길 수 있는 것이다.

"아버님이 많이 놀라셨겠네요. 하지만 만약 아버님의 바람처럼 그때 아이들이 서로 한 몸처럼 찰싹 붙어 놀고 있었다면 어떨까요? 그랬다면 똑같은 일이 일어났을 때 아버님 마음이 편할 수 있었을까요?"

나 또한 비슷한 또래의 딸을 키우고 있는 처지인지라, 아빠의 마음이 어떤지 충분히 이해할 수 있었다. 하지만 조두순의 출소를 우리

맘대로 어찌할 수는 없는 노릇이다. 설령 어떻게든 그를 막을 수 있다 하더라도 그와 같은 사람들이 세상에 더는 존재하지 않을 거라는 것을 기대하기란 어렵다. '세상은 사기꾼들로 가득하다.'라는 유대인의 속담처럼 세상에는 우리의 노력만으로 어찌할 수 없는 위험들이 존재한다는 것을 분명하게 인정하고, 그것에 미리 대비하는 자세가 중요하다.

    딸을 세상의 위험으로부터 지키는 가장 확실한 방법은 평소 딸의 하루가 어땠는지 궁금해하며 대화를 나누는 것이다. 딸이 아직 어려서 지금 당장 세상이 얼마나 위험한지 모른다 해도 상관없다. 함께 뉴스를 보며 아빠의 생각을 말하고 얼마나 너를 사랑하는지 이야기하자. 아빠의 말을 그저 지겨운 잔소리 정도로 여기지 않도록 애착을 쌓을 수 있다면, 훗날 만약 위험한 상황이 발생하더라도 그것을 숨기기보다 오히려 아이가 먼저 아빠를 찾을 것이다. 그럼 그때 아빠는 딸이 스스로 부정적인 감정에 휩쓸리지 않고 현명한 판단을 내릴 수 있도록 도와줄 수 있다. 딸에게 믿을 수 있는 존재가 되는 것, 그것이 아빠가 딸을 지키는 최선의 방법이다.

딸의 성교육은 누구의 몫인가?

일반적으로 아들의 성교육은 아빠가 하는 것이 자연스럽고, 딸의 성

교육은 엄마가 하는 것이 자연스럽다고 생각하는 경우가 많다. 하지만 이런 생각은 반은 맞고 반은 틀리다. 만약 자신의 신체 변화에 대처하는 법을 가르치는 것이라면 동성인 부모가 각각 맡는 것이 자연스러울 수 있다. 하지만 가장 핵심적인 내용일 수밖에 없는, 이성을 만나는 상황에서의 대처법을 알려주는 거라면 얘기가 달라진다.

다 큰 성인이 되어 결혼까지 했어도 아빠는 여전히 엄마가 무엇을 원하는지 제대로 모르는 경우가 많다. 엄마 역시 마찬가지다. 서로 이성에 관해 제대로 배운 적이 없기 때문이다. 벌써 몇 년째 함께 살고 있지만, 여전히 서로를 이해하지 못한 채 쉬쉬하며 살고 있지 않은가? 기껏 하소연할 상대라고는 역시나 답을 알 리가 없는 동성들 말고는 없으니 말이다.

엄마 역시 성인으로서 이제껏 살아오면서 남성에 관해 충분히 경험해봤을 것이다. 그 때문에 본인은 스스로 남성을 알 만큼 안다고 생각할 수도 있다. 하지만 내가 궁금한 건 당신의 생각이다.

"엄마가 남성에 관해 얼마나 잘 알고 있을까요?"

이제껏 아빠들을 만나서 이런 질문을 던지면 백이면 백 모두 한 치의 망설임도 없이 "절대 모르죠!"라고 대답했다. 그런데 재미있는 사실은 부부가 함께 컨설팅을 진행한 경우, 아빠의 이런 자신 있는 대답에 엄마는 대부분 '내가 모르는 뭔가가 있다는 건가?'라는 듯 놀란 토끼 눈을 하고 아빠를 쳐다봤다는 것이었다.

많은 아빠, 그리고 같은 여성인 엄마조차도 딸 육아에서 가장 고민하는 부분은 바로 딸에게 언제고 찾아올 사춘기에 관한 것이다. 소녀에서 여성으로 넘어가는 과정인 사춘기를 지나는 동안 딸에게는 호르몬의 대격변이 일어나며 육체적, 그리고 정신적으로 큰 변화를 경험하게 된다.

딸은 사춘기에 접어들면서부터 아빠가 원하든 원치 않든 이성에 많은 관심을 보이게 된다. 사회적 관계와 소통을 중시하는 여성의 특성상 딸은, 자신이 좋아하는 남자아이와도 역시 언어적 소통을 통해 가까워지고 싶어 하겠지만 대부분 뜻대로 되지 않을 가능성이 크다. 좀처럼 말이 통하지 않고, 때로는 이해할 수 없는 남자아이의 반응에 딸은 마음에 상처를 입게 될 수도 있다. 그럴 때 딸에게 어떤 남자 친구가 이성으로서 믿어도 좋은 녀석인지를 알려주는 건 누구의 몫이 되어야 하겠는가?

딸에게 여성과 남성을 비교하며 누가 더 우월하다거나 옳고 그름을 가르칠 수는 없다. 남성은 다 짐승 같은 놈들이니 아빠만 제외하고 무조건 조심하는 게 상책이라는 말도 안 되는 소리를 해서는 해서도 안 된다. 그런 말은 아빠 스스로 신뢰도를 떨어뜨릴 뿐 아니라 남성에 관한 부적절한 불신을 심어줄 수도 있기 때문이다.

딸이 어떠한 상황에서라도 자신을 지혜롭게 지킬 수 있으려면 지금부터 평소 아빠의 모습을 통해 바람직한 남성상의 모습이 무엇인지 보여주어야 한다. 그리고 적절한 기회가 찾아오면 딸에게 여성을 만날 때 남성의 마음과 생각이 어떻게 요동을 치고 서로 싸울 수 있는지 역시도 알려줘야 한다. 남성이 하는 말에 담긴 의미가 무엇인지, 그런 상황에서 어떻게 대처하는 것이 현명한 방법일지 알려줘야 한다. 그리고 그런 교육은 평소 생활 속에서 아빠가 보여주는 모습을 통해 이루어져야 한다.

딸보다, 엄마보다
먼저 아내를 지켜라

변화를 받아들이지 말고, 변화를 만들어내라

우리의 부모님 시대만 하더라도 가족원들에게는 집의 통솔자이며 가계 계승의 책임자이기도 한 가장의 명령 및 권위에 복종하고 가장을 특별히 대우할 것이 요구되던 시대였다. 예전 아빠들 또한 밖에서의 경제 활동에 대해서는 분명 스트레스를 받았을 것이다. 하지만 한 달에 한 번 가져오는 두둑한 월급봉투만으로도 가정에서만큼은 절대적으로 인정받는 존재일 수 있었다.

　이제는 시대가 달라졌다. 일단 눈에 보이는 월급봉투가 사라졌다. 더는 가장의 명령이 예전만큼 절대적이라고 볼 수 없다. 지금의 아빠들은 바깥 활동과 더불어 아이와 더 많이 놀아줄 수 있어야 좋은 아빠로 인정받는다. 아빠의 관점에서는 권위는 줄어들고 해야 할 책임만 더 막중해진 느낌이다. 마치 군대에서 일병 때 그렇게 고생하다가 이제 드디어 내가 병장이 되니 군대 문화가 바뀌어버린 상황처럼 말이다.

'세상 참 많이 바뀌었네. 이제 아빠는 그저 열심히 돈만 벌어오는 것만으로는 인정받기 힘든 그런 사회가 되어버렸잖아. 밖에 나가서 일하고 들어오면 엄마가 시키지 않아도 집안일을 자기 일처럼 알아서 할 수 있어야 하고, 바쁜 상황 속에서도 어떻게든 시간을 쪼개서 아이를 위한 시간까지 추가로 만들어내야만 한다는 거 아냐? 3단 변신 트랜스포머 로봇도 아니고, 정말 슈퍼맨을 원하는 거야? 우리 아버지 때는 이러지 않았는데, 왜 내가 아빠가 되고 나니까 이런 상황이 되는 거지? 억울하다!'

예전 세대의 어머님들은 지금보다 많은 자식을 키워내면서 그 살림을 혼자 도맡아 했다. 심지어 거기다 아버지의 재떨이 수발까지도 어머니의 몫이었다. 하지만 그것과 비교해 지금의 아내들은 너무나 편해진 시대를 살고 있다고 느낀다. 세탁기가 빨랫방망이를 대신하고, 바닥 걸레질 때문에 관절염 걱정을 할 필요도 없다. 장을 보러 멀리 나가지 않고도 스마트폰으로 주문만 하면 집까지 모든 것이 배송된다. 그런 상황에서 힘들다고 하는 건, 예전과 비교했을 때 왠지 불공평하다는 생각이 들기도 한다.

많은 아빠가 이런 생각들을 갖고 있지만, 그저 가정의 평화를 생각해서 참고 사는 경우가 대부분이다. 하지만 만약 다시 예전으로 돌아가 아빠들은 나가서 돈이나 벌고 집에 돌아와서는 TV나 보고 엄마들은 육아와 가사의 모든 것을 혼자 관리한다면 공평하다고 느껴질까? 아이가 어렸을 때는 그렇게 해도 아빠의 자리가 당분간은 무사할 수 있다.

하지만 아이들이 사춘기가 되면서부터 상황은 달라질 것이다. 가족 간의 대화에서 아빠는 점차 소외되기 시작할 것이다. 발언권은 있지만, 실질적인 영향력은 사라지기 때문이다. 아이들의 대소사를 결정하는 것은 엄마 선에서 모두 끝날 것이다. 잘못하면 노년에는 황혼이혼을 당하게 될 수도 있다.

마치 가정형인 것처럼 얘기했지만, 이것이 지난 세대 아버지들이 스스로 자신의 자리를 만들지 못했기 때문에 현재 감당하고 있는 결과다. 누구보다 우리 스스로가 지금 아버지를 어떤 마음으로 대하고 있는지 한번 생각해보자. 다시 예전으로 돌아간다면 우리 또한 자식들로부터 그런 마음에도 없는 인사치레를 받는 것으로 만족해야 할 것이다.

진정으로 인정받을 수 있는 아빠의 자리를 원한다면, 이제부터는 억울함이나 그저 세상의 변화를 받아들이겠다는 수동적인 태도에서 벗어나, 스스로 '그렇다면 나는 어떤 변화를 이뤄낼 것인가?'라는 질문을 던지고 능동적으로 고민해야 한다.

아내 관점에서의 육아

일 때문에 하루 대부분을 밖에서 보내는 아빠라면 엄마가 어떤 하루를 보내는지 모르는 경우가 많다. 심지어 어떤 아빠들은 출근길에 무심코 이런 말을 던지며 엄마의 속을 뒤집어 놓기도 한다.
"다녀올게, 쉬고 있어."
만약 엄마 혼자 육아를 홀로 힘들게 해야 하는 상황이라면 엄마는 어떤 마음으로 하루하루를 보낼까?
힘든 가사에 육아까지 혼자 맡아야 하는 상황에서 아빠는 없으면 아쉽고, 있으면 불편한 그런 알 수 없는 존재가 되어 있는 때가 있다. 항상 아빠가 너무나도 그리운 우리 아이에게는 잠깐의 시간 동안 놀아주는 것조차 힘들어하는, 그저 재미없는 어른이 되어 있는 경우도 많다.
하루가 다르게 성장하는 우리 아이에게 항상 좋은 영양분만 주고 싶은 것이 아이를 키우는 엄마의 맘이다. 하지만 엄마의 일은 해도 해도 줄지 않는다. 정시 퇴근 같은 건 없다. 마치 24시간 편의점을 혼자 운영하는 느낌이다. 거실 바닥이 장난감과 과자 부스러기로 발을 디딜 수가 없어도, 산더미 같은 싱크대 그릇더미 위로 한여름 초파리가 날아다녀도 아무도 치우지 않는다. 양말은 어디 있는지, 학부모 참여 수업은 언제인지, 강아지 산책은 언제 마지막으로 나갔는지, 가족 모두가 매일 마시는 오렌지 주스가 언제 동이 났는지 아무도 아는 사람이 없다. 집 안에서 벌어지는 모든 일 처리와 일정 관리는 오롯이 엄마의 몫이다.

혼자서 양손과 머리 위까지 한가득 짐을 들고 있는 것만 같다. 하지만 그 짐은 엄마를 제외한 다른 가족 누구의 눈에도 보이지 않는다. 어쩔 땐 정말 쓰러질 것처럼 힘든데 가족들은 그런 사실조차 이해하지 못한다. 누구 하나 일을 나누어 해줬으면 하지만 누구라도 먼저 나서는 일은 없다. 친절한 말로 부탁을 해보지만 결국 잔소리나 하는 사람이 될 뿐이다. 아내가, 혹은 엄마가 할 일을 자신에게 미루는 것으로 여긴다. 집안의 화목한 분위기를 유지하기 위해 듣기 싫은 소리 하는 것을 포기한다. 결국에는 그냥 또 엄마가 한다. 다람쥐 쳇바퀴 도는 듯 끝없이 반복되는 일과를 보내며 숨통이 막힐 듯한 현실이 버겁게 느껴진다.

때로는 마음과 달리 사랑하는 아이들에게 화를 내게 되는 때도 있게 된다. 그러고 나면 풀이 죽어 있는 아이에게 너무나 미안하고 엄마 노릇도 제대로 하지 못하는 자신이 미워 눈물이 난다. 하지만 때때로 맘속으로 꼭 붙잡고 있던 큰소리를 결국 아이를 향해 놓쳐버리고 마는 때가 있다. 그때 아빠는 이렇게 말한다. "왜 애한테 화를 내?" 어떤 상황이었기에 차마 그렇게밖에 말할 수 없었는지, 아이에게 그렇게 말을 하고 나서 스스로 얼마나 마음이 아팠는지에 대한 이해는 없다.

단지 눈에 보인 결과만으로 엄마를 책망하는 아빠의 한 마디는 사람들이 얘기하는 '남의 편'이라는 말의 의미를 되새기게 하고 엄마를 더 힘들고 외롭게 한다.

결혼해서 살림하고 애 키우느라 친구들과는 연락이 끊긴 지 오래다. 혹여라도 친정엄마한테는 걱정 끼쳐드릴까 싶어서 또는 죄송해서 마음속에 있는 한마디도 제대로 하지 못한 채 가슴 속에만 꾹꾹 담아 둔다. 그나마 인터넷에 글이라도 올려 나를 이해해주는 엄마들과 이야기를 나누며 잠시 웃어도 보지만 컴퓨터 전원을 끄고 뒤돌아서면 여전히 바뀐 것은 하나도 없다.

세상 사는 것이 힘든 사람들은 많다. 우리보다 어려운 처지에 놓인 사람들도 많다. 하지만 지금 우리 딸의 엄마는 어쩌면 스스로 세상에서 가장 외롭고 힘든 사람이라고 느끼고 있을지 모른다. 그녀는 엄마이기 이전에 '아내'다. 사랑받아야 하는 아내의 존재가 가사와 육아를 홀로 맡아 하는 힘겨운 모습을 하고 있어서는 안 된다. 그런 엄마의 뒤에는 그 모습을 항상 지켜보고 있는 딸이 있기 때문이다.

아내를 지키는 것이 딸을 지키는 것이다

우리의 딸은 앞으로 인생에서 결혼이라는 것을 선택하든 하지 않든 그것과 상관없이, 성장하는 과정에서, 그리고 사회생활을 하면서 남성들과 함께 어울려 생활하는 것을 피할 수는 없다. 그러던 중에 과연 언제 어디서 어떤 '놈팽이'를 만나 어떤 대우를 받을지, 혹시 맘고생을 하게 되지는 않을지 딸을 가진 아빠는 걱정할 수밖에 없다. 하지만 아무리 노심초사한들, 언제고 딸은 아빠의 눈에서 벗어나게 되어 있다. (그러니 우리도 결혼이라는 걸 할 수 있던 것이 아닌가!) 아빠의 눈이 닿지 않는 상황에서도 딸이 스스로 남자를 가려냄으로써 자신을 지켜낼 수 있게 된다면 그런 걱정은 크게 덜 수 있지 않을까?

엄마들에게 자신의 아버지에 대해 어떤 기억을 하고 있는지 질문하면, 대부분 명쾌하게 대답하는 대신 복잡 미묘한 감정이 표정을 통해 드러나는 경우가 많다. 아버지로서는 사랑하고 존경하지만 어머니의 남편으로서는 미워하고 싶은, 애성이라기보다는 '애증'의 관계가 되어 있기 때문이다. 이렇게 딸은 아빠를 볼 때 딸의 관점에서만 바라보는 것이 아니라, 동시에 아내의 관점으로도 바라보는 경향이 있다. 그렇게 엄마의 모습에서 자신을 투영한다.

지금 엄마의 모습은 딸에게 있어 자신이 세상에 나가 누릴 수 있는 행복의 지표가 된다. 아빠가 딸에게 엄마를 한 여자로서 존중하는 모습을 보여주는 것은 딸에게 있어 여성으로서 어떤 대우를 받아야 하는지에 대한 좋은 기준이 된다. 딸 스스로 어떤 남자가 좋은 남자인지를 분명하게 구별할 수 있는 개념을 갖게 되는 것이다. 그렇게 먼저 아내를 사랑으로 지키는 일은 아빠가 딸을 지켜줄 수 있는 가장 위대하고 확실한 방법이 된다.

아내는 남편이 '손에 물 한 방울 묻히지 않겠다.'라던, 그 백년해로

약속을 지키길 바라는 것이 아니다. 그저 엄마라는 이름표에 가려 자신을 잃어버리는 일이 없도록 일주일에 단 하루만이라도, 딸과 단둘이 데이트하며 단 몇 시간이라도 자신의 이름 석 자를 꺼내볼 수 있는 여유를 원한다. 집에 혼자 있는 아내에게 꽃다발을 사다 주는 이벤트 같은 건 중요하지 않다. 오히려 엉뚱한데 돈이나 쓰고 다닌다는 핀잔만 들을 수도 있다(정 꽃다발을 주고 싶다면 가급적 많은 사람이 있는 곳에서 주는 것이 효과적이다). 어쩌면 그녀에게 필요한 건 그럴 듯한 선물이 아닌 그저 퇴근 후에 건네는 따뜻한 공감의 말 한마디일지도 모른다.

"당신, 오늘도 많이 힘들었지?"

지금 아빠의 모습이
미래 사위의 모습이다

집안일을 '도와주는' 아빠

"나름대로 아내를 도와주고 있는데 서로 육아 방침에 대한 의견 충돌 때문에 힘들 때가 많습니다. 다투기 싫어 언쟁을 피하다 보니 서로 더 소통이 안 되는 거 같아요. 충분히 노력한다고 생각하는데 뭐가 문제인 걸까요?"

지금 세대의 아빠들은 스스로 지난 세대의 아버지들보다 더 열심히 육아와 가사 노동에 참여하고 있다고 생각한다. 그리고 그런 아빠들의 생각은 분명한 사실인 것으로 드러났다. 한 조사에 따르면, 2015년 남편들의 가사 노동 시간은 1965년 대비 두 배가 되었다고 한다. 심지어 육아 시간은 무려 세 배로 늘었다고 한다. '남자는 부엌에 드나드는 것이 아니다'라고 생각하던 예전 세대의 아버지들과 달리 지금 세대의 아빠들은 얼마든지 엄마를 도와줄 준비가 되어 있다.

"그저 도와달라고 부탁 한마디만 하면 얼마든지 움직일 용의가 있다. 이 얼마나 깨어 있는 가정적인 남편의 자세인가!"

하지만 바로 그것이 문제다. 엄마들은 '도와준다'는 말을 무척 싫어한다. 도와준다는 말에는 '내 일이 아닌 남의 일을 나의 시간과 노력이라는 기회비용을 들여 거든다.'는 의미가 담겨 있기 때문이다. 하지만 아빠들은 그 말에 문제될 것이 없다고 생각하는 경우가 많다. 기본적으로 육아와 가사 노동은 '엄마의 일'이라고 인식하기 때문이다.

정말 육아와 가사 노동이 엄마에게 더 유리한 일일까? 이와 관련해 미국에서 발표된 흥미로운 연구 결과가 있다. 바로 가정 안의 역할 구분이 비단 남녀 사이에서만 나타나는 것이 아니라는 것이다. 둘 다 남성, 혹은 둘 다 여성으로 이루어진 동성 커플 간에도 어느 한 사람이 전통적인 엄마의 역할을 맡아 가정의 전반적인 문제에 관한 관리를 맡는 형태를 취하는 경우가 많다고 한다.

생각해보면 남성이라고 해서 육아나 가사를 책임지기에 역량이 부족하다고 판단할 만한 근거가 없다. 혼자 자취를 할 땐 내가 사는 집을 스스로 당연히 돌본다. 누가 대신해줄 사람이 없기 때문이다. 하지만 여자 친구가 생기거나 결혼을 하면서부터는 달라진다. 집안을 돌보는 일보다 자신의 존재 가치를 입증하는 일을 더 중요하게 여기게 된다. 그렇게 우선순위를 정한 탓에 집안일을 아내에게 대신 맡기게 되는 것이다.

이것은 앞선 세대로부터 오랫동안 이어져 온 익숙한 모습이다. 어머니들은 집안의 대소사를 돌보고 아이 잘 키우는 것을 본인의 성공으로 여겼고, 아버지들은 바깥에서 성공하는 것을 인생의 목표로 여겼다. 아버지들은 가장으로서 왕의 자리에 있다고 생각했지만, 사실 '안주인'은 어머니였다. '바깥양반'에 불과했던 아버지는 바깥에서 아무리 점수를 잘 내봐야 정작 집에서는 주인으로 인정받을 수 없었다.

하지만 우리는 자라는 동안 우리도 모르는 사이 아버지의 이런 무기력한 모습을 학습해버렸다. 도와준다는 말이 문제가 되는 건 아내의 신경을 거슬리기 때문이 아니다. 도와준다는 인식 자체가 우리 스스로 주인의식을 포기하도록 만들기 때문이다. 세상에 내 자식 키우는 일을 도와주는 부모는 없다.

'부탁'을 불편해하는 엄마

"필요한 게 있으면 언제든 말만 해."

'난 언제나 가족을 위해 움직일 준비가 되어 있다.'라며 A부터 Z까지 구체적인 임무 하달을 요청하는 아빠들이 있다. 분명 거실에 앉아 손 하나 까딱하지 않고 어머니를 인간 리모컨처럼 부리던 이전 세대 아버지들과는 다른 모습이다. 오히려 아빠의 관점에선 엄마에게 자신을 조종할 수 있는 리모컨을 쥐여준 셈이나 다름없다. 이 얼마나 큰 배려인가! 하지만 엄마가 원하는 건 '아빠를 조종할 수 있는 리모컨'이 아니다. 아빠들이 엄마에 관해 잘 모르는 사실 중 하나는 엄마는 이래라저래라 시키는 걸 무척 불편해한다는 것이다. 군대에서 말 한마디로 졸병들을 마치 내 수족처럼 부려본 경험이 있는 아빠들로서는 이 부분이 잘 이해가 가지 않을 수 있다. 그것은 엄마가 가진 여성의 성향과 밀접한 관련이 있다.

엄마 역시 여성 특유의 관계 지향적 성향을 지닌 경우가 많다. 사람들과 유대감을 형성하는 일이 매우 중요하기 때문에 여성은 남성보다 언어 능력이 일찍 발달하고 대화에 더 능통하다. 상대방의 마음에 반응하는 공감 능력 또한 뛰어나다.

하지만 이런 공감 능력이 지나칠 경우, 얻게 되는 부작용이 있다. 바로 상대방과의 원만한 관계를 유지하기 위해 상대방의 감정이 상하지 않도록 신경 쓰면서 동시에 자신의 감정을 억누른다는 것이다. 사회학자들은 오로지 상대에게 인정받기 위해 자신의 감정을 숨기는 이러한 행위를 일컬어 '감정노동'이라고 부르며, 감정노동이 수치심을 불러일으키고 자존감을 낮추는 원인이 된다고 지적한다.

아마도 당신은 지금 좋은 아빠가 되기 위해 이런 책을 읽고 있다는 사실에 스스로 자부심을 느낄 수도 있다. 그 자부심이 잘못되었다고 말하려는 것이 아니다. 내가 궁금한 것은, 당신이 이 책을 읽게 된 경위다. 혹시 이 책을 읽게 된 것이 아내의 권유에 의해서인가? 만약 그렇다면 이 책을 읽게 되기까지 아내가 혼자 겪었던 과정에 대해 한 번 생각해보자.

검색을 통해서든 우연히 발견했든 아내가 먼저 이 책을 알게 되었을 때, 분명 남편이 읽으면 좋겠다고 생각했을 것이다. 그리고 거의 동시에 이 책을 남편에게 권하면 혹여라도 남편이 '이런 책을 읽으라니, 내가 부족한 아빠라고 여기는 건가?'라는 식의 나쁜 감정을 갖게 되지는 않을까 하는 걱정 또한 들었을 것이다.

만약 남편의 감정이 상한나면 집안 분위기는 험악해질 것이다. 모두의 기분이 풀릴 때까지 함께 해야 하는 시간은 몹시 불편하게 느껴질 것이다. 하지만 아내는 남편이 좀 더 좋은 아빠가 될 수 있을 거라는 믿음, 그리고 그렇게 되길 바라는 마음으로 책을 건넸을 것이다. 책을 건네던 아내의 모습이 어떠했든, (설령 웃는 얼굴이었다 하더라도) 이 모든 과정이 이 책을 읽기까지 아내가 겪게 된 감정노동이다.

이런 식으로 엄마의 감정노동은 아침부터 저녁까지 각각의 가족 구성원과 집에 필요한 일들을 살피고 처리하는 모든 과정에서 벌어진다. 가족 모두를 위해 필요한 일이지만 혼자 모든 일을 처리할 수는 없다. 누군가에게 부탁해야 하고, 그 와중에 상대방의 감정까지 세심히 살펴야 한다. 부탁해도 제대로 실행되지 않으면 결국 혼자서라도 해결해야 한다. 집안의 분위기를 평화롭게 유지하기 위해서다.

우리 눈에는 보이지 않지만, 집에서 누리는 거의 모든 것들에는 아내의 손길이 닿아 있다. 만약 어느 날 아내가 혼자 독한 락스 냄새를 맡지 않았다면, 아마도 화장실에서는 진작 악취가 진동했을 것이다. 만약 어느 날 아내가 혼자 세탁기를 돌리는 수고를 해주지 않았다면, 아마도 양말도 신지 못한 채 회사에 맨발로 출근했어야 했을 것이다. 만약 어느 날 아내가 갑자기 사라진다면, 아마도 무사히 하루를 보내는 일조차 쉽지 않을 것이다. 만약 동의하기 어렵다면 한 번쯤 아내를 친정에 보내놓고 아이와 함께 엄마 없는 주말을 지내보자. 긴말이 필요 없다. 직접 경험해보면 안다.

아내로서, 엄마로서 한평생을 희생한 할머님들이 그동안 모은 재산도 다 필요 없다며 황혼 이혼을 결심하게 되는 이유도 바로 이런 감정노동에서 벗어나기 위함이다. 그만큼 정신적인 스트레스가 크다는 것을 알 수 있다. 그럼 이런 엄마의 모습은 딸에게 어떤 영향을 미칠까?

난 아빠랑 똑같은 사람이랑 결혼할 거야!

딸이 성장해 한 가정을 이루고 사는 미래를 한 번 상상해보자. 어느 주말 오후, 당신은 아내와 함께 딸의 집을 방문했다. 안으로 들어가니 거실에 TV가 켜져 있고 주방에서는 식사 준비가 한창인지 음식 냄새가 솔솔 풍기고 있다. 사위는 손녀와 함께 소파에 기대 누워 두 다리를 쭉 뻗은 채 TV를 보고 있다. 딸은 주방에서 조리대와 식탁을 오가며 홀로 식사 준비를 하느라 바쁘다. 그 와중에 이런저런 이유로 쉴 새 없이 엄마를 찾는 아이까지 챙기고 있다. 보석같이 키운 내 딸이 마치 식모살이하듯 혼자 정신없는 모습을 보니 속이 상한다. 마음 같아서는 혼자 팔자 좋게 누워 있는 사위의 다리 몽둥이를 분질러버리고 싶다. 보다 못하고 딸에게 한마디 한다.

"왜 혼자 이러고 있냐? 네 신랑은 뭐하고?"

그러자 딸은 오히려 무슨 질문이 그러냐는 듯한 표정을 지으며 이렇게 답한다.

"아빠도 참, 원래 내가 해야 하는 일인데 뭐."

엄마의 행복과 자존감은 아빠로부터 어떤 대접을 받느냐에 따라 달라지고, 딸은 엄마의 모습을 그대로 복사한다. 권위적인 아빠와 자존감 낮은 엄마를 보며 자란 딸이 강한 성격에 목소리만 큰 알맹이가 부실한 나쁜 남자를 만나게 될 가능성은 매우 높아진다. 하지만 더욱 안타까운 건 스스로 그것이 잘못된 거라고 인식하지 못할 거라는 사실이다. 여성이 가질 수 있는 진정한 자존감이 어떤 것인지 배운 적이 없기 때문이다. 그리고 그런 딸의 태도는 손녀와 그다음 세대의 아이들에게까지 고스란히 영향을 미치게 된다.

우리는 어느새 다시 어린아이로 돌아가 엄마에게 모든 것을 의존하듯 아내에게 의존하고 있었다. 아내는 혼자 너무 많은 것을 감당하고 있다. 지금 아내의 모습을 그대로 가져갈 미래 딸의 모습을 생각한다면, 지금 우리의 모습부터 바뀌어야 한다. 남에게 의존하는 자에게 권위는 없다.

만약 지금까지 육아나 가사 노동을 당연히 엄마가 우선으로 해야 하는 일로 여겼다면, 이제부터는 인식을 달리하자. 정말 딸을 위하는 아빠라면 지금 엄마를 위하는 것이 미래의 딸을 위하는 것과 같은 일임을 기억하자. 자, 그럼 엄마를 위해 이제부터 뭘 어떻게 해야 할까?

'이제부터 우리 집의 마법사가 된다.'

갑자기 뜬금없이 웬 마법사 타령이냐고 하겠지만, 생각해보라. 우리는 이제까지 생활 속에서 마법 같은 일들을 수없이 겪어왔다. 일을 마치고 돌아오면 어느새 집안이 치워져 있었고, 옷들은 알아서 다 빨아져 있었으며, 심지어 다림질까지 되어 있었다. 우유의 마지막 한 방울까지 마시고 나면 냉장고 안에는 어느새 새 우유가 채워져 있었고, 마시고 난 컵은 깨끗하게 설거지가 되어 다시 찬장 안에 들어가 있었다. 이런 마법 같은 일들 덕분에 우리는 마치 손님처럼 집에서 편하게 지낼 수 있었지만, 진정한 집주인은 될 수 없었다. 이제 우리의 권위를 되찾을 차례다.

물론 처음부터 강한 마법을 부릴 수는 없다. 과한 욕심을 부리다간 미래의 딸을 구하기 전에 지금의 나부터 골병이 날 수도 있다. 열심히 힘만 쓰기보단 먼저 신경을 쓰는 것부터 시작하자. 이제까지 어떤 곳에서 마법 같은 일들이 일어났는지 생각해보고, 그 마법을 부리던 아내의 모습을 상상해보자. 그리고 머릿속에 떠오른 대로 하나씩 해보자.

만약 예전에 자취한 경험이 있다면 물론 도움이 되겠지만, 대부분 아빠에게는 그보다 더 강력한 '군 생활'이라는 경험이 있다. 군대를 다녀오지 않은 아내는 치약이 가진 마법 같은 힘을 모른다. 샤워하러 들어가서 몰래 화장실을 청소하고 나와 보자. 치약과 구둣솔 하나만으로도 욕실 냄새가 사라지고 바닥이 광이 나는 마법 같은 일을 경험한다면 엄마들은 신세계를 선물한 아빠를 이제까지와는 전혀 다른 눈으로 바라볼 것이다. 관물함을 각 잡던 실력도 아직 녹슬지 않았다. 단 몇 초 만에 나를 향해 빙긋이 미소 짓는 양말을 만들어내던 실력으로 빨랫줄에 걸린 빨래를 능숙한 솜씨로 처리해보자.

그런 식으로 내가 이 집의 주인으로서 해야 할 일들에 대해 하나하나 고민하다 보면 마법의 힘이 강해지는 것을 느낄 새도 없이 혼자 척척 많은 일을 해낼 수 있게 될 것이다. 그렇게 집에서도 중요한 사람이 될 것이다. 비로소 집주인이 되어 당당히 권위를 되찾을 것이다.

Part 2

아빠의 존재감을 높이는 5단계 로드맵

Step 1.
-
-
-

[애착] 이제는 말만 들어도 지겨운 그놈의 애착 형성

그래도 애착 형성이 중요한 이유

애착은 왜 필요한가

우리가 바라는 성공적인 자식 농사의 결과를 열매로 비유한다면, 애착은 그 열매의 근원인 뿌리와도 같다. 하지만 그만큼 중요한 것임에도 불구하고 많은 아빠는 딸과 원만한 관계를 형성하는 것을 단지 함께 시간을 많이 보내면 되는 일 정도로 만만하게 보는 경향이 있다. 뭔가 분명히 잘못되어가는 상황이더라도 딸의 마음속 깊이 파고 들어가는 심각한 문제점들이 당장 눈앞에 드러나지 않기 때문이다. 그리고 그렇게 스스로 '이 정도면 충분히 잘하고 있다!'라며 자신만만해하던 아빠들은 대부분 비슷한 시기에 큰 혼란에 빠지게 된다.

바로 딸이 사춘기를 맞으면서부터다.

딸은 사춘기를 맞으면서 부모에게 의존하던 상태에서 벗어나 점차 독립성을 갖추면서 성인이 될 준비를 한다. 그 시기를 지나는 동안 자신의 자존감을 공격하는 대인 관계, 대중문화, 외모 지상주의, 스마트기기 등등과 힘든 싸움을 수없이 벌이게 된다. 다른 사람들의 시선과 생각들에 신경을 쓰느라 정작 자기 내면을 바라보지 못하고 불안해하는 경우가 많다. 그리고 그 불안을 가장 가까운 부모에게 표출한다.

친구들과 소통하는 일은 한시도 손에서 놓지 못하면서 부모와 소통하고 함께 시간을 보내는 일에는 관심이 없다. 자신이 필요로 하는 것은 얼마든지 요청하면서 정작 자신에게 정말 중요한 사안에 관해서는 부모의 조언을 구하지 않는다.

이런 사춘기 딸의 문제로 고민하는 아빠들 가운데 많은 수는 "우리 딸이 어느 날 갑자기 달라졌어요!"라는 반응을 보이며, 마치 아이가 하루아침에 자신에게 큰 고통을 안겨다 준 것처럼 말하곤 한다. 물론, 그 심정은 이해하지만 그것은 단지 아빠의 착각에 불과하다. 오히려 딸이 아빠로부터 느낀 슬픔과 외로움, 그리고 분노 등을 그동안 내내 참아 오다가 사춘기를 맞으면서 '일부' 되돌려준 것으로 보는 것이 타당하다.

밖에서 아무리 인정받는 슈퍼맨 같은 아빠라도 사랑하는 딸에게 거부당하는 상황을 맞게 되면 그 어떤 때보다 강도 높은 무기력을 경험하고 괴로워한다. 더는 딸에게 예전과 같은 멋진 아빠가 아니며, 영향력 있는 존재가 아니라는 것을 느낄 때 아빠는 아빠로서의 정체성을 잃게 되기 때문이다.

타인으로부터 독립성을 유지하는 능력에서 자존감을 얻는 아들과 달리 딸은 타인과의 밀접한 관계를 유지하는 능력에서 자존감을 얻는다. 강력한 애착을 바탕으로 한 아빠와의 관계는 건강한 자아의 밑바탕이라고 할 수 있는 아이의 자존감을 높게 유지한다. 자존감이 높은 아이들은 정서적인 여유를 갖게 되어 인성 교육 또한 원활하게 이루어지고 학습 능력 또한 향상된다. 자신이 지금 부모에게 얼마나 인정받고 있는지, 불안한 마음으로 뒤돌아보지 않아도 되기 때문에 앞으로 나아갈 길을 바라보며 자신이 무엇을 해야 하는지 고민할 수 있다.

성격이 밝고 똑똑한 아이로 자라 또래 집단에서 다른 아이들보다 인기가 많을 확률이 높아진다. 어려서부터 안정된 인간관계를 맺으며 자라는 아이는 커서도 그런 관계를 자연스럽게 유지할 수 있다. 사람들과의 관계를 원활히 맺을 수 있다는 것은 곧 생존 능력이 뛰어나다는 것을 의미한다. 그리고 2세를 갖게 되면 그런 자신의 경험을 그대로 전달한다. 그렇게 계속해서 다음 세대로, 또 다음 세대로 순환을 이어간다. 지금 아빠의 애착은 순간처럼 느껴지지만, 그 효과는 가히 영원하다고 볼 수 있다.

애착 없이는 아빠의 자리도 없다

나는 사춘기를 겪고 있는 여자아이들과 그 부모를 대상으로 수많은 컨설팅을 하면서 딸 육아를 고민하는 가정의 공통점을 발견했다. 한창 성적 문제로 고민할 시기지만, 정작 딸과 부모가 모두 무너지게 되는 것은 학교 성적 때문이 아니었다.

온 가족을 힘들게 하는 가장 큰 요인은 딸의 자존감과 관련한 문제들이었다. 그리고 그런 가정의 대부분은 딸과 아빠와의 사이가 건강하지 않았다. 그 원인은 아빠가 권위적이거나 다정다감하지 못한 성격을 가졌기 때문이 아니었다. 딸과 함께 쌓아온 애착의 정도, 다시 말해, '딸의 관점'에서 느끼는 아빠와의 관계와 밀접한 관련이 있었다.

민서의 아빠를 처음 만난 것은 그가 운영하는 회사의 사무실에서였다. 서른 명이 넘는 직원을 둔 어엿한 중소기업의 대표지만, 권위적인 모습은 전혀 찾아볼 수 없었다. 그는 서글서글한 눈매를 지닌 매우 부드러운 모습의 남성이었다. 그는 나를 보자 매우 반갑게 맞으며 차를 권했다. 우리는 따뜻한 차를 한 모금씩 마시며 컨설팅을 시작했다.

민서는 이제 16살이다. 지금은 다니던 학교를 자퇴하고 검정고시를 준비하고 있지만, 학교에 다니던 때만 해도 아이는 특목고를 목표로 했을 정도로 공부를 잘하는 우등생이었다고 했다.

하지만 언젠가부터 아이는 학교 친구들과의 문제로 점점 학교에 가는 것을 힘들어하더니, 급기야는 등교를 거부하기 시작했다. 주변에서는 '부모가 아이에게 지면 안 된다, 학교에 보내야 한다'라고 했지만, 공부보다는 아이의 행복이 우선이라고 생각했다는 그는 아이를 학교에 보내는 대신 집에서 자신이 하고 싶은 공부를 할 수 있도록 필요한 것은 무엇이든 지원해주고자 노력하고 있다고 했다. 컨설팅이 있던 당시 민서는 벌써 넉 달째 신경정신과 상담을 받고 있었다.

"아이의 얼굴을 보기가 힘듭니다. 자신만 학교에 다니지 않는다는 사실이 이제는 스트레스가 되는지 제 방에 들어가면 나오질 않습니다. 함께 저녁 식사를 할 때도 계속 밥만 먹는 자신이 혐오스럽다고 말하기도 하고요. 뭐가 문제냐고 물어봐도 대답조차 잘 하지 않습니다. 겨우 입을 열어도 '응', '아니' 정도로밖에 대꾸를 안 하니, 저도 이제는 꼭 필요한 얘기가 아니면 말을 잘 걸지 않게 되었습니다. 가끔은 '내가 아이를 잘못 키웠나?' 싶은 생각이 들 때도 있습니다."

민서는 초등학교 때까지만 해도 그렇게 아빠를 좋아하고 따르던 아이였다고 했다.

"저녁에 퇴근하고 집에 가면 꼭 강아지처럼 달려와서 온갖 애교를 부리던 아이였습니다. 오죽하면 민서 엄마도 아이가 자기보다 저를 더 좋아하는 것 같아서 질투가 난다고 말할 정도였으니까요. 그때를 생각하면 지금 달라진 아이의 모습을 볼 때마다 너무 속상합니다."

민서는 외교관이 되는 것이 꿈이라고 했다. 아빠는 아이가 비록 학교는 자퇴했지만, 꿈을 포기하지 않은 것은 정말 다행이라고 생각하고 있었다. 그리고 아이가 검정고시 특별전형으로 특목고에 입학하면 졸업 후 외국 유학을 보내줄 계획이라고 했다. 아이의 미래에 관한 이야기를 하면서 줄곧 어두웠던 민서 아빠의 표정은 다소 밝아지는 듯했다. 하지만 나는 그 말을 듣고 오히려 아이가 왜 외교관이 되길 바라는지 그 이유가 궁금해졌다.

"혹시 아이에게 왜 외교관이 되고 싶은지, 물어보신 적은 있으신가요?"

"아뇨, 아이가 사춘기라 그런지 뭘 물어보기만 하면 짜증을 내서 질문은 잘 하지 않는 편입니다. 아이 반응을 보면 저도 속에서 불쑥 화가 나서요. 그저 사춘기려니 생각하고 '이 또한 지나가리라'라고 되뇌면서 참고 버티는 중입니다. 딸 키우는 게 이렇게 힘든 일인 줄 예전엔 미처 몰랐네요."

결국 열쇠는 아이가 쥐고 있을 거라고 판단한 나는 아이를 직접 만나보기로 했다.

며칠 뒤, 아빠와 함께 연구소를 찾은 한 평범한 여중생을 만날 수 있었다. 처음 인사를 나눌 때는 낯을 많이 가리던 민서는 컨설팅이 시작되면서 아빠가 대기실로 나간 후에야 조금은 편안해진 듯했다. 좀 더 이야기를 나누다가 분위기가 무르익었다고 판단되었을 때 본격적으로 첫 질문을 던졌다.

"민서는 자신의 어떤 부분이 스스로 사랑스럽다고 생각해? 한 세 가지 정도만 말해볼 수 있을까?"

아이는 한동안 생각에 잠긴 듯 말이 없더니 결국 모르겠다고 했다. 세상에 정답이라는 건 없고 나는 너의 대답에 점수를 매길 생각이 전혀 없다고 하자, 민서는 잠시 후 다시 입을 열었다.

"배려요."

"배려? 민서 생각이 궁금해서 그러는데, 좀 더 구체적으로 얘기해 줄 수 있을까?"

"음… 남들한테 맞춰주는 걸 좋아해요. 상대방이 뭘 원하면 해주고 그런 거."

자신이 스스로 사랑스럽다고 생각하는 부분이 무엇인지를 묻는 이유는 자존감의 정도를 확인하기 위해서다. 각자 자신이 생각하는 답을 말할 수 있지만, 그 대답이 다른 사람과 상관없는 온전한 자신에 관한 내용일 때 건강한 자존감을 지니고 있다고 판단한다. 민서는 생각 끝에 단 하나의 대답만을 내놓았고, 그것은 '다른 사람들을 위한 배려'였다. 얼핏 고귀한 마음 씀씀이를 가진 것처럼 생각될 수도 있지만, 다른 사람의 존재를 배제하면 아무런 의미가 없는 내용이다. 이어서 두 번째 질문을 던졌다.

"알라딘에 나오는 램프의 요정 지니 알지? 만약 램프의 요정한테 딱 한 가지의 소원만 빌 수 있다면 넌 어떤 소원을 빌고 싶어?"

그 질문에 민서는 조금도 주저하지 않고 대답했다.

"장래 희망을 이루는 거요."

"민서는 어떤 사람이 되고 싶은데?"

"외교관이 되고 싶어요."

"외교관? 와, 그런 멋진 생각은 어떻게 하게 된 거야?"

"돈을 많이 벌고 싶어서요."

"돈을 많이 벌 수 있는 일은 다른 것도 많은데 왜 꼭 외교관이 되고 싶었어? 외국에 나가서 혼자 생활하는 게 쉽지만은 않을 텐데 말이야."

민서는 잠시 고민하더니, 이렇게 말했다.

"그럼 아빠랑 멀리 떨어져서 살 수 있으니까요."

충격적인 이유였다. 자신을 무척 좋아했다는 아빠의 말과 달리, 민서는 어려서부터 아빠가 너무 무서웠다고 했다. 어렸을 때부터 평소에는 자상하던 아빠가 어쩌다 한 번씩 크게 화를 내는 모습들, 그리고 엄마와 심하게 다투던 모습들이 아직도 트라우마처럼 남아 있다며 눈물을 보이기도 했다. 그런 이야기를 아빠와 나누어 보았는지를 묻자, 아빠는 자기 이야기에는 관심이 없고 항상 문제에 대한 해결책만 주려 한다고 했다.

민서가 지금 가진 가장 큰 고민은 장래 희망이 아닌 아빠와의 관계였다. 관계 지향적 성향을 지닌 딸에게는 누구보다도 부모와의 애착이 가장 중요하다. '아빠와 멀리 떨어져 살기를 원한다.'라는 아이의 말은 사실은 '아빠와 가까워지고 싶지만, 거부당할 게 두려워서

도망가고 싶어요.'라는 메시지를 담고 있던 것이었다.

컨설팅을 마치고 얼마 있다가 민서의 아빠로부터 전화가 걸려왔다. 전화를 받자마자 그는 대뜸 나에게 이렇게 물었다.

"아이가 뭐가 고민이라고 하던가요? 학교 문제인가요, 아니면 외모 문제인가요?"

아빠는 딸에게 가장 필요한 것이 아빠 자신이라는 사실을 짐작조차 하지 못한 채 여전히 엉뚱한 곳에서 헤매고 있었다.

먼저 명분을 찾아라

아빠들과 컨설팅을 해보면 육아 문제에 대해 고민하는 분들이 상당히 많다. 그중에서도 이런 사연은 언제나 빠지지 않는 단골 메뉴다.

"아이들이 엄마만 좋아해요."

아이와 놀아주려고 하는데 계속 엄마만 찾는다든지, 아이에게 애정 표현을 하려고 다가갔을 때 아이가 엄마의 품에 안겨 무정하게 자신을 밀어내고 마는 상황을 겪게 되면 아빠 관점에서는 적지 않게 당황하게 되고 심지어는 억울함을 느끼게 되기도 한다. 그리고 이런 결론에 도달한다.

'그래, 내가 잘하는 건 따로 있는 거지. 각자 잘하는 걸 하면 되는 거야.'

우리는 보통 엄마의 마음을 이야기할 때 '모성 본능'이라는 말을 자연스럽게 사용한다. 그에 반해 '부성 본능'이라는 말은 아무래도 어색하다. 하지만 그렇다고 아빠가 자식을 사랑하는 마음이 결코 엄마보다 덜하다고 말할 수는 없다. 그렇다면 모성 본능은 과연 어떻게 생겨나는 걸까?

한 엄마가 내게 이런 말을 한 적이 있다.

"품에 안겨서 나만을 오롯이 바라보는 아이의 눈을 보면서 '내가 없으면 우리 아이는 죽겠구나!'라는 생각이 들었어요."

엄마를 강하게 만드는 힘은 바로 '한 생명을 온전히 책임지는 사람이 된다.'라는 마음으로부터 생기는 것이었다.

혹시라도 지금 육아와 관련하여 어려움을 겪고 있다면, 경험이나 기술의 부족을 원인으로 여기기에 앞서 과연 육아에 대한 마음의 준비가 되어 있었는지 한 번 생각해보자. 어떠한 목표든 반드시 이루어야만 하는 분명한 이유를 스스로 찾지 못한다면, 그것을 이루고자 하는 의지를 이어나가기 힘들다. 좋은 아빠가 되고자 하는 목표를 세웠다면 그다음으로 생각해봐야 할 문제는 바로 그 목표를 세운 '명분'에 관한 것이다.

다음 세 가지 질문은 육아의 명분에 관한 질문들이다. 충분한 시간을 갖고 생각해보면서 스스로 자신의 현재 위치를 점검해보자.

1. 아이에게 육아는 왜 필요한가?
2. 아이에게 아빠의 육아는 왜 필요한가?

아빠의 육아가 아이에게 있어 정서적, 신체적, 사회적 발달 등 많은 측면에 도움이 된다는 사실은 이제 아빠들에게도 익숙한 내용이다. 또한 아빠가 육아하는 시간은 단지 아이만이 아닌 아빠 자신의 힐링을 위한 시간이기도 하다는 말 또한 자주 들어온 얘기이다. 따라서 1, 2번의 질문에 답변을 하는 건 그리 어렵지 않았을 거라 생각한다. 그렇다면 이제 마지막으로 3번 질문에 대한 답을 내려보자.

3. 우리 딸에게 필요한 아빠는 왜 꼭 나여야만 하는가?

위 질문을 보면서 어쩌면 '내가 아빠라는 것 말고 또 다른 이유가 필요한가?'라는 생각이 들었을 수도 있다. 하지만 지금 당장 답이 떠오르지 않는다고 해서 걱정할 필요는 없다. 이제껏 많은 강연과 교육을 통해 같은 질문들을 던졌지만, 세 번째 질문에 쉽게 대답한 경우는 단 한 번도 없었다.

세 가지 질문 모두 '왜'라는 질문을 던지지만, 마지막 질문의 '왜'가 갖는 그 깊이는 나머지 둘과 크게 다르다. 진정한 육아의 주체로서, 마음으로 풀어내야만 하는 의문이기 때문이다.

어떤 질문에도 정해진 답은 없다. 계속해서 자신만의 답을 찾는다는 것이 중요하다. 스스로 명분을 찾지 못한다면 남이 해야 한다니까 하게 되고, 하다가 힘든 상황을 만나게 되면 계속 이어가기가 힘들어진다. 핑계를 찾게 되고, 스스로 기대를 낮추게 된다. 지금 아빠의 역할에 대한 자신만의 명분을 세우지 못한다면 우리는 결국 그저 남들 하는 정도로만 아빠 노릇을 흉내 내는 정도에 그치게 될 것이다.

애착의 기본 재료,
스킨십

토라진 딸을 달래는 가장 효과적인 방법

딸과 애착 형성이 충분히 되어 있지 않은 아빠들을 보면, 딸과 함께 시간을 보내는 시간이 적거나 딸과 함께 하는 시간 동안 활발하게 소통하지 않는 경우가 많다.

  물론 그들에게도 나름의 이유는 있다. 첫째, 시간이 없다. 너무도 바쁜 일상에 쫓기는 아빠에게는 딸과 긴 이야기를 주고받을 만한 시간이 없다. 그것 말고도 신경 써야 하는 더 중요한 일들이 엄청나게 많다고 생각하기 때문이다(보통 애초에 뭣 때문에 그토록 바쁘게 뛰어다니고 있는 건지 그 본질을 잊은 경우다). 필요한 일에 대해서는 '설명'하거나 '설교'할 수는 있지만, 일상적인 내용에 관해 소통할 시간은 없다. 둘째, 많은 아빠가 딸과는 근본적으로 말이 통하지 않는다고 생각한다. 그리고 이렇게 말한다.

"딸도 같은 여자니까 엄마하고는 말이 좀 통해도, 아빠하고는 공감대 형성이 전혀 되지 않아서 함께 얘기할 만한 게 별로 없어요."

어쩌면 아빠가 소통의 어려움을 겪는 이유는 단지 딸과의 공감대를 찾지 못해서만이 아닐 수도 있다.

여성의 뇌에는 기본적으로 소통에 적합한 부분이 남성보다 상대적으로 크고 잘 갖춰져 있다. 우선 남성과 말하는 양에서부터 많은 차이가 난다. 남성은 하루에 약 7천 개의 단어를 사용하는 반면, 여성은 거의 세 배에 가까운 약 2만 개의 단어를 사용한다. 이런 특성은 딸에게서도 그대로 나타난다. 그러니 아빠의 관점에서 엄마처럼 언어를 순발력 있게 구사하는 능력을 타고난 딸과 소통하는 게 어려운 것도 한편으로는 이해가 된다.

하지만 그렇다고 해서 딸과 애착 관계를 형성하기 위한 필수 기술인 소통을 포기할 필요는 없다. 일반적으로 소통이라고 하면 사람과의 관계를 언어의 형태로 풀어내는 것만 생각하는 경우가 많은데, 표정이나 행동, 스킨십 등의 비언어적 소통 또한 마찬가지로 소통의 기술 중 하나다.

그중에서도 스킨십은 그 자체로 '사랑해, 고마워, 미안해, 괜찮아, 수고했어, 네가 자랑스러워, 우린 한마음이야, 나는 네 편이야!' 등등 모든 애정의 의미를 담아 표현할 수 있는 가장 효과적인 비언어적 소통 방식이다.

때로는 아이에게 전하고 싶은 메시지를 말로 하는 것보다 스킨십을 통해 표현하는 것이 더 효과적이다. 말은 잘못 전달되면 자칫 오해의 소지가 될 수 있지만, 스킨십은 그럴 일이 없다. 오만가지 이유로 토라져 있는 딸을 달래기 위해 어떤 미사여구를 사용해야 하는지 고민하지 않아도 된다.

딸과의 효과적인 스킨십을 위해서는 아내와도 적극적으로 스킨십을 나누는 것이 필요하다. 딸을 끔찍하게 생각하는 딸 바보 아빠들은 많지만, 아내 바보는 흔치 않다. 아무리 딸과 친밀한 관계를 이룬다고 하더라도 만약 아내를 대하는 태도와 딸을 대하는 태도에 분명한 차이가 느껴진다면, 딸의 머릿속은 일관성 없는 데이터들로 인해 복잡해질 수 있다.

놀자! 딸육아연구소에서 진행하는 '딸 맞춤 관점 육아 교육' 중에도 먼저 아내와 좀 더 친밀한 스킨십을 나누라는 조언을 자주 하는데, 한 수강생 아빠는 그 말을 듣고 딸이 보는 앞에서 아내를 껴안았더니 딸이 "아빠, 나도!"라면서 얼른 달려와 달라붙어 온 가족이 한 덩어리가 되었다는 따뜻한 후일담을 전하는 경우를 자주 볼 수 있었다. 그러니 만약 지금까지 딸과 아내에게 스킨십 하는 데 소극적인 모습을 보였다면, 이제부터는 부끄러운 마음은 집어 던지고 사랑하는 마음을 담아 언제고 틈날 때마다 있는 힘껏 끌어안자.

애착의 필수 양념,
긍정의 대화

딸에게 놀이란 그저 핑계에 불과하다

아들을 키우는 아빠라면, 아들이 정신없이 빠져 있을 만한 놀잇감 하나만 제대로 찾아도 그날의 놀이에 관한 고민은 대부분 해결된 것이나 다름없다. 예를 들어, 축구 경기 보는 것을 무척 좋아하는 아들이라면 아빠와 함께 앉아 서로 말 한마디 나누지 않고도 무려 세 시간 동안 TV만 보는 것이 가능하다. 아들은 아빠와 단지 같은 공간 안에서 함께 시간을 보내는 것만으로도 자신이 아빠로부터 함께 놀 수 있을 만한 파트너로 인정받았다는 생각에 행복을 느낄 수 있기 때문이다.

하지만 딸에게는 아무리 딸의 성향에 딱 맞는 놀잇감이 있다 해도 절대 그것만으로는 충분치 않다. 여성에게 놀이란, 단지 누군가와 함께 신나게 수다 떨기 위해 사용되는 도구에 불과하기 때문이다.

"친구들과 함께 모여 파자마 파티를 하고 영화도 보기로 했다고 가정해볼게요. 그런데 그 영화가 무척 심각한 영화라서 온 신경을 집중해서 보느라 친구들과는 대화도 제대로 나눌 수 없을 거라면 어떻게 하시겠어요?"

그럼 여성들은 십중팔구 이렇게 답한다.

"그럴 거라면 그냥 혼자 집에서 보고 말겠어요."

이처럼 여성의 관점에서는 '무엇'을 하며 시간을 보내는지보다, 그 시간을 '어떻게' 보내느냐가 훨씬 더 중요한 문제다.

놀자! 딸육아연구소에서 진행하는 수업 중에는 딸과 함께 목공을 즐기며 소통하는 법을 배우는 하브루타 목공 육아 수업이 있다. 목공은 흔히 남자의 로망이라고들 하지만 수업에 참여하는 여자아이들의 호응은 그 말이 무색하리만큼 좋다. 자신도 모르게 스스로 자신의 한계치를 정해놓았던 아이들이 그 벽을 깨고 날아오르는 장면을 보는 것은 언제나 흐뭇한 일이다.

하지만 종종 아빠와 함께 수업에 처음 참여하는 여자아이들의 모습에서 눈빛과 표정, 행동 등이 부자연스러운 경우를 보게 된다. '원래 내향적인 기질의 아이인가?' 하고 살펴보면 전혀 그렇지 않다. 함께 온 엄마를 대할 때의 모습은 밝게 잘 웃기도 하고 재잘거리며 말도 잘한다. 심지어 처음 본 내게 먼저 관심을 보이며 친근감을 나타내기도 한다. 하지만 아빠와 함께 있을 때면 왠지 모르게 유독 경직된 것 같은 부자연스러운 모습을 보이는 것이다.

작품을 만들면서 자신에게 이런저런 설명을 하는 아빠의 얼굴을 이따금씩 무표정한 얼굴로 뚫어지게 바라보는 아이의 시선을 보게 될 때도 있다. 마음속으로 아빠를 간절하게 부르는 표정이다. 하지만 아빠는 그런 딸의 시선을 의식하지 못한 채 계속 작업에만 집중하고 아이는 이내 고개를 돌리고 만다.

자신과는 별로 대화도 나누지 않은 채 놀이에만 집중하는 아빠 모습을 보면, 딸은 '아빠는 나랑 같이 노는 게 재미없나 보다. 그래서 저렇게 노는 데만 신경을 쏟는 거야'라고 생각하기 마련이다. 그리고 그것은 곧 자신에게 그만한 가치가 없기 때문이라는 자책으로까지 이어지게 된다. 소통의 부재가 곧 딸의 자존감에 상처로 연결되고 마는 것이다.

사람보다 사물에 집중하는 것에 더 익숙한 남성적 성향의 아빠로서는 이런 딸의 사고방식이 다소 이해가 되지 않을 수 있다. 하지만 타인과의 소통을 통해서 자신의 존재에 대한 인정을 확인하는 여성의 특성을 가진 딸로서는 지극히 당연한 반응이다.

지금 딸과 나누는 대화는 미래를 위한 적금이다

얼마 전에 딸과 함께 공연을 보러 갔다가 입장하기 전에 대기하는 장소에서 딸과 함께 바짝 붙어 앉아 핸드폰을 손에 쥐고 게임 삼매경에 빠진 아빠를 보게 된 적이 있었다. 키즈 카페를 가건 어딜 가건 아이를 저 멀리서 혼자 놀게 내버려둔 채 핸드폰 게임에 빠진 아빠의 모습을 본 것이 물론 이번이 처음은 아니었다. 하지만 내 눈에 그 모습이 유독 들어왔던 이유는 우선 아들이 아닌 딸과 함께였다는 점과 그 순간 아빠가 딸에게 던진 한마디 말 때문이었다.

"우리 이제 같이 왕을 죽이러 한 번 가볼까?"

안타깝게도 아빠는 아이가 자신과 함께 핸드폰 게임을 즐기고 있다는 엄청난 착각을 하는 것이 분명했다. 아빠의 그 말에 아이는 아무런 대답도 하지 않았지만, 마음속으로 어떤 말을 하고 있을지 너무도 또렷하게 느껴지는 듯했다.

'아빠 언제쯤 나를 바라봐줄까?'

어린아이들은 종종 단어를 잘못 발음하는 경우가 있다. '고구마'를 '고고마'라고 잘못 말하거나 '물티슈'를 '물시츄'라고 발음하기도 한다. 아빠의 눈에는 아이의 이런 실수가 그냥 재밌게만 느껴질 수 있다. 하지만 사랑스러운 '고고마', '물시츄'라는 단어는 얼마 지나지 않아 '고구마', '물티슈'라는 정확한 발음으로 바뀌게 될 것이다. 지금은 딸을 키우는 다른 아빠들을 위해 육아 서적을 쓰고 있지만, 나 자신이 과거에는 형편없던 아빠였고 그 사실을 깨닫게 된 날부터 하루하루가 마치 움켜쥔 손에서 빠져나가는 모래알들처럼 아쉽게만 느껴졌다. 그리고 다른 아빠들은 그런 가슴 아픈 시행착오를 겪지 않길 바라는 마음으로 지금 이 책을 쓰고 있다.

아이를 키우는 부모라면 종종 아이가 자라고 나서 '더 어렸을 때 좀 더 잘해줄 걸' 하고 후회하기 마련이다. 하지만 오늘이 아이의 인생에서 가장 어린 날이라는 것을 안다면, 지금 보내는 하루하루가 얼마나 소중한 순간인지를 깨닫는다면, 분명 그런 후회를 최대한 줄일 수 있을 것이다. 인생의 가장 젊은 날이 바로 오늘인 것처럼, 육아의 최적기는 언제나 바로 '지금'이다.

애착의 MSG,
비밀 데이트

둘만의 사소한 비밀이 특별한 애착을 키운다

남성의 관점에서 가장 이해하기 어려운 여성의 행동 중 하나를 꼽으라면 아마도 화장실에 친구와 함께 가는 것을 생각할 수 있을 것이다. 여성들은 도대체 왜 손을 잡고 같이 화장실에 가는 걸까?

이런 질문을 받게 되면 여성들은 뭘 그런 당연한 걸 묻냐는 듯이 "그냥 친하니까 같이 가는 거지" 혹은 "화장실에 혼자 가면 심심하니까"라고 답할 수 있겠지만, 그것은 사실 관계와 소통을 중시하는 여성의 특성과 관련이 있다.

화장실은 여성들에게 비밀을 공유할 수 있는 가장 은밀하고 완벽한 장소다. 여자아이들은 사춘기를 지나면서부터 친한 친구와 함께 화장실에 가기 시작한다. 여자아이가 친구에게 "같이 화장실에 가자."라고 하는 것은 '지금 우리끼리 나누어야 하는 비밀 얘기가 있어.'라는 의미이기도 하다. 화장실에서 친구와 함께 마음에 들지 않는 다른 친구나 선생님에 관한 뒷담화를 나누기도 하고, 남들에게는 털어놓을 수 없는 자신의 은밀한 비밀 이야기를 하기도 한다.

다른 사람들과 관계 맺는 것을 중요시하는 여성은 사회적 유대 관계를 이루고 그 안에서 동지애를 키우려는 경향이 크다. 관계에도 등급이 있다. 그냥 친한 관계가 있는가 하면, 서로 은밀한 비밀을 공유할 수 있을 정도로 더욱더 절친한 관계가 있다. 딸에게 함께 비밀을 공유할 수 있다는 것은 그만큼 특별한 사이가 된다는 것을 의미한다.

딸의 눈빛을 반짝이게 할 수 있는 마법 같은 한 마디를 꼽자면, 그것은 바로 "엄마한테는 비밀이야!"일 것이다. 그것이 사소한 것일지라도 딸과 함께 비밀을 공유한다는 것은 신뢰 관계를 구축하는 데 도움이 된다. 아내에게 아빠와 나눴던 비밀에 관해 한 번 물어보라. 어쩌면 아내는 아직도 아빠와의 비밀을 예쁜 추억으로 간직하고 있을 수도 있다.

"제가 어렸을 때 사탕을 하도 좋아하니까 아빠가 엄마 몰래 사탕을 종류별로 한 통씩 몰래 사다 주신 것이 생각나요. 결국엔 매번 엄마한테 들켜서 잔소리를 들으셨지만, 아직도 그걸 제 보물창고에 쌓아두고 하나씩 꺼내먹으면서 행복해하던 기억이 나요."

바쁜 일과에 쫓기다 보면 딸과 함께할 수 있는 시간을 마음만큼 갖기가 쉽지 않을 수 있다. 하지만 짧은 시간을 통해서도 양보다 질적으로 애착 형성을 올리는 방법이 있다. 그것은 바로 딸과 단둘에서만 공유하는 '비밀 암호'를 만드는 것이다. 비밀 암호는 '말하지 않아도 마음을 나누는 사이'와 같은 친밀감을 느낄 수 있게 해준다.

참고로 수아와 내가 공유하고 있는 비밀 암호를 몇 가지 공개하자면 이런 식이다. 우리는 걸을 때 항상 손을 잡는데, 이때 별다른 말을 하지 않고 손으로 신호를 주고받는다. 예를 들어, 잡은 손을 세 번 '꼭, 꼭, 꼭' 쥐면 그건 '사, 랑, 해'라는 의미다. 내가 먼저 그렇게 신호를 보내면 이번엔 수아가 다시 손을 두 번 '꼭, 꼭' 쥔다. '나, 도'라는 의미다.

만약 내가 수아의 손을 잡고서 수아의 머리 위로 리듬감 있게 들어 올리면 수아는 깡충깡충 뛰면서 걷는다. 왠지 기운이 없어 보일 때 사용하는 '즐겁게 걷자!'라는 의미의 비밀 암호다. 이런 식으로 미리 다른 사람들은 모르는 둘만의 암호를 몇 가지 정해 놓으면 딸과 애착을 형성하는 일은 훨씬 수월해질 수 있다.

딸과 둘만의 비밀 데이트를 떠나라

애착은 모험을 함께 떠날 때 더욱 강건해진다. 아빠가 아이와 애착을 빠르게 형성할 수 있는 가장 좋은 방법은 바로 딸과 단둘이 데이트를 떠나는 것이다. 둘만의 데이트가 온 가족이 함께 떠나는 여행과 다른 점은 서로가 상대방에게 온전히 집중할 수 있다는 것에 있다. 목적지가 꼭 박물관이나 미술관 같은 특별한 장소이거나 집에서 멀리 떨어져 있는 곳이 아니어도 상관없다. 엄마 없이 단둘이서만 애정 돋는 추억을 만든다는 것이 중요하다. 부차적으로는 엄마의 수고를 덜어주는 효과도 얻을 수 있다.

바깥 날씨를 고려해서 아이의 옷과 외투 등을 함께 고르고, 목적지를 정하는 등 계획을 짜는 것부터가 데이트의 시작이다. 이때 이미 아이는 아빠와 단둘이 데이트하러 간다는 생각에 설레고 있을 것이다. 아빠 옷까지 딸에게 골라 달라고 해보자. 어쩌면 예전엔 미처 몰랐던 딸의 패션 감각에 놀라게 될 수도 있다. 목적지를 함께 정하면서 딸이 요즘에 관심 있어 하는 것에 대해 파악하는 것도 가능하다.

아이와 단둘이 떠나는 데이트 계획을 짤 때는 처음엔 익숙한 동네에서 살살 다니며 둘만의 호흡을 맞추는 연습이 필요하다. 처음엔 바로 집 근처 동네를 30분 정도 짧게 돌고 와도 좋고, 함께 자전거를 타는 것도 좋다. 가능하면 단둘이 데이트하는 시간을 자주 갖는 것이 중요하다. 그렇게 서로가 정말 가까워진 다음엔 점차 시간을 늘려나간다.

바깥에서의 체류 시간이 길어질수록 신경 써야 할 것들이 점점 많아질 것이다. 혹시 모를 사태에 대비해 여벌의 양말이나 속옷을 챙겨야 할 수도 있고, 간식을 챙기고 싶어질 수도 있다. 챙겨야 하는 것들이 많아진다는 것은, 그만큼 아이에 대해 많이 알아가고 있다는 의미다.

무엇보다도 신경 써야 할 것은 바로 데이트 코스를 정하는 일이다. 아이들은 어른들보다 화장실에 자주 간다. 만약 딸이 급하게 화장실에 가야 하는 상황이 되었을 때 아빠가 그 상황을 해결해주지 못하면 자칫 난감한 상황을 맞게 될 수도 있다. 때에 따라 일을 보기 위해 탈의까지 해야 하는 경우도 생길 수 있다.

만약 화장실이 너무 비좁거나 위생 상태가 좋지 않다면 딸에게는 그 상황이 아주 난감할 수 있다. 그럴 경우를 생각해서 코스를 짤 때는 백화점이나 대형 마트 근처로 선택하는 것이 유리하다. 특히 백화점 같은 경우엔 남자 화장실 쪽에도 아이를 돌볼 수 있는 훌륭한 시설이 되어 있어 여유 있게 아이와 함께 이용할 수 있다.

아빠와 함께하는 동네 데이트에 익숙해지고 나면, 점차 활동 범위를 넓혀 모르는 동네를 가보는 것도 좋다. 아이에게 온전히 집중할 수 있고, 아이와 함께 주변 풍경에 관해 이야기 나누면서 함께하는 시간을 효율적으로 보낼 수 있다는 장점이 있으니, 자가용을 이용하기보다 아이와 단둘이 버스나 지하철 등 대중교통을 이용해보는 것을 추천한다. 평소 아이가 언제 낮잠을 자고 밥을 먹는지 확인하고, 장거리를 떠나기 위해 차를 타기 전에는 먼저 화장실을 다녀오지 않아도 되겠는지 물어보는 것만 잊지 않으면 안심이다.

이 정도 코스가 가능해지면 아이가 아빠에 대한 신뢰가 어느 정도 쌓여 있을 것이다. 아빠가 설령 좀 헤매더라도 불안해하지 않고 기다려주거나 심지어 아빠를 챙겨주기까지 할 수도 있다. 그렇게 아이와의 애착이 차곡차곡 쌓이면 처음 가는 낯선 곳이라 해도 얼마든지 난관을 헤쳐나갈 수 있다.

딸과 함께 보내는 시간 동안 함께 열심히 노는 것 못지않게 반드시 챙겨야 하는 것은 바로 딸의 모습을 사진과 동영상으로 남기는 일이다. 만약 아이가 무언가를 훌륭히 해냈다면 꼭 그 순간을 추억으로 남겨야 한다고 아이에게 분명하게 말하고 사진을 찍어라. 아빠의 그런 행동에 딸은 자신에 대해 긍정적인 존재감을 느끼게 될 것이다. 디지털 시대를 살며 사진 인화 비용을 걱정하지 않아도 되는 우리는 행운아가 아닐 수 없다. 혜택을 충분히 활용하자.

이렇게 쌓인 아빠와의 추억은 딸의 가슴 속에 오래도록 남는다. 딸이 사춘기가 되기 전에 딸과 설렘으로 가득한 둘만의 데이트를 가능한 자주 나가자.

딸에게 추억되는 특별한 남자가 되라

딸의 어린 시절은 평생을 좌우한다

"아직 애라서 그런지, 아이가 항상 엄마만 찾습니다."

어느 날 연구소를 찾은 한 아빠와 컨설팅을 하던 중 그의 휴대전화에 담겨 있던 동영상 하나를 보게 된 적이 있었다. 동영상 속에는 아빠와 짧은 일상적인 대화를 나누고 있는 아이가 있었다. 다섯 살짜리 딸아이였다. 아직 아이가 어리광을 부릴 법한 나이였음에도 그 눈빛은 마치 초등학생을 보는 것만 같았다. 두 사람의 대화 속 분위기는 무척 건조하게 느껴졌다.

"아이가 아빠를 좀 어려워하는 편인가요?"

"네, 제가 좀 무뚝뚝한 성격이라서요."

"평소 아빠와 함께 보내는 시간이 어느 정도 되나요?"

"일이 좀 바빠서…. 아직 아이도 어리니 좀 더 크면 그때 같이 여행도 많이 다니려고 생각하고 있습니다."

가정의 생계를 위해 일을 하다 보면 어쩔 수 없이 아이와 함께할 수 있는 시간이 줄어들게 되는 경우가 있다. 하지만 문제는 '아직은 아이가 어리니까'라는 생각으로 아빠가 반드시 함께해야만 하는 육아의 시점을 나중으로 미루는 것이다. 기껏 시간을 내서 여기저기 다녀봐야 결국 나중에 기억이나 하겠냐는 생각을 하는 아빠들이 아직 우리 주변에는 많이 있다.

하지만 특히나 타인과의 관계를 중시하고 공감 능력이 강한 딸의 특성을 생각할 때, 함께 시간을 보내더라도 아이의 관점에서 생각하지 못한다면 그것은 진정으로 함께하는 것이 아니다. 스스로 아이의 입장이 되어 보고 이해할 수 있어야 한다. 만약 아이에 관한 이야기가 피부로 와닿지 않는다면, 아빠 자신이 기억하고 있는 생애 최초의 기억을 떠올려보자.

"아버님이 지금 기억하고 계신 생애 최초의 기억을 한 번 떠올려 보세요. 그게 언제인가요?"

"음… 다섯 살 때쯤인 것 같습니다."

"그때의 일이 생생히 기억나시나요?"

"네, 상당히 또렷이 기억납니다."

"혹시 그 기억이 이제까지의 아버님 인생에 영향을 주었나요?"
"네, 물론이죠."
"그 기억이, 앞으로 나이를 먹을수록 점차 흐려질까요?"
"그렇지 않을 것 같습니다."
"그렇다면, 그 기억이 결국 아버님에게 평생 영향을 준다고 볼 수 있을까요?"
"네, 그런 것 같습니다."
"지금 우리 아이는 몇 살인가요?"

어렸을 때의 기억들은 우리의 머릿속에 단편적인 조각들처럼 남아 있게 되는 경우가 대부분이다. 하지만 어떤 기억들은 마치 어제 일처럼 또렷할 뿐만 아니라, 우리의 인생에 상당한 영향을 끼치기도 한다. 아마 한 번쯤은 예전 추억들을 떠올리며 회상에 잠기는 아내의 모습을 본 적이 있을 것이다. 과거의 기억을 오래도록 간직하는 성향은 많은 여성이 갖고 있는 특성 중 하나다. 딸도 엄마처럼 그런 성향을 가질 수 있다.

만약 우리 아이가 지금의 기억을 고스란히 가진 채 성장하게 될 것이라는 걸 알고 있다면, 단 한순간이라도 아이와의 시간을 갖는 것에 여유를 부릴 수 있을 것인가? 딸이 보내는 오늘의 단 하루가 평생을 좌우할 수 있다는 것을 기억하자.

딸의 마음에 빈 곳을 허락하지 마라

간혹 나이에 걸맞지 않은 어른스러움을 보이는 아이들을 보게 되는 경우가 있다. 아이가 그런 모습을 갖게 되는 이유는 무엇일까?

엄한 부모 밑에서 자란 경우, 눈치를 보며 자신의 감정을 숨기는 경우가 있다. 반대로 너무 과하게 칭찬을 받아 그것에 부응하고자 어른스러운 행동을 보이는 경우 또한 있을 수 있다. 하지만 대부분 원인은 바로 부모의 관심과 사랑의 부족 때문이다. 좀 더 정확히 말하자면, '딸아이는 어리고 엄마가 함께 있으니 아직은 아빠가 나서지 않아도 괜찮다'라는 아빠의 잘못된 믿음 때문이라고 할 수 있다.

물론, 아빠가 그렇게 생각하는 건 결코 아빠의 잘못이 아니다. 아빠 스스로 어린 시절에 충분한 관심과 사랑을 받지 못하고 자라 '그 정도만 돼도 충분하다'라고 느끼는 것이기 때문이다. 하지만 그 결과, 자신의 어린 시절 경험을 그대로 아이에게 물려주게 된다. 문제를 해결하기 위해서는 그 일이 왜 벌어졌는지에 대해 의문을 가져야 한다.

'왜 아이가 엄마만 찾을까?'

아이가 엄마 껌딱지가 되어 힘들다는 건 엄마들의 가장 많은 불만이자 고민거리다. 하지만 왜 아빠한테 가지 않는지 깊게 생각해보지 않고서는 답을 찾을 수 없다.

'부모의 충분한 관심과 사랑을 받은 아이가 행복하다'는 말은 두 말하면 잔소리다. 하지만 이 말에는 한 가지 허점이 있다. 바로 '충분한'이라는 단어의 해석이 개인에 따라 달리 받아들여질 수 있다는 것이다. 충분하다는 것은 과연 어느 정도를 말하는 것일까? 그것은 혹시 '가득하진 않은'이라는 뜻을 함께 내포하고 있는 것이 아닐까? 아리스토텔레스는 '자연은 진공 상태를 싫어한다'라고 말했다. 비어 있는 만큼의 공간을 자꾸만 채워 넣으려고 하는 성질을 갖고 있다는 것이다. 사람 역시 마찬가지다. 자신에게 결핍이 생기면 그것을 다른 것으로 채우려는 본능이 있다. 자신을 보호하고자 하는 일종의 방어기제가 작동하는 것이다.

아이의 경우엔 어떨까? 부모의 관심과 사랑이 충분하지 못하면 아이 마음속에 빈 곳이 생긴다. 마음의 결핍이다. 처음엔 그 결핍의 크기만큼 부모에게 의지하려는 마음을 크게 갖고 있었을 것이다. 어린아이답게 투정을 부리기도 하고 징징대기도 하면서 말이다. 하지만 얼마간의 시간이 지나도 상황이 나아지지 않는다면 아이에게 남은 방법은 단 하나다. 자신 안에 있는 어린아이를 점차 지워나가며 어른스러워지는 것이다. 살아남기 위해서 말이다.

아이가 자신의 인생을 살면서 달콤한 열매를 맺기 위해서는 우선 뿌리가 튼튼하게 내려져 있어야 한다. 어린 시절은 험한 세상을 본격적으로 살아나가기 전, 세상에 자신의 뿌리를 내리는 기간이다. 땅속에 튼튼하게 뿌리를 내린 나무는 폭풍우가 치더라도 굳게 버텨낼 수 있다. 그리고 그 뿌리를 통해 영양분을 흡수하고 잎을 내고 꽃을 피우며 열매를 맺게 된다. 그렇게 어린 시절은 평생을 버텨낼 수 있게 하는 기초 체력을 키우는 가장 중요한 시기가 된다. 이 기간을 길게 가질수록 아이는 더욱더 깊고 단단하게 뿌리내릴 수 있게 되는 것이다. 이것이 바로 딸의 '아이다움'을 최대한 오래 간직할 수 있도록 해 주어야 하는 이유다.

기억나는 아빠 vs 추억되는 아빠

작년 여름 어느 날, 이른 저녁에 수아와 함께 자전거 데이트에 나섰다. 목적지라고 해봐야 겨우 집에서 그리 멀지 않은 호수공원에 가는 것이었다. 자전거로 한 바퀴 타고 돌다가 밥이나 먹고 오는 소소한 나들이임에도 불구하고 수아는 한껏 들떠 혼자 이것저것 챙기며 짐을 쌌다. 3년 전부터 함께 타던 아빠 자전거 앞자리엔 이젠 수아가 다리를 구겨 넣어야 겨우 탈 수 있는 크기의 어린이 안장이 고정되어 있었다.

"아빠랑 이렇게 같이 타는 것도 올해가 마지막이네."

아쉬운 마음으로 한마디 하니, 수아가 제법 어른스럽게 대답했다.

"그럼 따로 타면서 아빠랑 같이 타던 걸 상상하면 돼. 추억이 있으니까."

순간 눈시울이 화끈거리면서 수아가 더 어렸을 때, 함께 자전거를 타면서 있었던 일이 생각났다. 당시, 다섯 살이었던 수아는 간만에 아빠와 함께 자전거를 타는 게 너무 좋았던지, 부끄러운 듯 희미한 미소를 지으며 내게 물었다.

"아빠 내일 시간… 많이 없지?"

아이는 너무 바빠 얼굴조차 보기 힘들었던 아빠에게 같이 놀면 좋겠다는 말도 제대로 못 하고 눈치를 보고 있었다. 하나뿐인 딸에게 난 그렇게 못난 아빠였다. 뒤늦게 정신을 차리고 기회가 될 때마다 수아를 앞에 태우고 시간을 붙잡는 마음으로 페달을 밟았다. 그때나 지금이나 뭐 대단한 일은 한 것도 없는데 안장 크기는 자꾸만 작아져만 가는 것이 아쉬웠다. 하지만 시간은 결코 허투루 흐르지 않았다. 수아와 나의 가슴 속에 분명하게 추억으로 남았음을 느낄 수 있었다.

여성은 가까운 곳을 보고 남성은 먼 곳을 본다는 특성 때문일까? 아빠는 여행을 가는 동안에도 풍경을 만끽하기보다 단지 목적지에 빠르게 도착하는 것만을 중요하게 생각하는 경우가 많다. 하지만 과정의 즐거움을 느끼지 못한다면 참다운 의미의 여행이라 할 수 있을까? 아빠가 인생의 목표를 무엇으로 하건, 그것을 얻기 전까지 다른 모든 것은 단지 과정일 뿐이라고 생각한다면 우리가 결국 얻게 되는 건 찬란한 영광이 아닌 언제 끝날지 모를 긴 고난일 것이다.

가끔 아무리 '아빠가 애를 써봐야 엄마만 하겠는가?'라는 생각을 하는 아빠들을 만나게 된다. 그런 생각을 하는 아빠일수록 육아에 참여하면서 자신은 주로 가사 일을 맡아서 하고 아이는 엄마에게 맡기는 경우가 많다. 물론 힘든 가사 일을 아빠가 한다면 엄마의 육체적 피로를 덜어줄 수 있다. 하지만 나는 그보다 오히려 가사를 엄마에게 맡기고 아빠가 아이와 함께 시간을 보내기를 권한다.

인디언 속담에 이런 말이 있다. "사람은 누군가의 추억에서 사라지는 순간 죽는 것이다." 당신이 딸에게 남겨주고 싶은 것은 무엇인가? 지금 시간을 어떻게 보내느냐에 따라 아이에게는 그냥 기억나는 아빠가 될 수도 있고, 혹은 가슴 속에 추억으로 남는 아빠가 될 수도 있다는 사실을 기억하자.

Step 2.
.
.
.

[소통] 도대체가 말이 통해야지 말입니다

소통이 왜 중요한가?

아이에게 필요한 답은 아이에게 있다

아이를 키우다 보면 이런저런 경로를 통해 여러 정보를 접하게 된다. 하지만 가장 큰 문제는 그런 정보를 제공하는 전문가가 여러 명이라는 데 있다. 한 가지 문제에 대한 답이 여러 개로 나뉘게 되면 우리는 선택의 자유가 생기는 것보다 오히려 하나도 제대로 소화하기 어려운 상황에 빠지기 쉬워진다. 마치 뷔페에 가면 잔뜩 차려진 진수성찬에 뭘 먹어야 할지 행복한 고민에 빠지지만, 막상 식사를 마치고 나면 헛배가 부른 듯한 느낌을 받게 되는 것과 마찬가지다. 나는 이것을 '뷔페 증후군'이라 부른다.

육아 서적을 읽을 때를 한 번 생각해보자. 우리 주위엔 손쉽게 구할 수 있는 육아 서적이 얼마든지 많다. 그리고 그 서적의 개수만큼 육아 전문가가 있다. 물론 각각의 전문가는 나름의 훌륭한 이념과 경험을 바탕으로 책을 집필했을 것이다. 하지만 그들 모두의 생각이 하나로 일치될 수 있을까? 책을 읽는다는 것은 타인의 오랜 지식과 경험을 간접 경험함으로써 나의 기회비용을 줄일 수 있는 아주 좋은 수단이다.

하지만 책은 어디까지나 참고서로 활용해야 한다. '어떤 것이 나와 우리 아이에게 체질적으로 적합한 것인가?'에 대한 중심이 먼저 잡혀 있어야 한다. 그렇지 않은 상태에서의 독서는 오히려 우리를 정보의 홍수 속에 빠뜨릴 수 있다.

분명 유명한 전문가의 말이고 솔루션 또한 고개를 수없이 끄덕이게 한 것이었는데 만약 그것이 먹히지 않는 경우 부모는 더 큰 고민에 빠지게 된다. 스스로 더 큰 자책을 하기도 하고 아이에 대한 기대를 더 낮추게 되기도 한다.

'왜 우리 아이에겐 안 통하지? 내가 뭘 잘못했나? 혹시 우리 아이가 유별난 건가?'

일면식도 없는 타인의 한 마디로 인해 부모와 자식 모두의 자존감이 추락하게 되는 불상사가 발생하게 된다면 이처럼 억울한 일이 또 어디 있겠는가?

아무리 훌륭한 전문가의 솔루션이라 하더라도 얼마든지 우리 아이, 혹은 우리 가정의 상황과는 맞지 않을 수 있다. 그렇다면 우리에게 딱 맞는 맞춤형 솔루션이라는 것은 어디서 구해야 하는 걸까? 놀자! 딸육아연구소의 교육에 참여하고 있는 한 수강생의 말을 들어보자.

"내 마음대로 움직여주지 않는 아이에게 자꾸 소리를 지르게 되고 이따금 아이와 대립하게 되는 것이 부모로서 무척 불안했습니다. 처음엔 '대화의 기술을 배워서 아이에게 적용하면 되겠다'라고 생각했습니다. 하지만 어떤 기술이 필요한 것이 아니라 단지 관점을 바꾸는 것이 중요하다는 것을 알게 되었습니다. 아이의 관점에서 생각해보니 그 마음이 더 궁금해지고, 질문하게 되면서 서로의 속마음을 솔직하게 얘기하게 되어 너무 좋은 것 같습니다."

우리 아이에게 무한한 잠재력과 가능성이 있다는 것을 믿는가? 그렇다면 그만큼 아이에 대한 모든 것을 부모가 앞서 알 수도 이해할 수도 없다는 것부터 인정하자. 전문가가 알려주는 상황별 대처법을 모두 암기하거나 모든 것을 우리 식대로 끌고 간다는 것 역시 불가항력에 가까운 것이다. 육아에는 어떤 기술이 필요한 것이 아니다. 모르는 것이나 잘 안 풀리는 문제가 생기면 먼저 아이와 대화를 나눠보자. 무엇이든 궁금한 것은 우선 질문하면 된다. 질문은 또 다른 질문을 만들어내고 아이와의 거리를 계속 좁혀준다.

다음은 '아이가 좋아하는 것'이라는 단순한 문장에서 간략히 뽑아낸 질문들이다. 바로 답을 생각해보자.

'우리 딸이 특별하게 생각하는 물건은 무엇일까?'
'아이는 왜 그것을 그토록 특별하게 생각하는가?'
'그것은 언제부터 딸과 함께하게 되었을까?'
'아이는 어떤 계기로 그것을 좋아하게 된 것일까?'
'어떤 상황에서 그것을 사용할까?'
'그것을 얼마나 자주 사용할까?'
'누구와 함께 그것을 사용할 때 가장 좋아할까?'

만약 딸이 좋아하는 것에 관해 아는 바가 별로 없다고 느껴지면 아빠는 당장 아이에게로 달려가 무턱대고 '우리 딸은 뭘 좋아해?'라고 묻고 싶은 마음이 들지도 모르겠다. 하지만 그렇게 막무가내로 질문하다가는 아이는 엉뚱한 상황에서 아빠의 질문을 당황해하거나 귀찮게 느낄 수도 있다. 아이에게 부담을 주지 않으면서도 대화에 적극적으로 참여할 수 있도록 하는 지혜가 필요하다.

딸이 혼자 사용하는 방이나 공간이 있다면 그곳으로 가서 아이가 어떤 물건들을 어디에 놓고 어떻게 보관하는지 살펴보자. 장난감 바구니 같은 곳에 마구잡이로 담겨 있는 물건들보다는 선반 위에 진열되어 있거나 벽에 단독으로 걸려 있는 것들이 아이가 더 소중하게 생각하는 물건일 가능성이 높다. 그런 물건에 대한 관심으로 질문을 시작해보자.

딸은 자신의 소중한 물건들에 관해 언제나 할 말이 많다. 아빠의 관심이 잘 전달된다면 아이는 마치 기다렸다는 듯이 그것에 담겨 있는 많은 이야기를 아빠에게 들려줄 것이다. 각각의 물건들에 담긴 이야기는 그것의 히스토리부터 그것과 관련한 추억들, 함께 공유했던 친한 친구들의 이름 등등 아이의 마음을 엿볼 수 있는 많은 이야깃거리를 찾아낼 수 있을 것이다. 그저 질문하고 정보를 얻어내는 것으로 그치지 않고 그것을 가지고 아이와 함께 아이가 좋아하는 활동을 하면 효과는 배가 된다.

말하는 것보다 더 중요한
소통의 기술, 경청

말하는 건 딸에게 양보하라

남성은 1분에 125개의 단어를 사용하는 반면에, 여성은 1분에 250개 이상의 단어를 사용할 정도로 언어를 사용하는 양에서부터 큰 차이가 난다. 딸에게 필요한 언어의 양이 아빠의 두 배 이상인 것이다. 딸과 친해지기 위해서는 기본적으로 딸이 소화할 수 있을 정도의 충분한 언어의 양을 채워줘야 하지만 아빠에게는 그것이 말처럼 쉽지만은 않다. 아빠는 오랜 시간 수다를 떠는 것에 익숙하지 않기 때문이다.

하지만 딸과 소통하기 위해 우리가 더 큰 노력을 기울여야 하는 것은 말하기가 아닌 듣기다. 단지 듣고만 있는 게 뭐 대단한 일이냐고 생각하는 사람이 있을 수 있다. 하지만 상대방의 말에 온 신경을 기울이며 듣는 것은 생각만큼 쉬운 일이 아니다. 운전대를 잡을 땐 멀쩡하던 사람도 다른 사람이 운전하는 차를 타면 멀미를 하는 경우가 있다.

그것처럼 누군가와 소통함에서도 자신이 스스로 말하는 속도나 리듬을 조절할 수 없는 상황에서 상대방의 페이스에 맞춘다는 것은 어려운 일이다. 나름의 FM이 뚜렷한 아빠라면 자신의 가치관을 누르고 아이의 말을 듣고 있는 것 자체가 더욱더 어렵게 느껴질 수도 있다. 하지만 그렇다 하더라도, 아이가 하는 말의 옳고 그름을 판단하지 않고 긍정적인 마음으로 끝까지 귀 기울이는 것이 중요하다.

아이의 말을 들으면서 이해되지 않는 부분이 있으면 다시 말해달라고 부탁하는 것도 필요한데, 이것 역시 더 잘 듣고 이해하기 위한 과정이다.

"그러니까, 수아가 말하고 싶은 게 이런 거야?"라고 아빠가 이해한 부분을 정리하며 반복해 말하거나, "그래서? 좀 더 자세하게 얘기해줘.", "예를 들면 어떤 거야?"라는 식으로 적절한 추임새를 넣으면, 아이는 스스로 더 많은 것에 관해 이야기하고 싶은 의욕이 생기게 된다.

아빠가 아무리 좋은 영양분을 줄 수 있어도 아이에게 지금 결핍인 영양소가 무엇인지 파악하지 못한다면 정작 영양의 균형은 잡을 수 없다. 언제나 아이의 말을 통해 무엇을 함께 이야기해야 할지를 진단하는 것이 먼저다. 온 힘을 다해 경청하라. 단지 경청하는 것만으로도 딸이 아빠를 대하는 눈빛이 분명 달라지는 것을 느끼게 될 것이다.

듣는 것과 경청하는 것은 다르다

실패의 아픔 없이 크길 바라고 아직 세상을 한참 배워야 할 아이에게 가르쳐주고 싶은 욕심이 앞서기 때문일까, 아이와 대화하는 데 있어 먼저 조바심을 내고 아빠의 생각을 전하는 것에 집중하게 되는 경우가 많다.

나는 수아가 어렸을 때부터 종종 연구소에 데려와 나무를 가지고 놀도록 해주었다. 나무토막은 아이에게 무척 흥미로운 소재지만, 간혹 가시처럼 삐져나온 부분이 있을 때가 있다. 언제든 가시에 찔려 상처가 날 수 있어 항상 나무를 가지고 놀기 전에는 먼저 조심하도록 주의를 준다.

한 번은 수아를 연구소로 데려와 사무실 한쪽에서 놀게 하고 나는 잠시 혼자 일을 보고 있었다. 그러던 중 갑자기 수아가 "아야!" 소리를 내더니 울기 시작했다. 깜짝 놀란 나는 수아에게로 가서 상태를 살폈다. 짧은 가시가 박힌 작고 여린 손가락이 빨갛게 된 것을 보고,

순간 너무 속상한 나머지 수아에게 대뜸 이렇게 말을 했다.

"그러니까 아빠가 뭐랬어!"

그러자 수아는 이렇게 소리치고는 엉엉 울었다.

"조심했어! 내가 잘못한 거 아니야!"

수아의 반응에 나는 순간 아차 싶었다. 아이가 채 상황을 설명하기도 전에 미리 멋대로 단정지어 꾸짖고 만 것이었다. 나는 다른 곳에 신경을 쓰느라 수아가 어쩌다가 가시에 찔리게 되었는지도 알고 있지 못했다. 내가 알고 있던 건 단지 놀란 내 마음뿐 분명 조심하지 않고 덤벙거리다가 찔리고 말았을 거라는 건 단지 내 멋대로의 판단일 뿐이었다.

아빠의 논리적인 뇌는 딸의 말을 들을 때마다 조언하거나 해결책을 제시하려고 움찔거리기 마련이다. 아이를 겁먹지 않게 하고 싶은 마음에 "괜찮아, 별일 아니야."라고 말해주고 싶을 때도 있을 것이다. 하지만 아이의 말을 듣기 전에 내 생각을 먼저 말하는 건 아이와 소통하는 좋은 방법이 아니다. 좋은 해결책을 제시하기 이전에 먼저 딸의 말을 집중해서 들어야 한다.

믿기 어려울 수도 있겠지만, 때로는 그저 딸의 말을 끝까지 열심히 들어주는 것만으로도 아이의 마음이 풀리는 경우도 있다. 아빠 관점에서는 '아무것도 해결되지 않았다'라고 생각할지도 모르지만, 딸에게는 '아빠가 내 마음을 진심으로 궁금해했다'는 사실만으로 충분하다. (이것은 '아내'와 대화할 때도 마찬가지로 적용된다.)

경청은 단지 귀를 쫑긋 세우는 것이 아니다. 눈에 보이지 않는 아이의 마음에 집중하는 것이다.

만약 아빠가 듣기보다 말하기 능력을 자꾸 뽐낸다면, 딸에게 아빠는 만나면 반갑게 인사하는 동네 식당 아저씨만도 못한 존재가 될 수도 있다. 딸의 말을 경청하는 아빠의 모습은 딸에게 '너의 마음을 진지하게 받아들이고 있어'라는 메시지를 전달한다. 아이의 말에 민감하게 반응하고 계속해서 아이의 마음을 살피는 아빠의 모습을 통해 아이는 스스로 존중받는다는 느낌을 받는다. 그리고 아이의 자존감도 자연스럽게 함께 높아진다.

사랑받는 아빠는
소통법이 다르다

질문으로 세 마리 토끼를 잡는다

관심 집단 안에서 상대적 우위를 차지하는 것을 중요하게 생각하는 남성에게 질문이란 자신의 정보력을 키우기 위한 수단이다. 하지만 동시에 그 질문을 통해 자신의 정보력이 어느 정도인지 드러날 수도 있다는 생각 때문에 어쩔 수 없는 상황이 아니라면 질문하는 것을 꺼리는 경향이 있다. (여행지에 가서 길을 잃어도 좀처럼 다른 사람에게 물어보지 않으려는 심리가 바로 그런 것이다.)

이와 달리 관계 지향적 성향이 강한 여성들은 상대방과 유대 관계를 형성하기 위해 질문하는 경우가 많다. 질문을 상대방에게 자신의 관심을 표현하는 유용한 도구로 활용하는 것이다. 만일 누군가가 나에게 이런 질문을 한다고 상상해보자. '넌 어떤 음악을 좋아하니?', '넌 어떻게 생각해?', '무엇을 하고 싶어?'라고 말이다. 어떤 느낌이 드는가?

'어, 이 사람 나한테 관심 있나?'

종일 밖에서 일하는 아빠 대부분은 딸과 함께할 수 있는 시간이 엄마보다 훨씬 적다. 그리고 그만큼 딸에 관해 알고 있는 것 역시 적을 수밖에 없다. 그렇다면 무엇을 해야 하겠는가? 가만히 앉아 시간이 지나면서 자연스럽게 친해지기만을 기다리겠는가, 아니면 적극적으로 궁금한 것들에 관해 물어볼 것인가? 딸과 소통을 원활히 하기 위해 아빠가 꼭 말을 많이 해야 하는 것은 아니다. 아빠에게 부담스러울 수 있는 소통의 문제를 가장 효과적으로 푸는 방법은 바로 아이에게 '질문'을 하는 것이다.

아빠가 질문을 던지면 딸은 그에 관한 답변을 해야만 한다. 아빠는 그저 답변을 기다렸다가 잘 듣고 그에 따른 또 다른 질문을 던지면 된다. 아이에게 질문을 던지면 아이는 자신을 향한 관심을 느끼게 된다. 아이에 대한 궁금증을 풀어감과 동시에 돈독한 관계까지 형성할 수 있다. 질문을 통해 아이의 생각하는 힘을 키울 수 있다는 것 또한 큰 장점이다. 그야말로 일석삼조一石三鳥의 효과를 보게 되는 것이다.

질문의 효과를 알게 되면 누구나 질문이 갖는 강한 힘을 느끼게 된다. 연구소에서는 부모들을 위해 효과적인 질문법을 교육하는데, 간혹 수강생 중에서 "질문을 잘하려면 어떻게 해야 하나요?"라고 묻는 경우가 있다. 그럴 때 나는 '꼬리물기 질문법'을 알려준다. 방법은 간단하다.

1. 머릿속에 아이에 관한 질문을 '사건-마음-행동'의 세 단계로 분류해 상황에 맞는 하나의 질문만 던진다.
"오늘 학교에서 어떤 일이 가장 재미있었어?"(사건에 관한 질문)
"그때 마음(기분)이 어땠어?"(마음에 관한 질문)
"그래서 어떻게 했어?"(행동에 관한 질문)
2. 아이의 이야기에 귀를 기울인다.
3. 아이의 대답에서 다음 질문거리를 찾아 이어서 질문한다(2, 3번을 반복한다).

이렇게 하면 온통 아이에 관한 이야기로 가득한 소통을 쉽게 이어갈 수 있다. 일단 아이에 대해 궁금하다는 호기심 가득한 마음을 장착하고 무엇이든 물어보자. 그렇게 시간이 지나면서 아빠는 자연스럽게 '우리 아이 전문가'가 될 것이다.

명확한 근거로 칭찬한다

딸은 다른 사람들에게 즐거움을 주고 인정받는 것을 좋아한다. 자신에 대한 다른 사람들의 평가에 놀랄 만큼 민감하게 반응하는 딸에게 칭찬은 무척 중요하다. 혼자 무언가에 몰두하는 듯하다가도 자신이 생각할 때 잘한 것 같다고 생각되면 무조건 달려와서 이것 좀 보라고 들이밀곤 한다.

사소한 것까지 하나하나 보여주는 건 딸이나 아들이나 마찬가지지만, 아들이 그러는 이유가 자신의 능력을 인정받기 위한 것이라면, 딸이 인정받고 싶어 하는 것은 단지 결과만이 아닌 상대에게 즐거움을 선물하고자 하는 자신의 '마음'이다. 따라서 딸을 칭찬하는 것은 그런 딸의 마음에 대한 고마움의 표시가 된다.

아빠들은 보통 자신에게 익숙한 남성적 관점에서 접근하기 때문에 딸에게 어떻게 칭찬하는 것이 아이의 마음에 닿는 효과적인 방법인지 잘 모르는 경우가 많다. 아들에게는 그 결과나 과정에 대해 칭찬하는 것만으로도 효과를 볼 수 있지만, 딸에게 하는 칭찬은 아들에게 하는 칭찬보다 한 단계 더 깊이 전해져야 한다.

"아빠, 이거 내가 그린 그림이야. 어때?"

만약 딸이 위와 같이 물었다면 뭐라고 대답할 것인가? 아마 보통은 이렇게 대답할 것이다.

"오, 멋진데!"

"잘 그렸는데!"

많은 경우 부모는 아이가 잘못한 점은 구체적으로 집어내 비판하면서, 아이가 잘한 것에 대해서는 막연하게 칭찬한다. 앞의 사례에서 아빠가 놓친 부분은 아빠의 칭찬에 담긴 정보의 양이 너무 부족했다는 것이다. 무엇을, 어떻게, 왜 그렇게 느꼈는지에 관한 구체적인 근거가 나타나 있지 않았다.

구체적인 근거를 들어 칭찬하는 것은 딸에게 '난 너에게 특별한 관심이 있어'라는 메시지를 전달하고 그런 결과를 내기까지 아이가 노력한 것에 대해 인정하는 효과를 지닌다.

듣기 좋은 미사여구로만 무장한 총괄적인 칭찬이나 인정은 필요 없다. 오히려 명확한 '근거'가 없는 칭찬은 아빠를 말만 번지르르한 사람으로 만들 뿐이다. 눈에 보이는 그대로를 최대한 구체적으로 표현하는 데 집중하자. 거기에 아빠의 마음 표현까지 더해진다면 더할 나위 없이 훌륭하다.

"이야! 이 자전거는 아빠가 타고 싶을 정도로 멋진데? 특히 색깔이 정말 마음에 들어!"

"우와! 하늘이 꼭 푸른 바다처럼 시원해 보이네! 당장 들어가서 수영하고 싶은 기분이야!"

아이가 결과물이 아닌 멋진 행동을 보여줬을 때도 역시 같은 방식으로 아이의 행동을 구체적으로 표현해주고 아빠의 마음도 자세하게 말해준다.

"수아가 참 상냥하게 말하니까, 아빠가 수아 말을 안 들어줄 수가 없네."

겉으로 드러나는 칭찬의 표현은 없지만 아이는 아빠의 반응을 통해 자신의 행동에 자부심을 느끼고 또 하고 싶어지게 된다.

단, 행동을 칭찬하는 경우, 항상 잘했을 때만 칭찬을 하거나, 잘한 것을 칭찬하면서 실수한 것을 함께 지적하는 것을 주의해야 한다. 그렇게 되면 아이는 칭찬에 조건이 달린다는 것을 알게 되어 자신의 마음을 따라가지 못하고, 부모에게 인정받는 딸이 되는 것을 목표로 삼게 될 수 있기 때문이다.

그것을 방지하기 위해서는 어떤 때 칭찬을 해야 할지를 고민하기보다 아이의 모든 면에서 칭찬할 거리를 찾는 것을 습관화하는 것이 좋다. 어떤 아이든 칭찬할 거리는 셀 수 없이 많다. 아이에게 더 깊은 관심을 갖고 자꾸 들여다보면 칭찬할 거리는 물론 칭찬이 필요한 타이밍 또한 놓치지 않을 것이다.

이야기로 지혜를 전달한다

이야기에는 매우 구체적이고 실제적인 사례가 담겨 있다. 아이들은 대부분 이야기 듣는 것을 좋아한다. '옛날, 옛날 아주 먼 옛날에…'라고만 해도 벌써 아이들의 눈은 그다음에 이어질 말을 기다리며 반짝인다. 현실을 떠나 상상의 세계로 떠나는 열차의 기적소리와도 같다. 아빠가 이야기하면 아이는 그 이야기를 따라가며 상상을 한다. 이야기 속에서 주인공은 여러 가지 문제 상황에 처하게 되고 그에 따른 감정 변화를 겪게 된다.

아들에게는 주인공이 겪는 사실 위주로 이야기하는 것이 효과적이지만, 공감 능력이 뛰어난 딸에게는 주인공의 감정에 관해 이야기하는 것이 효과적이다. 일단 마음이 움직이면 생각이 움직이는 건 훨씬 쉬워진다.

만약 딸이 친구와의 경쟁에서 뒤처진 것을 속상해하고 있다면 아빠는 딸에게 '이기고 지는 게 중요한 게 아니다'는 말을 해주고 싶을 것이다.

하지만 아이에게 직접적인 격려의 말을 하는 것보다는, 그에 관한 이야기를 들려주는 것이 더 효과적이다. 아이 수준에 알맞은 이야기라면 어떤 것이든 상관없지만, 아이에게 이미 익숙한 내용이라면 더 효과적이다. 예를 들어, 앞서 말한 것과 같이 경쟁에 관한 내용을 말해주어야 하는 상황이라면 '토끼와 거북이' 이야기가 제격이다.

실제로 수아와 나눴던 대화 내용을 그대로 적어보았다. 아이에 따라 얼마든지 다르게 대답할 수 있지만 무엇을 전달하고자 하는지 본질을 파악한다면 충분히 대응할 수 있을 것이다.

"토끼랑 거북이랑 둘 중에 누가 더 빨라?"

"토끼."
"토끼와 거북이 이야기에서는 누가 이겼지?"
"거북이."
"어떻게 거북이가 이길 수 있었을까?"
"끝까지 포기하지 않아서."

만약 아이에게 어떤 일을 하더라도 끝까지 포기하지 않으면 좋은 결과를 낼 수 있다는 것을 알려주고 싶다면 여기까지만 질문해도 무방하다. 하지만 우리는 지금 아이에게 결과가 중요한 것이 아니라는 것을 알게 해주려는 것이 목표다. 계속 질문을 이어간다.

"맞아! 그런데 그럼 거북이는 경주하기 전부터 이미 자기가 이길 거라는 걸 알고 있었을까?"
"…"
"수아는 성진이 오빠랑 달리기 시합을 하면 수아가 분명히 이길 수 있을 거라는 생각이 들 것 같아?" (실제 아이에게 익숙한 인물을 등장시켜 아이의 빠른 이해를 돕는다.)
"아니."
"그럼 거북이도 자기가 질 거라는 걸 알지 않았을까?"
"그랬겠지."
"질 걸 알았는데도 거북이는 왜 경주를 하겠다고 했을까? 수아 생각은 어때?"

"그냥 재밌으니까?"

"맞아! 그냥 달리기가 재밌으니까 한 거야. 수아는 진짜 재밌으면 어때? 중간에 막 쉬고 싶어, 아니면 계속하고 싶어?"

"계속하고 싶어."

"달리다 말고 중간에 쉰 토끼는 달리는 거랑 이기는 것 중에 뭐가 더 중요하다고 생각했을까?"

"이기는 거."

"맞아. 그런데 결국 누가 이겼지?"

"거북이!"

"그러네? 분명히 느림보 거북인데, 끝까지 재미있게 달리니까 결국 빠른 토끼를 이겼네! 우리 수아는 어떤 친구처럼 되고 싶어?"

이야기는 조용하지만 마음을 움직이는 강력한 힘이 있다. 아빠와 함께 흥미진진한 이야기에 관한 생각을 함께 나누는 동안 아이는 자기 생각을 구체적으로 정리할 수 있고 스스로 자신만의 답을 찾게 된다.

아빠의 세상에서 벗어나라

딸의 관점에서 생각하라

혹시 아이 사진을 예쁘게 찍는 법을 알고 있는가? 그것은 바로 카메라 렌즈의 높이를 아이의 눈높이에 맞춘 다음 찍는 것이다. 나는 사진을 찍히는 것에는 영 소질이 없지만 직접 사진 찍는 것을 무척 좋아하는 편이다. 아직 수아를 만나기도 한참 전, 나는 요크셔테리어종 강아지인 '누리'와 함께 둘이서 살고 있었다. 어디선가 우연히 '강아지 사진 예쁘게 찍는 방법'을 알게 된 나는 어느 날 누리의 모습을 사진에 담기 위해 바닥에 앉았다.

하지만 작은 요크셔테리어의 눈높이에 맞추기 위해서는 카메라의

높이가 더 낮아야만 했다. 누리의 '견생샷'을 찍어보겠다는 일념으로 아예 드러누워버렸다. 이제 드디어 서로 높이가 맞았다. 그런데 카메라 셔터를 누르려던 순간 뭔가 신기한 느낌이 들었다. 뷰파인더 안에 펼쳐진 배경 때문이었다. 작은 강아지의 눈높이에서 보는 세상의 모습은 내가 평소 알고 있던 것과 전혀 다른 모습이었다. 모든 것이 거대해 보였다. 강아지의 관점에서 나를 올려다볼 것을 상상하니, 마치 나 자신이 거인처럼 느껴졌다. 아직도 그날의 느낌이 생생할 정도로 놀라운 경험이었다.

지금 아이의 관점에서 보는 세상도 아마 그것과 비슷한 느낌일 것이다. 세상 모든 것이 크고, 높고, 때로는 무섭고 혼란스러울 수도 있을 것이다. 아이와 눈높이를 맞추면 아이의 눈으로 세상을 바라보는 데 도움이 된다. 하지만 단지 눈높이를 맞추는 것보다 더 중요한 것이 있었다. 그것을 가르쳐준 건 바로 수아였다.

우리 집에는 사랑하는 딸이 둘 있다. 첫째 딸은 수아, 둘째 딸은 벨기에산 양치기 강아지인 '루비'다. 어느 날 두 따님과 산책을 하고 있었다. 이제 혼자서도 루비와 산책하는 일이 제법 수월해진 수아가 아빠보다 루비와 함께 몇 발자국 앞서서 한참을 걷다가 문득 이런 말을 했다.

"루비가 날 좋아하나 봐, 자꾸 날 보면서 웃어."

"그러게, 루비가 수아 언니를 많이 좋아하나 보다. 하하."

맞장구를 쳐주면서도 수아의 그런 생각이 그저 귀엽게만 느껴졌다. 강아지에게도 엄연히 웃는 얼굴이라는 게 있지만, 사실 그 차이가 미묘해서 평상시 표정과 확연히 구분하기는 어렵기 때문이다. '어쩜 저런 말을 할까?' 아이들의 동심에 속으로 감탄을 하던 중 수아가 다시 말했다.

"루비는 날 좋아해서 속도가 같아."

"그게 무슨 말이야?"

"내가 느리게 걸으면 늦게 걷고 빨리 걸으면 빨리 걸어."

순간 나 혼자 멋대로 아이를 판단하고 있었다는 사실을 깨달았다. 아이는 그저 생각나는 대로 상상의 나래를 펼친 것이 아니었다. 루비가 자신에게 공감했다는 사실을 느낀 것이었다. 순간 아빠를 볼 때도 역시 같은 눈으로 바라보고 있었을 거라는 생각이 들었다. 난 과연 수아의 속도에 맞춰 나란히 함께하고 있었을까? 공감이라는 건 함께 속도에 맞춰 걸으며 상대의 관점에서 마음을 느끼고 반응하는 거라는 것을 새삼 깨닫게 된 순간이었다.

딸의 마음을 궁금해하라

어느 날 아침이었다. 오전에 강의가 있었기 때문에 그 전에 수아를 유치원에 데려다주고 여유 있게 가려면 서둘러 집을 나서야만 했다. 먼저 준비를 끝내고 이제 아이의 옷을 챙겨 입혀주려고 옷을 고르고 있을 때 수아가 옆에 서서 물었다.

"내가 아빠한테는 아기야?"

일곱 살이면 아직은 어리광을 부릴 나이다. 하지만 나이와 상관없이 원래 부모에게 자식이란 눈 감는 그날까지 아기라는 걸 당연하게 생각해왔었다. 그래서 예전에도 이런 질문을 받을 때면 언제나 한 치의 망설임도 없이 "그럼, 당연하지!"라고 대답했다. 그 말 속에는 '엄마 아빠에게 수아는 언제나 사랑스러운 아기야'라는 의미를 담고 있었다. 그럼 수아는 '그게 바로 내가 원하던 대답이었어!'라는 듯 만족스러운 표정으로 어리광을 피우곤 했다. 하지만 그날 아침엔 그런 애착의 시간을 가질 마음의 여유가 없었다.

'바빠 죽겠는데 왜 이런 뻔한 걸 물어보는 걸까?'

이번에도 역시 반사적으로 같은 대답을 하려던 찰나, 순간 이런 생각이 머릿속을 스치고 지나갔다. '나는 지금 이 아이의 마음을 모른다!' 그리고 대답 대신 아이의 마음을 물었다.

"수아는 어땠으면 좋겠어?"

그러자 수아는 이렇게 대답했다.

"언니였으면 좋겠어."

전혀 예상하지 못했던 대답에 순간, 마치 시간이 멈춘 듯 느껴졌다. 이제껏 내가 알고 있던 수아라는 세상이 완전히 뒤바뀌는 것만 같았다. 기특하면서도 섭섭한, 한 마디로 이상야릇한 느낌이었다. 아이는 어느새 그만큼 또 성장해 있었다.

"그래, 우리 수아도 이제 언니지."

평소 같았으면 가뜩이나 늦게 일어난 탓에 아빠 혼자서 두 사람 치를 챙기느라 정신없었을 상황이었다. 하지만 레깅스에 긴 양말까지 고르고 낑낑대면서도 혼자 입겠다고 이리저리 애쓰는 수아를 놔두고 나는 더는 시계를 들여다보지 않았다. 지금 새로운 발자국을 내딛는 수아의 시간을 함께하고 싶었기 때문이다. 수아와 나는 그렇게 따로, 또 같이 새로운 아침을 맞았다.

'애들이 다 그렇지 뭐'라는 생각은 아이의 마음을 느낄 기회를 원천 봉쇄한다. 만약 아이의 말이나 행동이 어딘가 평소와 다르게 느껴지면, 아이의 생각을 마음대로 가정하지 말고 아이의 관점에서 상황을 재구성해야 한다. 아이가 처한 상황 속에 있는 자신의 모습을 상상해보자. 같은 상황에서 나는 어떻게 생각할지 스스로 질문하고, 또 아이라면 어떻게 느낄 것인지도 생각해보자. 미처 알아채지 못한 사이 또 많이 성장한 아이에 관해 분명 많은 새로운 사실들을 알게 될 것이다.

Step 3.

·

·

·

[놀이] 인형 놀이는 대체 언제까지 해야 합니까?

평생 끝날 것 같지 않은
인형 놀이 탈출법

인형 놀이를 할 수 없도록 설계된 아빠

일반적으로 남자아이들은 신체적 특성상 대근육 활동을 활발하게 하도록 프로그램되어 있다. 그래서 집 안에서 가만히 앉아 노닥거리며 노는 것보다 밖에 나가 축구나 야구를 하거나 탁 트인 공원으로 나가 그저 뛰어노는 것에 더욱 에너지를 얻는다. 아빠와 아들이 함께 노는 것이 비교적 수월할 수 있는 이유는 서로 같은 남자의 성향을 지니고 있어 놀이 취향 또한 비슷한 경우가 많기 때문이다.

비슷한 시기의 딸이 좋아하는 활동은 아들의 활동과 내용 자체가 다르다. 여자아이들은 남자아이들과 달리 대근육 운동을 활발하게 하지 않는다. 반면 소근육 운동을 그만큼 활발하게 한다. 손가락을 세밀하게 움직여 정교하게 그림을 그리거나 글씨를 예쁘게 쓰거나 인형의 옷을 갈아입히는 등의 활동이 그런 소근육 운동과 관련이 있다. 그 때문에 몇 시간씩이고 제자리에 가만히 앉아서 노는 것이 딸에게는 전혀 어려운 일이 아니다.

문제는 아빠가 딸의 취향에 맞춰 함께 놀기 위해서는 가만히 한자리에 앉아 함께 인형을 가지고 놀아야 하는 일이 종종 발생한다는 것이다.

심지어 그 인형들을 가지고 '역할 놀이'라는 것을 해야 한다. 하지만 남성적 성향이 강한 아빠에게 내가 아닌 다른 존재의 역할을 대신한다는 것은 생각처럼 쉬운 일이 아니다. 처음엔 딸과 웃으며 병원 놀이를 시작하지만 아빠의 뇌는 이런 명령을 곧 내리게 된다.

'나는 의사 선생님도 아니고, 의사 선생님이 될 수도 없으며, 억지로 의사 선생님인 척도 하지 않겠다!'

그렇게 5분을 넘기기 어려울 정도로 금세 뭔가 좀이 쑤시고 불편하게 느껴진다. 아빠는 결국 더 버티지 못하고 변칙 플레이를 시작한다.

"나는 대마왕이다! 피용! 피용! 나의 공격을 받아라! 우워오!"
"아니야, 아빠! 의사 선생님이야! 대마왕 아니란 말이야!"
"으하하! 의사 선생님인 줄 알았겠지만, 사실은 대마왕이었다!"
"아니야! 대마왕 아니야! 으앙!"

그렇게 결국 딸을 울리고 마는 아빠. 뭔가 돌파구를 찾고 싶은 마음에 시작한 도발은 불행한 결말을 맞게 된다. 그리고 그런 아빠의 모습을 보는 엄마의 속은 더 불편해진다. 아빠가 '아이와 함께 노는 것' 자체를 귀찮아한다고 생각하게 되기 때문이다. 심지어 아빠의 부성애를 의심받는 상황으로까지 이어지게 된다.

딸에게 인형 놀이는 거부할 수 없는 본능이다

대부분 딸은 아들처럼 밖으로 멀리 나가 뛰어노는 것보다 집 안에서 온갖 인형과 잡동사니를 한껏 늘어놓고 역할 놀이하는 것을 더 좋아한다. 사람에게 관심이 많고 관계를 형성하기 위해 필요한 언어적 놀이에 더 흥미를 느끼기 때문이다.

연구 결과에 따르면 딸들이 그런 성향을 보이는 것은 아기를 돌보는 훈련을 자주 할수록 진짜 엄마가 되었을 때 그 일을 더 능숙하게 할 수 있는 생물학적 유용성을 본능적으로 느끼기 때문이라고 한다.

그것은 여성의 뇌에 프로그램된 것이기 때문에 의식적으로 바꿀 수 있는 것이 아니다. 만약 딸의 취향을 바꾸고자 일부러 인형 대신 덤프트럭 장난감을 안겨준다 하더라도, 결국 딸은 덤프트럭을 담요로 감싸 안고 엄마 흉내를 내며 자장가를 불러줄 가능성이 크다. 이는 인간 이외의 영장류를 대상으로 한 실험에서도 분명하게 드러난 사실이다.

아빠 눈에는 인형 놀이가 별로 대수롭지 않은 시시한 놀이로 보일 수도 있다. 하지만 인형 놀이는 딸에게 있어 단순히 재미있는 놀이 정도의 의미가 아니라, 자신의 감정을 헤아리고 제어할 수 있도록 도와주는 매우 중요한 활동이라는 사실을 이해해야 한다. 여성적 성향을 지닌 딸은 사람과의 관계를 매우 중시한다. 인형을 이용한 역할 놀이에는 타인과 관계를 형성하는 과정에서 발생할 수 있는 스트레스 해소에 효과적이며 관계 형성을 훈련할 수 있는 교육적 효과가 있다.

인형을 가지고 노는 딸의 모습을 지켜본 적이 있는가? 그렇다면 아마 아이가 마치 다른 사람과 대화할 때처럼 자신의 감정을 표현하며 혼자 뭐라고 중얼거리는 모습을 본 경험이 있을 것이다. 아이는 그런 과정을 통해 언어 능력을 향상시킨다. 또한 자기 생각을 소리 내어 말함으로써 나름의 풀리지 않는 문제나 스트레스를 해결한다. 그런 자기 발견과 성취감을 통해 아이는 자존감을 회복할 수 있다.

예전에 수아와 단둘이 함께 하루를 보내면서 갈등 상황에 부딪친 적이 있었다. 우리는 서로 거리를 두고 따로 떨어져 있는 시간을 얼마간 가졌다. 그동안 난 내 할 일을 했고, 수아는 인형 놀이를 했다. 그때 난 '아빠가 기분이 안 좋은 걸 알면서도 태연하게 인형을 가지고 놀 수 있구나' 하며 내심 섭섭해하고 있었다. 뭔가 웅얼거리며 혼자 열심히 인형 놀이를 하던 수아는 시간이 좀 지난 뒤, 나에게 다가와 먼저 미안하다고 말했다.

"생각해보니까 아빠가 아주 속상했을 것 같아. 아빠 미안해."

아이는 아무 생각 없이 그저 인형 놀이만 하고 있던 것이 아니었다. 인형을 가지고 놀면서 인형과 서로 대화를 주고받는 동안 생각이 정리되었던 것이었다.

인형놀이뿐만 아니라 인형 자체도 딸에게는 매우 중요한 존재다. 아빠 관점에서 인형은 어쩌면 그저 천 조각에 불과한 장난감 정도로 생각될 수 있다. 하지만 언제나 자신의 마음을 있는 그대로 받아주고 이해해줄 수 있는 존재가 필요한 딸에게 인형은 그저 아무 말 없이 자신의 이야기를 모두 들어주는 매우 소중한 존재다.

아빠의 놀이로 딸을 초대하라

'재미'는 인간의 본능에 가깝다. 아무리 아빠라 하더라도 본능을 억지로 꾸밀 수는 없는 노릇이다.

만일 "아빠라면 딸이 즐거워하는 모습만으로도 행복을 느낄 수 있어야 하는 것 아니냐?"라고 묻는 사람이 있다면 이렇게 반문하고 싶다. "자식이 밥 먹는 것만 봐도 배가 부르다면, 정말 계속 굶고 있어도 괜찮은가?"라고 말이다.

앞서 얘기한 것처럼 인형 놀이는 딸에게 무척 중요한 놀이다. 아빠의 성향과는 태생적으로 맞지 않는 것 또한 사실이다. 하지만 억지로 하면 오히려 탈이 날 확률이 높다. 그렇다고 해서 딸에게 그냥 "아빠는 인형 놀이가 싫어"라고 말해서는 안 된다. 자칫 아빠가 자신을 싫어하기 때문이라고 오해할 수 있기 때문이다. 마음을 솔직하게 표현하면서 긍정적인 방향으로 대안을 제시하자.

"아빤 수아랑 함께 재밌게 놀고 싶은데, 아빠는 인형 놀이가 너무 재미없어. 우리 둘 다 재밌게 할 수 있는 다른 놀이를 함께 해보는 건 어떨까?"

아빠의 마음을 표현하고 나면 아이에게 주도권을 주자. 아빠와 함께 놀고 싶은 딸은 자신이 생각하는, 자기 취향의 이런저런 놀이를 아빠에게 제안할 것이다. 그럼 그 가운데 아빠의 취향과도 맞는 것을 골라 함께 즐기면 된다. 핵심은 딸이 좋아하는 놀이를 주재료로, 그리고 아빠가 좋아하는 놀이를 부재료로 사용하여 퓨전 놀이를 만드는 것이다.

예를 들면 이런 식이다. 실내에서 하는 놀이 중에서는 블록 쌓기가 대표적인 남자아이들의 놀이다. 어렸을 적 한 번쯤은 조립식 장난감에 푹 빠졌던 시절이 있었다면 블록 쌓기는 아빠에게도 재밌는 놀이가 될 수 있다. 실제로 딸과 함께 블록 쌓기를 하다가 혼자 너무 놀이에 집중한 나머지, 딸을 울리는 일이 많았다며 웃지 못할 경험을 얘기하는 아빠들이 많을 정도다.

딸에게 인형 놀이를 하기 위한 무대를 만들자고 제안해보자. 가령 인형 가족이 있다면, 그 가족이 지낼 수 있는 이층집 같은 것을 만드는 것이다. 딸은 자신의 인형 놀이가 좀 더 특별해질 수 있다는 기대에 흔쾌히 제안에 응할 것이다.

　이층집을 짓기 위해서는 1층과 2층을 연결하는 계단도 있어야 한다. 인형들이 다치면 안 되기 때문에 신경 써서 튼튼하게 만들어야 한다. 열심히 자신의 욕구를 채워가는 과정에서 딸은 여자아이에게 부족할 수 있는 공간 지각 능력 또한 키워줄 수 있다.

　만약 아빠의 취미 중에 딸과 함께 즐기며 새로운 경험을 선물할 수 있는 것이 있다면 같이 해보는 것도 좋다. 활동 범위가 좁은 딸에게는 언제나 시야를 넓게 가질 수 있는 경험이 필요하다. 집 안에만 머무르며 체질에도 맞지 않는 놀이로 딸과 씨름하기보다 모험을 찾아 집 밖으로 떠나보자.

　아빠와 함께 노는 딸은 기본적으로 갖고 있는 특성인 아기자기함을 갖춘 채 그것과는 또 다른 폭넓은 정보와 경험까지 얻을 수 있다. 서로 다른 두 성의 특성을 최대한 살릴 수 있는 진정한 양성 교육의 효과를 보게 되는 셈이다. 단둘이 데이트하는 기분으로 함께 산책하거나, 자전거를 타거나, 딸의 손을 꼭 잡고 아빠의 속도로 함께 달려 보는 것도 좋다. 딸에게 가장 중요한 건 아빠와 무엇을 하는가보다 함께 소통할 수 있는 아빠 그 자체라는 사실을 기억하고 자신 있게 아빠의 놀이로 딸을 초대하여 함께 소통하면서 즐기자.

놀이와 교육,
한 번에 두 마리 토끼를 잡아라

진정한 선행학습이란 무엇인가

아이와 노는 것을 어려워하는 아빠들의 공통점 중 하나는 아이와 함께 놀이하는 동안 뭐든 말로써 설명하려는 경우가 많다는 것이다.

"아니, 아니, 그렇게 하는 게 아니고! 이렇게 해야 하는 거야. 잘 봐."

이왕 아이와 함께하는 거라면 의미 있게 보내고 싶은 것이 아빠의 마음이다. 하지만 아빠로서 뭔가 보여주고 싶다는 강박을 느끼게 되면 조바심이 나게 된다. 일단 조바심이 생기면 마음의 여유를 잃게 되고 아이가 잘하는 것보다 실수하는 것이 더 눈에 잘 들어오게 된다. "그렇지"보다 "아니"라는 부정의 말을 더욱 많이 사용하면서 아이는 주눅이 들어 점차 입을 닫게 되고 아빠는 스트레스를 받게 되는 것이다.

놀이는 어디까지나 즐거움이 우선이어야 하는 것이 분명하다. 하지만 딸과 함께 노는 가운데 뭔가를 가르쳐주고 싶은 마음이 생긴다면, 그럴 때는 말로 설명하는 것보다 '몸으로 보여주는 선행 학습'이 더욱더 효과적이다. 거울 신경세포가 발달한 딸은 상대의 행동을 보고 따라 하는 데 명수이기 때문이다. 그런 딸에게는 무엇보다도 구체적인 사례를 직접 보여주는 것이 학습 효과를 올리는 데 큰 도움이 된다.

수아도 다른 여자아이들처럼 아주 어렸을 때부터 찰흙 놀이를 즐겨 하곤 했다. 아이에게 어떤 그럴 듯한 예술 작품을 기대했던 건 아니었다. 하지만 문제는 기껏 색깔별로 챙겨 사준 것을 매번 사온 그 날로 온통 한데 뭉쳐 정체를 알 수 없는 한 덩어리로 만들어버리는 것이었다. 그럴 때마다 허무함을 넘어 때로는 울화통이 치밀었다. 다시는 사주지 않겠다고 으름장을 놓아보기도 했지만, 아이는 자신의 재미를 억지로 포기해야 한다는 것을 받아들이지 못했다.

딸이 떼를 쓰거나 징징대지 않고, 세상에서 가장 불쌍한 표정을 하거나 혼자 시무룩한 목소리로 읊조리면 아빠로서는 끝까지 사주지 않고 버티기가 힘들어지기 마련이다.

그렇게 매번 사주고 버리기를 몇 년째 반복하다가 이대로는 결국 찰흙을 만드는 회사만 좋아할 일을 하고 있다는 생각이 들었다. 아이에게 돈 귀한 것을 알려주고 싶었고, 스스로 절제하는 법을 가르쳐주고 싶었다. 하지만 그런 고민과 잔소리는 아이에게 통하지 않는다. 아이 관점에서의 흥밋거리란 그저 손가락으로 조물조물하는 것일 뿐, 그걸 아껴 써야겠다는 마음이 저절로 생길 리 없기 때문이다. 아이를 스스로 움직이게 하기 위해서는 '어떤 것을 하지 않도록' 말로 설득할 것이 아니라 '다르게 해보고 싶은 마음이 스스로 들도록' 직접 행동으로 보여주는 것이 필요했다.

"어디, 아빠도 같이 한 번 만들어볼까?"

아이와는 별개로 아빠의 작품을 만들어 가기 시작했다. 손으로 잡기 힘든 부분은 이쑤시개까지 동원해가며 색색의 찰흙을 골고루 사용했다. 노란색 찰흙으로 몸통을 만들고, 주황색 찰흙으로는 발을 만들어 붙였다. 파란색 찰흙으로 머리핀을 만들어 붙이고, 검은색 찰흙으로 두 눈을 만들어 넣었다.

그 결과 최소한의 재료만으로, 어른 손으로는 잡기조차 힘들 정도로 작은 크기의 병아리를 한 마리 만들 수 있었다. 아빠 작품에 큰 관심을 가진 수아는 "귀여워!"를 외치더니 곧 "나도 아빠처럼 만들어 볼래!"라며 눈을 반짝였다. 더는 이전처럼 찰흙을 마구 주물러 색상을 한데 섞지 않았다. 마치 그림을 그리듯 하나씩 하나씩 필요한 부분들을 조심스럽게 완성해 나가더니 아빠가 했던 방식을 심지어 응용해서 결국 혼자 힘으로 아빠 것보다도 더 멋진 작품을 연달아 만들어냈다. 무려, 갓난아기와 아기를 안고 있는 엄마의 모습을 세트로 표현해낸 것이었다. 이전에는 알지 못했던 새로운 기술을 익히고 스스로 멋진 작품을 만들어낸다는 뿌듯함이 작품을 만드는 내내 아이의 표정에서 묻어났다.

　잔소리나 설득이 아닌 올바른 사례를 행동으로 먼저 보여주는 '선행학습'이야말로 딸의 자발적인 변화를 이끌 수 있는 최고의 방법이다. 그저 보여주면 딸은 스스로 동기를 부여하고 그것을 자연스럽게 자신의 것으로 만든다.

어떻게 함께 놀 것인가

놀이는 육아의 연장선에 있으며 아이의 진정한 성장을 위해 매우 중요한 과정이다. 아이에게 주도권을 주어 마음껏 훨훨 날게 해주는 아빠의 모습은 마치 연을 날리는 사람의 모습에 비유할 수 있다. 연이 혼자서 잘 날고 있는 듯해도 연을 날리는 사람은 연날리기를 모두 마칠 때까지 절대 연에서 눈을 떼지 않는다. 그것은 돌발적인 상황에 언제라도 즉각적으로 대처하기 위해서다.

　그리고 필요한 상황에서만 손으로 가볍게 톡톡 연줄에 자극을 주어 연이 잘 날 수 있도록 한다. 놀이에서도 마찬가지다. 지속적인 질문을 통한 소통은 아이 내면의 깊은 곳을 자극하고, 그것은 아이가 성장하는 데 소중한 밑거름이 된다.

놀이에 필요한 물건들의 목록을 함께 작성한다든가, 어떤 문제를 해결하는 방법에 관해 아이디어를 토론하는 파트너로서 참여시키면 아이는 자신의 중요성을 인식하고 더욱 열심히 놀이에 참여할 수 있다. "이렇게 하면 좋겠다"라고 먼저 아이디어를 내기보다, "이럴 때는 어떻게 해야 해?"라고 아이에게 질문하며 도움을 요청해보자. 그럼 아이는 마치 선생님이 된 듯한 기분으로 어깨를 으쓱거리며 신나게 설명할 것이다.

놀이하는 동안 아빠가 주의를 기울여야 하는 부분이 있다면 그것은 바로 아이의 표정을 살피는 일이다. 아이의 표정은 아이의 마음을 나타내는 상황판이다. 아이가 어떤 순간에 몰입하는지, 아이를 흥미롭게 하는 요소는 무엇인지, 지금 아이의 기분은 어떤지 등등을 아이의 표정을 통해서 파악할 수 있다.

아이의 말수가 적어지면서 무언가에 집중한다면 그것은 딸에게 그 순간 꼭 필요한 교육적 요소일 수 있다. 그 때문에 아빠가 적극적으로 나서서 놀이나 체험에 너무 빠져들기보다, 아이가 흥미를 보이면 한발 물러나 아이의 표정을 살피는 일이 중요하다. 그리고 아이가 느끼는 감정을 궁금해하고 그것에 관해 함께 나누고 느껴보는 것은 딸에게 적합한 교육 방향을 짐작할 수 있는 동시에 아이와 한층 더 가까워질 수 있는 계기가 된다.

만약 이미 아이가 어떤 놀이에 빠져 있는 상황이라면, 혼자 잘 놀고 있으니 괜히 찬물을 끼얹지 말자는 생각은 버리고 아이가 좋아하는 간식거리를 챙겨 아이 옆으로 가서 함께하는 것을 추천한다. 기회는 만드는 자의 몫이다.

생각하게 하는 질문을 던져라

아빠라면 딸이 무엇을 원하든 그것을 스스로 성취하며 자신의 꿈을 이룰 수 있는 아이로 성장하길 바랄 것이다. 그러기 위해서는 우선 기본적인 '학습 능력'이 좋아야 유리하다. 그리고 아이의 학습 능력은 바로 아이가 갖고 있는 '언어 능력'에 따라 결정된다.

보통 사람의 머리를 '문과 머리', 혹은 '이과 머리'로 나누어 버릇하던 아빠 세대의 사고로는 혹, '만약 딸이 이과 쪽 성향이라면 언어는 크게 상관없지 않을까?'라고 생각할 수 있다. 하지만 아무리 계산 능력이 좋고 실험 정신이 강하다 하더라도 자신이 이해한 것을 남에게 정확히 표현할 줄 아는 '언어 능력'이 떨어진다면 아무 소용없다.

딸이 신나게 수다를 떨 수 있는 상황을 만들어줄 수 있다면 그것만으로도 딸의 언어 능력을 더욱 발달시킬 좋은 기회가 될 수 있다. 하지만 문제는 수다 떠는 것에 익숙하지 않은 아빠는 그것이 얼마나 언어 능력을 발달시키는 데 도움이 되는지 미처 알지 못하는 경우가 많다. 그러다 보니 아빠와 함께 이야기하고 싶어서 달려온 딸의 수다 기회를 무심코 원천 봉쇄하는 경우마저 종종 발생하기도 한다.

"아빠, 이것 봐! 내가 만든 인형이야."

"와, 멋지다!"

"잘 만들었지?"

"그래, 정말 잘 만들었네."(끊겨버리는 대화)

딸의 말에 그저 고개를 끄덕이며 대답만 하면 대화는 금세 끊겨버리고 만다. 아이와 대화할 때는 꼭 아빠가 설명해 주어야 하는 경우만 제외하고 최대한 질문을 활용하는 것이 좋다.

질문을 던지면 상대는 당연히 그에 관한 답변을 해야 하므로 대화가 계속 이어지게 된다. 질문에 따라 답변의 양상은 완전히 달라진다. 어떻게 질문하느냐에 따라 훨씬 수월하게 긴 대화로 이끌어 나갈 수도 있다.

질문에는 크게 두 가지 종류가 있다. 바로 닫힌 질문과 열린 질문이다.

닫힌 질문을 활용하면 상대가 알고 있는 정보를 빠르게 확인할 수 있다. 또한 올바른 답을 찾아가기 위한 교훈적 질문으로도 활용할 수 있다는 장점도 있다. 하지만 닫힌 질문만을 사용하면 아빠가 계속해서 질문거리를 찾아내느라 많은 에너지를 쏟아야 해서 대화를 이어가기 힘들다.

"오늘 학교 어땠어?"

"좋았어."

"재밌었어?"

"응."

아빠가 소모해야 하는 에너지를 최대한 줄이고 대화를 길게 이어 나가기 위해서는 질문보다 답변이 길어야 한다. 그래야 아이의 답변에서 추가적인 질문거리를 찾기가 수월하다. 그러기 위해서는 닫힌 질문과 열린 질문을 함께 사용하는 것이 효과적이다. 열린 질문은 구체적인 답변을 요구하는 질문이다. 우리에게 익숙한 '누가, 언제, 어디서, 무엇을, 어떻게, 왜'의 육하원칙과 '만약에'의 가정법을 이용하면 쉽게 열린 질문을 할 수 있다.

"오늘 학교 재밌었어?"

"응."

"어떤 게 가장 재밌었어?"

이렇게 질문하면 아이는 오늘 학교에서 있었던 일들을 머릿속으로 떠올리게 된다.

"미술 시간에 그림을 그렸는데, 선생님이 잘 그렸다고 칭찬했어."

만약 아이의 대답이 애매모호하게 느껴지면 좀 더 구체적으로 질문한다.

"그래? 기분 좋았겠다! 어떤 그림을 그렸길래 칭찬까지 받았을까?"

"그랬구나, 그 공주가 왜 예쁘다고 생각했는데?"

"만약에 공주를 그리지 않았다면 어떤 걸 그렸을 것 같아?"

이렇게 질문에 대해 답변을 해나가는 과정에서 딸의 뇌는 계속 자극받게 되고 자기 생각을 구체적으로 표현하면서 자연스럽게 언어 능력이 향상된다. 자기 의견을 분명하게 말할 수 있는 자기주장, 의사소통 능력, 그리고 논리성까지 몸에 익히게 되는 것이다.
　이렇게 '질문'만 잘해도 딸의 미래 학습 능력을 결정하는 핵심 역량 중 하나인 '언어 능력'을 키워줄 수 있다. 질문이 딸의 미래를 결정할 수 있다는 사실을 잊지 말고 딸과 함께하는 시간 동안 적극적으로 질문하자.

집안일도
훌륭한 놀이 교육이 된다

집안일을 잘하는 아이가 공부도 잘한다

과거 대가족 사회를 살아가던 시절 아이들은 집안에서 자신이 맡은 역할을 다하는 중요한 일꾼이었다. 한겨울 집 밖의 눈을 치우거나, 달걀을 거둬오는 일 등 아주 어려서부터 어른들과 함께 소통하고 집안일에 참여하며 가정에서 각자의 역할과 책임을 자연스럽게 익힐 수 있었다. 집안일은 단지 어른들만의 일이 아니었고, 아이들은 명실상부한 참여자로서 집안에서 꼭 필요한 존재로 존중받았다. 자신을 인정받는 존재로서 인식하는 아이들은 그 결과 스스로 자신의 역할 범위를 더욱 확장해 나가는 긍정적인 순환을 만들었다.

그러나 가정의 단위가 바뀌면서 상황은 달라졌다. 핵가족 사회를 사는 지금의 아이들은 참여자가 아닌 방관자가 되어 있다. 아이들 관점에서 맞벌이가 아닌 일반적인 가정의 모습을 살펴보자.

'아빠는 나가서 돈을 버는 사람이라고 한다. 하지만 구체적으로 어떤 일을 하는지는 모른다. 그냥 하루 내내 안 보이다가 저녁때가 되면 들어온다. 뭔가 바쁜 사람인 것만은 확실하다. 엄마도 바쁘다. 혼자 집안일을 하느라 정신없이 바쁜 엄마를 보면서, 뭐가 뭔지는 잘 모르겠지만 아무튼 엄마 자신에게 필요한 일을 하는 거로 생각한다. 그리고 나는 항상 같이 놀 사람이 없어서 심심하다. 자꾸 텔레비전이 보고 싶다.'

여러 가족과 함께 일하고 함께 소통하면서 강해질 수 있었던 가족들 간의 유대는 각각의 생활로 쪼개짐과 동시에 약해졌다. 어른들은 점점 바빠졌고, 아이들은 점점 외로워졌다. 소통할 수 있는 시간이 줄어들고 함께 협력하는 일을 더는 하지 않게 되면서 우리 가정은 여러 결핍을 양산하기 시작했다. 어른들로부터 구체적인 사례들을 통해 자연스럽게 배우던 윤리와 도덕은 점수를 따기 위해 배우는 학교 과목이 되었고, 국, 영, 수를 우선하는 입시 위주의 획일적인 교육 시장에서 인성 교육은 이제 거의 멸종 단계에 이르렀다.

사회 구성원으로서의 성숙한 의식은 아이를 스스로 더 큰 존재로 성장하게 한다. 개인이 아닌 가족이라는 작은 사회를 보게 되고 더 나아가 큰 사회에서 자신이 어떤 존재가 될 수 있는지를 배운다. 사회적으로 의미 있는 역할을 할 수 있는 존재가 되기 위해 목표를 스스로 세울 수 있다. 무엇을 공부해야 자신의 목표를 이룰 수 있을지 탐구한다. 자신이 원하는 공부를 하면 당연히 능률이 몇 배로 올라간다. 배움의 즐거움을 느끼는 아이는 시키지 않아도 스스로 공부한다. 계속해서 성장하는 자신을 보며 자존감이 올라간다. 더 큰 성취를 이루기 위해 더욱 수준 높은 공부에 계속해서 도전한다.

그렇게 집안일을 통해 가족이 함께 소통하고 협력하는 일은 아이에게 필요한 모든 교육의 기초가 된다.

딸을 자발적으로 집안일에 참여시키는 방법

집안일은 단순히 우리가 살아가는데 필요한 뒤치다꺼리 정도의 일이 아니다. 가정에서 집안일을 함께 하는 것은 딸의 주인 의식을 키우고 스스로 인정받는 존재라는 것을 느낄 수 있는 절호의 기회가 된다. 아이는 실제로 집안일을 통해 생활에 필요한 기술을 배울 수도 있다.

집안일이 진정한 교육 효과를 발휘하기 위해서는 모든 가족 구성원이 함께 참여하고 협력해야 한다. 모든 사람이 자신의 역할을 하는 모습을 통해서 자신 또한 역할을 다 함으로써 꼭 필요한 존재가 될 수 있다는 것을 배울 수 있기 때문이다.

아이를 집안일에 적극적으로 참여시키고 가족 모두가 원활하게 소통하며 아이가 의견을 자유롭게 말할 수 있도록 하는 것이 중요하다. 자신의 의견이 존중받는다는 것을 느낄 때 아이는 자신이 소중한 존재라는 것을 느낄 수 있다.

어떤 아이는 집안일 하는 것을 싫어할 수도 있다. '평안 감사도 저 싫으면 그만'이라고 했다. 만약 아이가 집안일을 자기 일로 생각하지 않거나 관심을 갖지 않는다면 억지로 시킬 수는 없는 노릇이다. 그럼 이럴 때는 어떻게 해야 할까?

그것은 바로 아빠가 집안일을 즐기는 모습을 딸에게 보여주는 것이다. 휘파람을 불면서 집안일을 즐기는 모습을 보여주면 딸은 아빠의 그런 모습에 궁금증을 느끼기 시작할 것이다. 심지어 이렇게 질문할 수도 있다.

"아빠는 그게 재밌어?"

그럼 아빠는 당연하다는 듯, 이렇게 말해주면 된다.

"그럼, 당연하지. 빨래를 한 번 갤 때마다 얼마나 똑똑해지는지 알아? 모양대로 찾아야지, 색깔대로 맞춰야지, 어떻게 접으면 좋을까 생각도 많이 해야 하고 말이야. 그리고 아빠가 이렇게 하면 수아가 아침에 깨끗한 양말을 신을 때마다 아빠 생각이 날 것 같거든. 아빤 그런 생각을 하면 빨래 개는 게 너무 즐거워."

혹은 문제에 봉착한 듯 연기력을 발휘하며, 딸에게 도움을 요청할 수도 있다.

"이게 잘 안 되는데 말이야. 혹시 너라면 어떻게 할 것 같아?"

딸의 마음속에는 부모로부터 인정받고 당당하게 가족의 일원이 되고 싶은 마음이 가득하다. 그런 딸의 마음을 긍정적으로 자극하면 아이는 새로운 관점에서 집안일에 참여할 수 있다. 집안일에 숨겨진 효과를 알게 되면 딸은 어떤 재미있는 놀이보다도 더 적극적으로 집안일 하는 것에 동참하게 될 수 있을 것이다.

무엇을 어떻게 함께 할 것인가?

사실 아빠는 누구보다도 집안일에 최적화되어 있다. 아빠의 강한 근육이 가진 힘에 관해 말하는 것이 아니다. 아빠의 뇌가 갖고 있는 체계화 능력을 말하는 것이다.

체계화 능력이란 구조 및 시스템을 분석하여 작동 원리를 파악하고 그것을 조작하거나 결과를 예측하는 능력을 말한다. 아빠들이 어렸을 때부터 줄곧 인형이나 화장품보다 자동차나 비행기 같은 탈 것이나 총이나 대포 같은 무기류를 선호하고 D.I.Y. 같은 만들기를 좋아할 수 있었던 이유는 바로 체계화 능력이 발달되었기 때문이다.

이런 아빠의 체계화 능력은 집안일에서도 두각을 나타낸다. 집안일은 각각의 종류마다 고유의 시스템을 가지고 있다. 일할 때 필요한 도구를 사용하는 방법이나 일을 처리하는 방법 등등 그 일의 시스템을 온전히 이해해야 효율적으로 일할 수 있다. 가전제품의 사용법을 익히는 것은 마치 컴퓨터나 기계를 다루는 것과 같다. 어떤 버튼을 누르면 어떤 결과가 발생하는지 알아야 한다. 청소기를 들고 그냥 지나간다고 청소가 되는 것이 아니다. 청소기 머리를 어떤 방법으로 움직여야 하는지를 생각해야만 청소기가 지나간 뒤에도 먼지가 그대로 남아 있는 불상사를 막을 수 있다.

빨래를 개는 일도 역시 마찬가지다. 빨래를 아무렇게나 개면 서로 포개어 쌓을 수 없어 운반의 효율성이 떨어지거나, 수납장의 사이즈에 맞지 않아 넣을 수 없게 된다. 이렇듯, 단순해 보이는 집안일이라도 모든 과정에서 어떻게 조작해야 원하는 결과를 만들어낼 수 있는지를 미리 생각하고 행동해야 한다.

딸은 아빠와 함께 집안일을 하면서 아빠로부터 이런 체계화 능력을 배울 수 있다. 이를테면 진공청소기의 사용법을 딸에게 설명하는 아빠의 모습을 보자.

"어, 여기 보니까 청소기가 지나갔는데도 먼지가 남아 있네. 청소기가 먼지를 잘 빨아들이지 못할 때는 소리가 달라져. 지금 소리가 어떤지 한번 잘 들어봐. 이게 먼지가 꽉 찼을 때 나는 소리야. 이럴 땐 먼지 통을 비워줘야 하는데, 여기 있는 이 빨간 단추를 누르면 먼지 통을 꺼낼 수 있어. 먼지 통은 어디서 비우는 게 좋을까? (먼지 통을 비우고 나서) 자, 이제 소리가 어떻게 바뀌었는지 같이 한 번 들어볼까? 어, 아까보다 소리가 작아진 것 같은데? 네 생각은 어때? 그럼 다음번에 또 청소기 소리가 커지면 어떻게 해야 할까?"

이밖에 빨래, 설거지, 요리, 집안 꾸미기 등등 어떤 집안일을 하더라도 거의 모든 상황에서 이런 체계적이고 복합적인 사고를 해야 한다.

한 교육 수강생 아빠는 프로그램을 이수한 뒤, 달라진 딸의 모습에 대해 이렇게 말했다.

"먼저 제가 아빠로서 집안일에 더 적극적이어야 하는 이유를 명확히 깨닫게 되었습니다. 단지 엄마를 편하게 해주는 일이 아니라 아이를 성장시킬 수 있는 일이라고 생각하니까 하지 않을 수가 없더라고요. 처음엔 같이 집안일을 하자고 하면 '싫은데~ 내가 왜~ 뭐 해줄 건데~'라면서 어디서 배워 온 이상한 노래를 하던 딸이, 이제는 같이 하자고 하면 오히려 자기가 다 하겠다며 아빠더러 비키라고 할 정도가 되었습니다. 집안일을 하면 할수록 자기가 똑똑해지는 것 같다고 하더라고요."

이제는 아빠와 딸 모두가 집안일이 귀찮은 일이 아니라 함께 하면 서로를 발전시키고 관계를 돈독하게 하는 성장 도구라는 사실을 스스로 인식하게 된 것이다. 아마도 지금 아이 수준에 맞는 이보다 더 실천적이고 교육적인 내용을 찾아보기는 어려울 것이다. 그리고 이 교육의 효과를 가장 효율적으로 아이에게 가져다줄 수 있는 사람은 바로 아빠다.

Step 4.
·
·
·

[자존감] 자존… 뭐라고요?

자존감? vs 자신감?

개념을 모르면 지킬 수 없는 자존감

자신의 존재에 관해 관심을 보이지 않는 사람은 없다. 특히나 아이를 키우는 부모라면 자존감에 대한 반응은 더욱더 뜨겁다. 하지만 여전히 자신감과 자존감을 같은 의미로 이해하고 혼용할 정도로 개념에 대한 이해가 부족한 경우가 많다.

  자신감은 자신의 능력을 타인과 비교해 우월한 위치를 점할 수 있을 때만 자신을 긍정적으로 인정하는 마음이다. 우리는 누군가를 응원할 때 자신감을 가지라고 말한다. 그러나 그 말에는 '하지만 넌 꼭 이겨야만 해!'라는 의미가 숨어 있다. 누구도 무한 경쟁 사회에서 항상 남보다 우월할 수는 없다. 현실에는 자신보다 더 높은 학벌, 혹은 더 많은 재산 등의 스펙을 가진 수많은 사람이 존재하기 때문이다.

    예를 들어, 서울대를 나온 한 사람이 있다고 생각해보자. 만약 그 사람이 남들보다 나은 자신의 학벌을 존재 가치의 근거로 생각한다면 높은 자신감을 가질 수 있을 것이다. 하지만 하버드를 나온 사람이 앞에 나타난다면 어떨까? 분명 자신감은 낮아지고 그만큼 열등감이 높아질 것이다. 자신감과 열등감은 동전의 양면과 같기 때문이다. 그렇다면 하버드를 나온 사람은 어떨까? 그 사람 역시 남들보다 나은 자신의 학벌을 존재 가치의 근거로 생각한다면, 자신보다 사회적으로 성공해 돈을 많이 번 사람이 나타나면 마찬가지로 자신감이 추락할 수밖에 없다.

아이들도 자신감을 통해 부정적인 영향을 받는다. 다른 친구 집에 놀러 갔다가 자신의 집보다 방의 개수가 더 많은 것을 본 한 초등학생 아이가 집으로 돌아와 "우리 집은 거지야!"라며 울음을 터뜨렸다는 웃지 못할 에피소드를 듣게 되는 건 매우 흔한 일이다.

    이렇듯 남들과의 비교를 기반으로 하는 자신감은 언제나 자기 자신을 스스로 함정에 빠뜨린다. 항상 타인이라는 존재가 나의 가치를 결정하도록 만들기 때문에 나의 삶을 온전히 내 것으로 살 수 없다.

    반면 자존감은 타인과 비교하지 않고 자신의 존재를 긍정적으로 생각하는 마음이다. 자신의 기쁨이 가장 중요한 기준이며, 과거의 자기 자신만이 유일한 비교 대상이다.

자신이 좋아하는 분야를 더욱 깊이 있게 공부하고 싶어 대학에 진학한 사람이 있다고 생각해보자. 만약 다른 어떤 사람이 자신보다 더 좋은 대학에 진학했다 하더라도 자존감은 떨어지지 않는다. 자신이 좋아하는 공부를 하는 것과 자신의 실력이 향상되는 기쁨을 느끼는 것은 오로지 자신의 행복을 위한 일뿐, 다른 누구와도 상관이 없기 때문이다.

딸은 하루에도 열두 번씩 다른 아이들과 비교하며 자신의 위치를 확인한다. 다른 아이들보다 더욱더 인정받고 사랑받고 싶은 마음 때문이다. 그런 딸이 자신의 진짜 행복을 찾을 수 있도록 도와주기 위해서는 누구보다도 아빠가 자존감의 개념을 확실히 하는 것이 중요하다. 내가 모르는 것을 아이에게 알려준다는 건 어불성설이다. 스스로 자존감을 지킬 줄 아는 아이로 키우고 싶다면 부모인 내가 먼저 자존감의 개념을 명확하게 세우고 삶에 녹여낼 수 있어야 한다. 그래야만 언제라도 딸이 자존감을 잃고 헤매고 있을 때 다시 올바른 방향을 잡을 수 있도록 도와줄 수 있다.

딸의 자존감은 언제부터 낮아지는가

아이들은 모두 성장하면서 자존감의 변화를 겪는다. 그리고 딸을 가진 아빠가 반드시 알아야 하는 것은 딸은 아빠가 이제껏 살면서 단

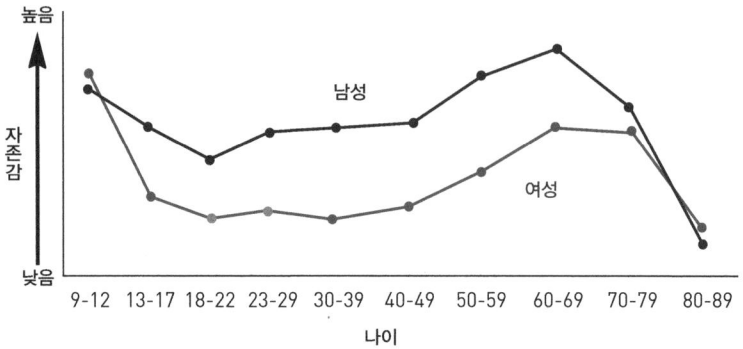

나이에 따른 자존감 변화

한 번도 경험해보지 못했을(어쩌면 죽을 때까지도 경험하지 못할) 가혹한 자존감의 추락을 이제 머지않아 경험하게 될 거라는 사실이다.

위에 보이는 것은 '나이에 따른 자존감의 변화'를 나타낸 그래프다. 검정색 선이 남성, 분홍색 선이 여성의 자존감 지수를 나타낸다. 그래프의 전반적인 변화 추세는 둘 다 비슷한 양상을 보이지만, 구체적인 내용을 살펴보면 서로 간의 상황은 전혀 다르다.

그래프에서 볼 수 있는 것처럼, 만 9~12세 구간에서의 자존감 지수는 여성이 남성보다 근소한 차이로 더 높다. 하지만 이후 사춘기 시기를 지나며 여성의 자존감은 남성의 자존감보다 무려 약 3.5배의 속도로 급격하게 하락한다. 그리고 만 13세부터 50대 후반에 이를 때까지 남성의 약 절반 수준의 자존감을 가진다. 60대에 접어들면서부터는 서서히 격차가 줄어들지만, 남성과 비슷한 수준의 자존감을 느끼게 되는 건 80대가 되고 나서다. 결국 여성은 거의 한 평생을 남성보다 낮은 자존감을 느끼며 사는 셈이다.

우리는 딸을 키우는 아빠로서 만 9~12세 여자아이들이 자기 인생 최고치의 자존감을 지닌다는 사실에 주목해야 한다. 태어나 영유아기를 지나는 동안에는 그저 부모의 사랑만으로도 자존감을 충분히 유지할 수 있다. 하지만 학교에 입학하는 순간부터, "너는 이미 완벽하단다."라는 부모의 응원은 더는 예전만큼 아이에게 힘이 되어주지 못한다. 아이의 활동 범위가 전보다 더 넓어짐에 따라, 부모의 통제권에서 벗어나 다른 사람들과 자신을 비교하게 되는 상황들에 더욱 빈번하게 노출되기 때문이다.

이제 초등학교에서는 우리가 기억하는 시험이 사라지고 있지만, 시험이 아니더라도 누가 더 발표를 잘하는지, 선생님께 누가 더 칭찬을 많이 받는지, 친구들 사이에서 누가 더 인기가 많은지 등등 다른 아이들과 비교되는 측면은 여전히 다양하게 존재한다.

게다가 이제는 어엿한 취학 아동으로서 전보다 더 언니다운 모습과 더 나은 능력을 보여주어야 한다는 압박까지 더해지면서 아이에게 자기 능력에 대한 신뢰, 즉, 자신감은 더욱더 중요해진다. 하지만 앞서 말한 것처럼, 자존감과 자신감이 균형을 이루지 못하고 자신감에 더 크게 의지할 경우, 그만큼의 열등감을 함께 불러오기 때문에 불안한 마음이 생기고 결국 자존감을 해치게 된다. TV 속 아이돌의 꾸며진 이미지와 비교하며 자기 자신을 비하하거나, 누구든 할 수 있는 실수를 하고는 '난 이런 것도 못 하는 바보인가 봐'라는 식으로 자신의 존재 가치를 부정적으로 평가하기도 한다.

　연구 결과에 따르면, 자존감이 낮은 상태로 사춘기 시기에 들어서는 여자아이들은 사춘기를 지나 성인이 되어서도 여전히 낮은 자존감에서 벗어나지 못하는 경우가 많다고 한다. 이것이 우리가 딸을 가진 아빠로서, 바로 지금, 이 순간부터 아이의 자존감을 지키도록 최선을 다해야 하는 이유다. "지금 아이의 1년은 어른의 10년과도 같다."는 말이 있다. 그만큼 이 시기를 놓치게 되면 이미 낮아진 자존감을 끌어올리는 일은 시간이 지날수록 어려워진다.

지금부터 딸의 사춘기를 대비하라

많은 사람이 딸이 아들보다 키우기 쉽다고 생각한다. 눈을 떼기만 하면 기다렸다는 듯이 말썽을 피우는 아들과 달리, 딸은 보통 온순하고 말을 잘 듣기 때문이다. 게다가 학업 성적도 또래의 남자애들보다 우수한 경우가 많다. 이 정도만 보면 정말 딸 키우는 건 그리 크게 신경 쓸 일이 없어 보일 수도 있다. 하지만 정말 그럴까?

　초등학교 때까지는 큰 문제를 일으키지 않던 딸이 중학생이 되면서부터는 부모의 속을 뒤집어 놓기 시작하는 경우가 많다. 의사가 되겠다, 선생님이 되겠다, 분명 여러 색깔의 밝은 꿈을 가진 아이였는

데 좋아하는 게 뭐냐고 물으면 "없어요"라고 대답한다. 뭐가 되고 싶은지 물으면 "몰라요"라고 대답한다. 친구들과 함께 SNS로 연예인 얘기를 주고받으며 깔깔대는 모습을 보면 아직 영락없는 소녀인데, 그 앳된 얼굴은 점점 더 진한 색조 화장품으로 덮여가는 걸 보면 참 안타까울 따름이다.

어른들은 아이들의 이런 모습을 보면 보통 혀를 끌끌 차면서 공부를 안 하니까 뭐가 되고 싶은지도 모르는 거라고 말한다. 하지만 우리의 딸들이 진짜 모르는 것은 공부하는 법이 아니고 바로 '자신을 사랑하는 법'이다. 공부 말고는 아무것도 가르쳐주지 않는 사회에서 우리의 보석 같은 딸들은 자신의 아름다운 내면을 들여다보는 충분한 기회를 얻지 못한 채 몸만 큰 어른이 되어 간다.

딸에게 사춘기는 원래부터 가지고 있던 관계 형성의 욕구가 극에 달하는 시기다. 가족들과의 유대감이 부족할 경우 딸은 새로운 곳에서 부족한 유대감을 채우려는 욕구가 강해진다. 연구 결과에 따르면 아빠와의 유대감이 강할 경우 딸의 초경 시기가 늦춰질 수 있다고 한다. 모든 여성이 결혼하거나 아이를 낳는 것은 아니지만, 자신의 선택과 관계없이 여성은 아이를 출산하고 양육하고자 하는 생물학적 본능을 갖는다.

그런 딸의 본능은 아빠를 자신의 아이를 지켜줄 수 있는 존재로 인식한다. 아빠에 대한 신뢰가 강할 경우 다른 남성을 찾기 위해 몸이 준비하는 시기가 늦춰지는 것이다. 딸에게 아빠의 존재는 이렇듯 중요하다.

우리가 지금부터 딸과의 관계를 돈독하게 맺어야 하는 이유는 딸의 일생을 지켜주기 위해서다. 그리고 그 일차 방어전은 딸이 사춘기를 맞는 시기다. 어쩌다 보니 어른이 된 우리의 지난 시간이 얼마나 빨리 지나갔는지 생각해보자.

마찬가지로 딸은 어느새 사춘기를 맞게 될 것이고 어느새 성인으로 성장할 것이다. 하지만 지금부터 딸과 충분한 애착을 형성한다면 호르몬이 왕성하게 분비되는 사춘기를 무사히 지나는 것은 물론이고, 성인이 되어서도 아빠와 친밀한 관계를 유지할 수 있을 것이다.

엄친딸도 피하지 못하는
딸의 평생 고민

딸의 인생에 숨어 있는 4가지의 함정

엄마들은 각자가 타고난 기질과 자라난 환경이 모두 다름에도 공통적인 내면의 두려움을 가지고 있는 경우가 많다. 이런 엄마의 성향은 딸을 키우는 데 큰 영향을 미친다. 엄마는 딸에게 같은 여성으로서 인생의 롤모델이 될 수 있는 가장 가까운 존재이기 때문이다.

그러나 딸에게는 아빠가 있다. 만약 엄마가 내면의 두려움을 갖고 있더라도 아빠가 그것의 정체를 명확히 이해할 수 있다면 엄마와 딸 모두에게 지속해서 건강한 영향을 줄 수 있다. 많은 조사 결과에 따르면, 아빠가 딸의 육아에 적극적으로 참여할 경우 탈선이나 약물 중독, 자존감 하락, 학습 부진, 인성 불량 등의 위험이 낮아지며 자기 주관을 뚜렷하게 갖는 데 효과가 있다고 한다. 이렇게 아빠와의 관계는 딸의 생각과 감정, 그리고 다른 사람들과 관계를 형성하는 방식, 인생의 가치관과 자신의 미래에 대한 기대에까지 큰 영향을 미친다.

지금부터 많은 여성이 공통으로 갖는 두려움의 종류와 그것들로부터 빠져나올 수 있는 가장 효과적인 방법을 하나의 이야기에 담아 설명하고자 한다.(이야기를 시작하기에 앞서, 나는 어떠한 종교 활동도 하지 않으며, 어떠한 종교적 믿음도 없음을 분명히 밝힌다.)

구약성경의 두 번째 권인 출애굽기(혹은 탈출기라고도 한다)에는 이집트의 노예로 살던 히브리인들이 이집트에서 탈출하는 과정이 담겨 있다. 이것이 바로 기독교인이 아닌 사람들도 많이 알고 있을 만큼 유명한 '모세의 기적'이다. 모세의 기적에 관한 내용을 간략하게 설명하자면 이렇다.

히브리인들은 이집트를 탈출해 자신들의 고향으로 돌아가는 도중 큰 역경을 만나게 된다. 바다에 막혀 더는 앞으로 나갈 수 없었고, 뒤에서는 이집트 군대가 말과 전차를 이끌고 추격해 오고 있었기 때문이었다. 꼼짝 못 하는 신세가 된 그들은 큰 두려움에 떨었다. 두려움에 빠진 사람들은 다음과 같이 네 가지의 부정적인 모습을 보였다.

첫째, "자결하자!" 잡혀서 죽느니 스스로 삶을 포기하고자 했다.

둘째, "항복하자!" 비참하게라도 살아남는 것이 낫다고 생각했다.

셋째, "싸우자!" 군대에 맞서 싸워 문제를 해결하고자 했다.

넷째, "기도하자!" 무기력하게 가만히 신께만 의존하고자 했다.

이런 모습들은 우리 딸들이 앞으로 세상을 살아가면서 두려움에 빠지게 되었을 때 보일 수 있는 부정적인 모습들과 매우 흡사하다.
첫째, 상대에게 거절당하거나 어떤 일을 실패할 것이 두려워 스스로를 낮추는 자존감 낮은 모습
둘째, 남의 감정을 상하지 않게 하기 위해서 자신의 감정을 숨기며 감정 노동하는 모습
셋째, 다른 사람을 향한 시기와 질투로 정작 자기 자신을 돌보는 일에 힘을 쏟지 못하는 모습
넷째, 자신이 원하는 것을 스스로 성취하기보다 다른 사람에게 의존함으로써 손쉽게 얻으려는 모습

모세의 기적 이야기에서 두려움을 느낀 사람들은 마치 자유 의지로 자신의 운명을 스스로 결정하는 듯 보였지만, 그 어떤 것도 자신의 목표를 이루는 것과는 상관이 없었다. 그들의 목표는 오직 하나, 고향으로 돌아가는 것이었기 때문이다. 고향으로 돌아간다는 것은 온전한 나의 모습을 찾는 것을 의미한다. 그 목표를 이루기 위해 해야 할 일은 오로지 자신을 믿고 앞으로 나아가는 것뿐이다. 그러나 두려움은 부적절한 방해 요소에 관심을 갖게 하고 목표를 성취하는 데 필요한 방향성을 잃게 한다.

두려움은 자기 자신에 대한 믿음이 부족할 때 생기는 감정일 뿐, 그것에는 어떠한 합리적인 근거도 없다. 하지만 다행히 히브리인들에게는 모세가 있었다. 모세는 그들을 억지로 등 떠밀지 않았다. 그저 "앞으로 나아가라"는 말로 자신의 신념을 전함으로써 그들을 스스로 움직이게 했다. 두려움에 맞서고, 바다로 걸어 나갈 수 있게 했다.

나는 아빠가 딸의 마음속에 모세와 같은 존재가 될 수 있다고 믿는다. 딸에게 자신의 행복은 자기 자신이 만드는 것이며, 그것을 향해 나아가는 것은 그 누구도 막을 수 없다는 것을 알게 하자. 그러면 딸은 두려움이 느껴지더라도 함정에 빠지지 않고 당당히 앞으로 나아갈 수 있을 것이다. 그런 딸의 모습에 사람들은 반하고, 함께 어울리고 싶어 할 것이며, 역경이 찾아올 때 기꺼이 딸에게 힘이 될 것이다. 그것이야말로 '아빠의 기적'이 아니겠는가?

딸은 언제 수치심을 느끼는가

수치심이란 자신을 스스로 부끄러워 느끼는 마음을 말한다. 수치심은 자신의 의견이 철저히 무시되는 상황에서 느끼는 무력감으로부터 생긴다. 수치심으로 심하게 고통받은 아이는 심리적으로 위축되어 다른 사람의 진심 어린 애정을 건강하게 받아들이지 못한다. 자기 중심적이고 잘난 척을 하거나 외모에 집착하는 등 자신을 포장하기 위해 노력한다. 남을 비난함으로써 자신을 지키려 하고 다른 사람의 비난에는 민감하게 반응한다. 자신의 존재 가치를 인정하지 않기 때문에 자책감과 열등감에 시달린다. 다른 사람들과 쉽게 어울리지 못하기 때문에 쉽게 외로움을 느끼고 다른 사람들의 인정에 강하게 의존한다.

수치심은 자발적으로 느끼는 감정이 아니다. 다른 사람들과의 관계를 통해 생기는 상처다. 아이와 가장 중요한 관계를 형성하는 것은 바로 부모다. 어떤 부모도 자신의 아이가 수치심을 느끼기를 바라지 않을 것이다. 하지만 부모 스스로 인지하지 못하는 사이 아이에게 수치심을 심어주기도 하고, 다른 사람들과의 관계에서 생긴 상처를 미처 발견하지 못하고 그대로 방치하는 경우도 많다. 수치심은 감정으로 표현하기 전에는 겉으로 드러나지 않는 마음이기 때문이다.

수치심을 드러낸다는 것은 자신의 약점을 타인들에게 보이는 셈이 되기 때문에 다른 사람들에게 인정받는 것을 기쁨으로 생각하는 딸은 자신의 수치심을 드러내지 않고 더욱더 강하게 숨기는 경우가 많다. 눈에 보이지 않는 아이의 수치심은 계속 방치될 경우 무의식에 저장되어 평생을 괴롭힐 뿐 아니라, 부모가 되었을 때 자신의 아이에게도 그것을 고스란히 물려주게 된다.

아이가 남의 시선을 의식하고 신경 쓰기 시작하면 그때부터는 아이가 수치심을 가질 수 있는 상황에 관해 신경 써야 한다. 그렇다면 어떤 상황에서 우리의 딸이 수치심을 느낄 수 있는지 살펴보자.

- 부모가 자신을 진심으로 대하지 않는다고 느낄 때
- 부모의 행동이 일관성이 없을 때
- 부모의 자존감이 낮을 때
- 부모의 감정이 섞인 비난을 받을 때
- 아이를 혐오하는 태도로 혼내거나 대화를 단절할 때
- 잘못된 행동이 아닌 존재를 비난받을 때
- 부모를 포함한 타인에 의해 자신의 신체가 함부로 다뤄질 때
- 많은 사람 앞에서 창피를 당할 때
- 다른 사람이 자신을 칭찬하는 말에 부모가 과도한 겸손을 보일 때
- 부모가 아이의 물건을 함부로 뒤지거나 일기장을 보는 등 사적인 공간을 침해할 때
- 아이의 소지품이나 아이가 준 선물을 무의미하게 취급할 때
- 다른 사람에게 인정받기 위해 자신의 감정을 억지로 숨겨야 할 때

만약 이런 상황을 미처 인식하지 못하고 지나갔을 경우, 수치심을 느낀 아이가 드러내는 감정에 공감해야 한다. 아이는 부모 앞에서 화를 낼 수도 있다. 부모는 그런 아이의 모습에서 '욕심', 혹은 '버르장머리'라는 부정적인 단어를 떠올리는 경우가 있지만, 사실 화를 내는 아이의 진심은 울고 싶은 것이다. 적절한 타이밍에 등장하는 부모가

아이의 분노에 숨어 있는 울고 싶은 마음을 이해하고 공감하면 아이의 불안함은 줄어들게 된다. 내면에서 자신을 통제하는 힘이 생기고 폭력적인 행동이 줄어든다. 행동이 아닌 말과 표정으로 자신의 감정을 표현할 수 있기 때문이다. 훈육이나 설득은 언제나 그다음이다.

아이의 부적절한 자책감을 허락하지 마라

죄책감은 자신의 잘못으로 벌어진 결과에 대한 책임을 느끼는 감정이다. 아이는 보통 만 6세 정도가 되면 자신의 행동에 죄책감을 느끼기 시작한다. 단어의 어감 때문에 마치 부정적인 감정처럼 생각될 수 있지만, 건강한 죄책감은 아이의 양심과 분별력을 키울 수 있는 매우 긍정적인 수단이 될 수 있다.

양심은 윤리 의식과 사회성을 발달시킨다. 어떤 행동이 잘못된 것이며, 다른 사람에게 피해를 주면 안 된다는 것을 배운다. 분별력은 어쩌다 자신이 그런 행동을 하게 된 것인지, 어떻게 자신의 행동에 책임을 질 것인지를 스스로 판단할 수 있게 한다.

무엇에 책임을 져야 하는지 모르면 무엇에 책임을 질 필요가 없는지 역시 알 수 없다. 잘못된 행동으로 누군가에게 피해를 줬으면 그것에 대해 책임지는 것으로 상황을 통제할 수 있다. 하지만 분별력을 갖지 못한 아이는 자신의 행동이 아닌, 자신의 존재 자체를 부정적으로 판단하고 자책한다. 하지만 자신의 존재는 고장 난 것이 아니기 때문에 고칠 수도, 보상할 수도 없다. 스스로 아무것도 통제할 수 없다는 것을 알게 되는 아이는 무력감을 느끼게 되고 자존감이 낮아진다.

아이가 건강한 죄책감을 느끼게 하려면, 아이가 죄책감을 느끼는 적절한 타이밍에 부모가 적극적으로 개입해야 한다. 죄책감은 누군가 심어주는 감정이 아니라 스스로 느끼는 감정이기 때문에 어떤 감정보다도 강한 힘을 갖는다. 성인조차도 명확한 개념이 정립되지 않은 경우, 부적절한 자책감에서 벗어나지 못하고 자신의 존재를 탓하게 된다. 다른 사람들과의 관계가 망가지는 것을 두려워하는 어린 딸의 마음은 이런 죄책감의 강한 힘을 아직 스스로 통제하기 어렵다.

작년 추석 연휴가 막 지난 후에 있었던 일이다. 오랜만에 만난 수아 할머니는 손녀에게 추석빔을 해주고 싶다며 백화점에 가자고 했다. 하루가 다르게 크는 나이라 수아는 대부분 먼저 자란 언니나 오빠들의 옷을 물려 입는 일이 많았다. 더구나 백화점까지 가서 비싼 옷을 사는 일은 처음이었다. 평소 아이에게 쓸데없이 비싼 물건을 사주는 일은 자제하는 편이지만, 그날은 손녀를 생각하는 할머니의 마음을 그저 고맙게 받아야겠다고 생각했다.

매장에 도착해 한동안 자기 맘에 드는 옷을 고르고 이제 옷을 갈아입으러 탈의실에 들어가려던 찰나, 매장 직원 분이 함께 들어가려는 것을 본 수아는 "아빠랑 갈아입을래"라고 입을 삐죽거리며 말했다. 무척 밝은 성격의 아이지만, 그래도 처음 보는 사람 앞에서 옷을 갈아입는다는 것은 아무래도 좀 쑥스러운 모양이었다. 어떤 마음인지는 알 것 같았지만, 갈아입어야 할 옷이 한두 벌이 아니었기 때문에 아무래도 직원 분이 도와주는 것이 더 낫지 않을까 싶어 잠시 고민했다. 그 모습을 본 매장 직원 분이 웃으며 수아에게 말했다.

"이모는 여자니까 괜찮아."

"그래, 수아야 그냥 이모랑 같이 갈아입어."〈아이의 의견을 일방적으로 무시한 아빠의 실수〉

그리고 몇 번을 다른 옷으로 갈아입으며, 때때로 어떤 옷이 잘 어울리는지 엄마에게도 보여주자며 사진을 찍는 아빠에게 포즈를 취해주기도 했다. 그때만 해도 아이는 자신의 마음을 너무도 잘 숨기고 있었고, 나는 아이의 마음이 얼마나 무너져 내리고 있었는지 미처 예상치 못했다. 마지막 옷을 갈아입고 나온 아이에게 물었다.

"어때, 마음에 들어?"

난생처음 비싼 새 옷을 사게 되었으니 당연히 기뻐할 거로 생각했다. 하지만 아이는 쑥스러운지 다른 사람들이 없는 곳으로 가서 아빠와 단둘이 이야기하고 싶다고 했다. 왜 그러는지 영문을 알 수 없었지만, 일단 수아와 함께 매장에서 좀 떨어진 곳으로 갔다.

"이제 아무도 없으니까 아빠한테 얘기해도 돼, 수아야."

그러자 아이는 갑자기 격하게 분노하며 이렇게 소리쳤다.

"아줌마가 죽었으면 좋겠어!"〈아이가 분노를 드러냄〉

"뭐?"

난생처음 보는 아이의 모습에 나는 순간 너무 놀라 얼어버렸다. 하지만 그것이 끝이 아니었다.

"아줌마가 나쁘게 하니까 나도 나쁘게 할 거야! 나도 나쁜 말 하고 못되게 할 거야! 싫다고 해도 계속할 거야!"

괜찮다고 생각했지만, 그것은 단지 어른들의 생각일 뿐이었다. 아이는 자신의 의견을 철저히 무시당한 채, 낯선 사람 앞에서 몇 번이나 속옷을 보이며 부끄러운 마음을 계속 참고 있어야만 했다. 아이가 겪었을 상황들이 플래시처럼 빠르게 머릿속을 지나갔다. 그제야 상황 파악이 된 나는 아이가 느낀 강한 수치심이 미칠 영향이 두려웠다. 그것이 얼마나 무섭고 나쁜 말인지 말해줘야겠다고 생각했다. 하지만 그 전에 아이의 감정을 충분히 공감함으로써 아이가 스스로 자신의 존재를 부정적으로 생각하지 않도록 하는 것이 우선이었다. 나는 울고 있는 아이를 꼭 끌어안으며 말했다.〈스킨십〉

"우리 수아가 많이 속상했구나. 아빠가 몰랐어. 정말 미안해."〈공감하기〉

잠시 후 아이는 극에 달했던 감정이 좀 진정됐는지 울음이 잦아들었다. 아이는 화장실에 가고 싶다고 했다. 함께 남자 화장실로 가서 비어 있는 칸으로 들어갔다. 마침 화장실에는 아무도 없었다. 다른 사람들에게 부끄러운 모습을 보이지 않음으로써 아이의 자존감을 보호하는 동시에 훈육하기에 좋은 장소와 타이밍이라고 생각했다. 하지만 화장실에 들어서자마자 아이는 대뜸 내게 사과를 했다.

"아빠, 화내서 미안해."〈부적절한 자책감〉

사람들이 많이 다니는 장소에서 그것도 갑작스럽게 아빠에게 화를 낸 것이 마음에 걸리는 모양이었다. 물론 아이의 그런 모습에 당황했던 건 사실이다. 하지만 어떤 감정이건, 감정을 느낀다는 것 자체는 전혀 잘못된 것이 아니다. 감정은 지극히 주관적이라, 옳고 그름을 따질 수 없기 때문이다. 잘못된 것은 감정이 아니라 단지 행동일 뿐이라는 것을 분명하게 구분해줘야 한다.

"괜찮아, 수아야. 그런 기분을 느끼는 건 전혀 잘못된 것이 아니야. 부끄럽다는 생각이 들 수도 있고, 그 상황이 너무 화가 날 수도 있어. 아빠라도 그런 마음이 들었을 거야. 수아가 그런 기분을 느꼈던 걸 아빠가 잘 알지 못해서 미안해. 다음에는 아빠도 꼭 기억할게."〈네 잘못이 아니야〉

자신의 상처를 공감하는 말에 아이는 그제야 마음이 놓였는지 푹 안겨 훌쩍훌쩍 울었다.

"수아가 다음에 비슷한 상황이 생긴다면 한 가지만 기억했으면 좋겠어. 우선은 수아의 생각을 말하고, 그래도 다른 사람이 모른다면 다시 한번 천천히 마음이 어떤지 얘기해줄래? '나는 이렇게 하는 것은 싫어요' 하고 말이야."

"내가 싫다고 두 번이나 얘기했단 말이야. 근데도 아줌마가 계속 여자니까 괜찮다고 계속 갈아입히고 그랬단 말이야."

"그랬구나. 수아가 너무 화가 났었구나. 그래서 수아도 똑같이 나

쁘게 하고 싶다는 생각이 들었구나?" 〈공감하기〉

아이는 또 서러운지 품에 안겨 훌쩍였다.

"아줌마가 죽었으면 좋겠다고 말했을 때 때 수아는 기분이 어땠어?" 〈질문을 통한 훈육〉

"만약에 다른 사람이 수아가 하는 말을 듣고 '수아는 정말 나쁜 아이구나'라고 생각한다면, 아빠는 너무 속상하고 슬플 것 같아. 남들이 그렇게 생각한다고 해서 수아가 정말로 나쁜 아이가 되는 건 아니야. 하지만 사람들이 그런 말을 들으면 수아가 얼마나 슬퍼서 그랬는지 알 수 있을까? '수아가 많이 속상했구나'라고 위로받지 못하고 나쁜 아이라고 오해만 받는다면 아빠는 정말 슬플 것 같아. 수아는 어떨 것 같아?"

"아빠가 슬프면 수아도 슬프지."

정서적으로 안정된 아이는 이제 이성적으로 생각하고 있었다.

"엄마한테는 내가 나쁜 말 한 거 얘기하지 마, 알았지?"

"그래, 우리끼리 비밀로 하자." 〈비밀〉

하지만 집에 돌아온 일곱 살짜리 여자아이는 엄마와 장장 20분 넘게 통화하면서 스스로 모든 것을 고백했다. 나쁜 말을 해서 미안하다고, 엄마가 화내고 자신을 나쁜 애라고 할까 봐 걱정됐다고 말했단다.

관계 지향적 성향이 강한 딸은 언제나 자신이 부모와의 관계를 망치게 될지도 모른다는 것을 두려워한다. 이때 딸이 느끼는 불안한 감정은 단순한 슬픔보다 온 세상이 무너져 내리는 공포에 가깝다. 아이는 아직 부모의 보살핌 없이는 홀로 세상을 살아갈 수 없다. 아이도 그것을 본능적으로 안다. 살아남기 위해서는 부모를 나쁜 사람으로 생각해서는 안 된다. 할 수 있는 거라고는 자기 자신을 비난하는 것뿐이다. 하지만 그것은 옳지 않다. 그 결과는 자존감의 끝없는 추락뿐이다. 결코, 딸이 부적절한 자책감을 느끼도록 허락해서는 안 된다.

딸을 왕따의 위험으로부터
구해내는 방법

여자아이는 폭력적이다?

이제 막 7살된 딸을 키우는 아빠가 컨설팅을 위해 놀자! 딸육아연구소를 찾아왔다. 아빠의 고민은 얼마 전부터 아이가 유치원에 가지 않겠다고 고집을 피운다는 것이었다. 그 이유를 혹시 아는지 물으니 아빠는 답답하다는 표정으로 이렇게 말했다.

"제 딸은 평소 집에서는 주도적으로 노는 아이인데, 유치원에서는 기가 센 한 친구가 아이에게 자기가 맡기 싫은 나쁜 역할을 시킨다고 합니다. 그럼 한두 번 거절하지만 결국 하게 된다고 합니다. 때로는 울면서까지 그 역을 하기도 한답니다. 그래서 '그냥 안 하면 되지,

왜 해? 그 친구는 네가 그걸 계속해주니까 너에게 계속 강요하는 거야'라고 말했습니다. 그러자 딸아이가, '나도 알고 있고 그렇게 하고 싶은데 안 돼…. 그러다 그 친구가 나랑 안 놀아주면 어떡해? 그러다 나 외톨이 될 수도 있어'라고 합니다. 유치원에 다니는 6살짜리 딸아이에게 친구 관계에 대해 어떻게 말해줘야 할지 모르겠습니다."

애지중지 키운 귀한 딸아이가 밖에 나가 이런 대접을 받고 혹여 외톨이가 될까 봐 스스로 걱정하는 말을 듣고 있어야 하는 아빠의 심정은 어떨까? 당장에라도 유치원에 달려가 아이들에 대해 잘 알고 있을 선생님에게 중재를 요청하고 싶은 마음일 것이다.

어쩌면 그보다도 먼저 그 괘씸한 녀석을 찾아가 한바탕 혼쭐을 내주고 싶은 마음이 들 수도 있다. 자식을 사랑하는 아빠라면 이럴 때야말로 아빠의 힘을 보여주고 싶다는 생각이 간절할 것이다. 하지만 이런 상황에 놓이면 아빠는 그 어느 때보다도 정신을 똑바로 차려야 한다. 어쩌면 지금 사랑하는 딸은 일생일대의 위기 상황에 놓인 것일지도 모르기 때문이다.

여자아이들의 세상은 단지 그 크기만 어른들의 것보다 상대적으로 작을 뿐, 나름의 다양한 상황과 복잡한 이해관계 속에서 살아간다. 딸은 부모에게 그랬던 것처럼, 가정 밖에서도 사람을 향한 관심을 펼쳐 나간다.

하지만 때로는 예상치 못한 시련을 겪게 되기도 한다. 여자아이가 친구들과의 관계에서 어려움을 겪게 되는 상황은 보통 어린이집을 지나 유치원을 다니는 시기부터 발생한다. 심지어 성인이 되어서까지도 이러한 관계에 대한 문제는 여성의 인생에 있어 중대한 고민거리인 경우가 많다. 아들로 태어난 아빠 관점에서는 친구와의 관계 때문에 그토록 힘들어하는 딸의 모습이 이해되지 않을 수 있다. 어쩌면 아빠에게는 이제껏 단 한 번도 경험해 보지 못한 일일 수 있기 때문이다.

남자아이들이 누군가를 괴롭힐 때는 보통 그 이유가 단순하다. 그저 자신의 힘을 과시하고 싶다는 게 전부다. 보통 일대일의 갈등 구도를 이룬다. 대놓고 '바보'라고 놀리거나, 때로는 주먹다짐이 오가는 험한 상황을 연출하기도 하지만 심하게 다투고 나면 오히려 그 전보다 사이가 더 좋아지기도 한다. 하지만 여자아이들의 경우는 전혀 단순하지 않다. 처음엔 사이가 좋은 듯 보였더라도 얼마간의 시간이 지나면서 문제가 드러나는 경우가 많다.

여자아이들의 집단 왕따는 겉으로 그 현상이 잘 드러나지 않을 만큼 은밀하고 치명적이다. 피해자 아이가 마음 아파할 만한 구석을 정확히 파악하고, 다른 아이들에게 그 아이에 대해 험담을 하거나 무시함으로써 계속해서 그곳에 상처를 내기 때문이다.

여자아이들이 누군가를 따돌리는 이유 중 많은 경우는 상대 아이를 자신의 위치를 위협하는 경쟁자로 여길 때이다. 빼어난 외모를 가졌다든지, 다른 남자아이들에게 인기가 많다든지, 똑똑하다든지, 선생님에게 이쁨을 받는다든지 하는 등 그 아이의 눈에 띄는 강점 때문에 샘이 난다는 것을 스스로 인정하는 셈이다. 하지만 정작 왕따를 당하는 아이는 자신의 그런 장점을 보지 못한다. 오히려 다른 아이들에게 인정받지 못하는 자신을 부정함으로써 스스로 존재 가치를 깎아내린다. 심한 경우 우울증으로까지 이어지거나 더 위험한 상황으로까지 발전할 수도 있다.

딸에게는 흑기사가 필요하다

이런 갈등 상황들을 아이가 혼자서 극복해 나가기는 아직 무리일 수 있다. 그럼 어떻게 도와줘야 할까?

"같은 여자로서 딸을 이해할 수 있는 엄마가 도와주는 것이 효과적이지 않을까요?"

아빠 관점에서는 지극히 자연스러운 생각이다. 하지만 결론부터 얘기하자면 오히려 이런 상황에서는 엄마보다 아빠가 나서는 것이 더 효과적일 수 있다. 엄마 역시 딸과 마찬가지로 지극히 여성적인 성향을 지니고 있다면 더더욱 그렇다.

일반적으로 엄마는 아빠보다 공감 능력이 뛰어나다. 딸이 그런 상황 속에서 느낄 수 있는 심정을 쉽게 공감할 수 있다. 하지만 문제는 그런 뛰어난 공감 능력 때문에 마치 본인이 그 일을 직접 겪은 것처럼 감정적으로 동화될 수 있다는 데 있다. 위험에 빠진 딸의 소식을 듣게 되면 아빠가 어떻게 해결해야 하나 고민하는 사이 엄마는 이미 화가 머리 끝까지 난 상태로 버선발로 뛰어나가고 있을 수 있다. 물론 그 심정은 충분히 이해된다.

하지만 그런 소식을 전하는 딸의 태도가 다분히 소극적인 이유를 생각해보자. 아이는 이미 친구와의 관계가 멀어지게 되면 받게 될 스트레스를 염려하고 있다. 감정적으로 행동하면 자칫 아이를 더 어려운 상황에 놓이게 할 수 있는 것이다.

이런 상황에서는 엄마의 공감 능력뿐 아니라 아빠의 이성적 논리가 큰 도움이 될 수 있다. 딸의 일생에서 이런 상황은 결코 이번 한 번만으로 끝나지 않을 것이다. 전적으로 모든 상황을 해결해주는 것보다 아이 스스로 자신을 지키는 힘을 키워주는 것이 가장 중요하다는 사실을 기억하자.

가장 먼저 할 일은 먼저 아이가 심적으로 안정될 수 있도록 돕는 것이다. 지금 울화통 터지는 부모보다 더 속상한 사람은 바로 아이 자신이다. 우선 아이의 속상한 마음을 안아주어야 한다.

'우리 딸 정말 속상했겠다.'

그리고 지금의 상황을 어떻게 받아들이고 있는지 이해할 수 있도록 질문하자.

'그 아이가 하는 어떤 행동이 널 슬프게 하니?'

'그 아이는 어떤 아이야?'

'그 아이가 다른 친구들에게는 어떻게 대하지?'

'넌 그 아이와 어떻게 지내고 싶어?'

'그 아이와 친해지고 싶은 이유는 무엇 때문이야?'

질문할 때는 무턱대고 아이의 마음에 관한 것부터 물어보면 자칫 추궁당하는 느낌을 받을 수 있다. 상대 아이에 관한 질문부터 시작해보자. 멀리서부터 한 걸음씩 천천히 다가간다는 느낌으로 물어보는 것이 좋다.

아이는 혹시 자신이 아빠에게 실망감을 안겨주었을지 모른다는 걱정을 할 수도 있다. 그러니 만약 아이가 아빠의 질문에 쉽게 대답하지 못하더라도 얼마든지 괜찮다고 말하고 기다려주자. 자신의 마음을 존중하는 아빠의 모습을 통해 아이는 자신을 아끼는 아빠의 마음을 조금씩 느끼게 될 것이다.

딸의 위기는 성장의 기회가 된다

우리는 딸아이가 스스로 자신에게 진정으로 중요한 것이 무엇인지 생각할 수 있도록 해야 한다. 자신이 원하는 목표를 명확히 인지하고 그것의 가치를 스스로 인정할 수 있도록 건강한 자극을 주어야 한다.

아이는 지금 그저 속상한 마음에만 흠뻑 빠져 있을 수 있다. 하지만 다른 관점에서 생각해보면 지금의 상황은 과연 자신의 진정한 목표가 무엇인지 생각해볼 기회인 셈이다. 또한 역할 놀이에서의 역할이라는 것은 넓게 생각하면 직업이 갖는 의미와도 연결될 수 있다. '직업에는 귀천이 없다'라는 생각은 아이의 인성과 자존감 확립 차원에서 도움이 된다.

그럼, 다음으로 아이와 함께 이야기를 나눠볼 만한 내용에 대해 생각해보자.

'나쁘다고 생각했던 그 역할에 관해 좋은 점을 한번 생각해보자!'

'놀이하는 이유는 무엇일까? 친구를 위해서 하는 걸까, 즐겁기 위해서 하는 걸까?'

'즐겁지 못하다면 네가 즐거워질 수 있는 다른 방법은 없을까?'

'다른 누군가 하는 놀이가 재미있어 보여 같이 하고 싶었던 적은 없었니?'

'그와 비슷한 역할을 할 수 있을 만한 놀이에는 어떤 것들이 있을까?'

여기까지 이야기를 나눴음에도 만약 딸아이가 여전히 문제 상황에서 빠져나오지 못한다면 주저 말고 직접 유치원(혹은 학교)을 찾아가길 권한다. 아이의 담임선생님을 만나 아이로부터 전해 들은 상황과 그에 관해 함께 이야기 나눈 내용에 대해 모두 전달하자.

선생님은 이미 원에서 벌어진 상황에 관해 알고 있을 가능성이 크다. 하지만 앞서 말했듯이 여자아이들이란 자신의 본모습을 감추는데 무척 능수능란하다. 어쩌면 선생님은 문제의 아이를 오히려 모범생으로 생각하고 있을 수도 있다. 하지만 괜찮다. 어차피 우리의 목표는 선생님에게 도움을 요청하는 것이 아니다. 중요한 것은 선생님에게 부모의 관심을 표현하는 것이다. 심지어 아빠가 그렇게까지 육아에 관심이 많다는 것을 알게 된다면 선생님은 분명 아이에게 좀 더 관심을 쏟게 될 것이다.

전달해야 할 것을 다 전달하고 나면 선생님에게 이렇게 질문해보자. "그럼 아빠로서 제가 딸에게 해줄 수 있는 일이 무엇이 있을까요, 선생님?"

물론 이런 방법들이 확실한 해결책이 되지 못할 수도 있다. 앞서 이야기했듯, 여자아이들의 상황이란 언제나 아빠의 눈에 비치는 것처럼 단순하지 않기 때문이다. 하지만 어떤 상황에서도 아이의 마음을 안정시켜줄 수 있는 최고의 적임자는 아빠라는 것을 기억하자.

아빠가 딸에게 해줄 수 있는 가장 위대한 일은 아이가 상황에 휘둘리지 않고 자신을 스스로 보호할 수 있는 자존감을 채워주는 일이다. 상황은 어찌할 수 없더라도 아빠의 진심과 사랑은 온전히 아빠 마음대로 할 수 있다. 아빠가 마음을 다해 항상 곁에 있다는 것을 알려주는 것만으로도 우리 딸아이는 정서적으로 큰 힘을 얻을 수 있다.

진정한 내면의 아름다움을
가르쳐라

유치원생 딸도 외모를 고민한다

놀자! 딸육아연구소에서 운영하는 교육에 참여한 한 아빠는, 자신의 6살짜리 딸에게 외모에 대해 부정적인 말을 한 적이 단 한 번도 없고 심지어 언제나 칭찬만 했는데도 딸이 어느 날부터 스스로 외모에 대한 고민에 빠지는 것을 보고 큰 충격을 받았다고 했다.

"항상 '우리 딸이 세상에서 제일 예뻐'라는 말만 했었는데, 어느 날 갑자기 목욕하던 중에 자기 허벅지를 두 손으로 잡으며 '나도 날씬했으면 좋겠어'라고 말하는 거예요. 순간 놀라서 뭐라고 말해줘야 할지 몰라 무척 당황했습니다."

이런 경우 보통 "아니야, 우리 딸이 얼마나 예쁜데. 아빠 눈에는 우리 딸이 세상에서 제일 예뻐."라고 하는 게 최선이라고 생각하겠지만 안타깝게도 그런 말은 딸에게 별로 도움이 되지 않는다. 그건 단지 아빠의 생각일 뿐이라고 생각하기 때문이다.

자랄수록 너무도 당당히 자신만의 우주에 빠져드는 자기 주도적 성향의 아들과 달리, 관계 지향적 성향을 지닌 딸은 자신보다 타인으로부터의 인정에 더 많은 관심을 보이며 점점 주변에 비치는 자신의 모습에 신경을 쓰기 시작한다. 예전엔 사진을 찍을 때 아무 거리낌 없이 활짝 웃던 아이가 언젠가부터 새초롬한 표정을 짓기 시작한다면 바로 그 시기가 온 것일 수도 있다.

예전에 수아가 사진을 찍을 때 처음 이상한 표정을 짓던 모습이 생각난다.

"수아야, 김치~ 해야지."

"지금 이게 웃고 있는 거야."

"에? 활짝 웃어야지."

"이렇게 웃는 게 이쁜 거야."

알고 보니 수아는 한참 사춘기를 겪고 있는 중학생 사촌 언니가 사진 찍을 때 짓는 표정을 따라 하고 있던 것이었다. 아직은 꼬마 숙녀지만, 지금 딸이 경험하는 모든 것은 단지 유년 시절의 추억으로만 남지 않는다. 머지않아 맞게 될 사춘기 시기에 큰 영향을 주고 성인이 되어서까지도 그 영향은 계속 이어진다.

사춘기 여자아이들은 관계 형성에 관한 욕구가 그 어느 때보다도 왕성해지기 때문에, 타인과의 관계 형성에 유리할 수 있도록 주변의 시선을 무척 민감하게 받아들이고 그 어떤 일보다 자신의 모습을 가꾸는 일에 신경 쓰는 경우가 많다. 하지만 자신이 이미 가지고 있는 것보다 남에게 보이는 모습에 더 신경 쓰는 것은 스스로 자존감을 끌어내리는 가장 빠른 지름길이다.

노련한 아빠라도 딸이 부적절한 생각으로 자신의 가치를 떨어뜨리는 일을 막는다는 것은 결코 쉬운 일이 아니다. 하지만 그것을 무작정 막기보다 이미 딸이 가진 장점을 재미로 승화시키는 것은 훨씬 수월하다.

"이것 봐봐, 수아도 아빠처럼 이렇게 할 수 있어? 크크크."

아빠가 먼저 카메라를 바라보며 우스꽝스러운 표정을 지으면 딸은 아빠의 그런 표정을 자연스럽게 따라 할 수 있다. 찍은 사진을 함께 보면서 어떤 모습이 더 밝고 예뻐 보이는지 이야기 나눠보자. 다른 사람의 눈치 보지 않고 마음껏 웃은 자신의 밝은 모습을 직접 눈으로 확인시켜줘라. 어떤 모습이 밝고 예쁜 거라는 걸 스스로 알게 된 아이에게는 더는 진정한 아름다움에 관해 구구절절 설명할 필요가 없어진다.

먼저 아빠의 고정 관념을 버려라

일반적으로 딸은 외모에 관한 관심이 같은 또래의 아들보다 빠르게 높아진다. 만약 외모에 관한 관심이 높아 스스로 자신을 가꾸는 것에서 행복을 느낀다면 그것은 전혀 문제될 것이 없다. 하지만 문제는 다른 사람들과 자신의 신체를 서로 비교하면서 행복을 느끼는 경우보다 자기 자신을 비하하는 경우가 훨씬 더 많다는 것에 있다. 때로는 여성이 자신의 외모에 스스로 만족하면 공주병 환자 취급을 하는 사회적 분위기가 딸이 자신의 외모에 스스로 만족하는 것을 방해하기도 한다. 한 엄마는 이런 말을 하기도 했다.

"아이에게 항상 이쁘다고만 하니까, 나중에 학교 들어가면 자기가 엄청 이쁜 줄 알고 너무 자신만만하게 행동하다가 다른 아이들에게 미움을 사는 건 아닐지 걱정이 되기도 해요."

이런 부모의 걱정은 외모가 곧 자존감이라는 생각으로부터 비롯된다. 하지만 아이의 당당함은 외모와 아무런 상관이 없다. 딸은 언제나 부모의 의중을 살핀다. 외모에 대한 부모의 가치관은 아이가 외모에 대한 기준을 세우고 자신의 가치를 인정하는 것에 큰 영향을 미친다.

특히 아빠가 딸에게 미치는 영향은 더욱 크다. 아빠는 딸이 인생에서 가장 처음 만나게 되는 남성이다. 그런 아빠가 이성의 가치를 외모에 둔다면 딸은 모든 남성의 생각이 그럴 것으로 생각하게 될 것이 너무도 당연하다. 하지만 어려서부터 친구가 애인이 생겼다고 하면 '이쁘냐?'는 질문부터 던져 버릇하던 아빠들은 딸에게도 서슴없이 외모 지향적인 발언을 하는 경우가 많다.

"우리 딸은 콧대만 좀 더 높으면 진짜 예쁠 텐데!"
"넌 대신 얼굴이 작으니까 괜찮아!"
"뭐가 돼도 좋으니 그저 예쁘게만 커라."

간혹 딸의 외모에 관해 이야기하다가 부모끼리 아이를 앞에 두고 서로 '당신을 닮아 그런 거다'라며 팀킬을 하는가 하면, 심지어는 이제 막 중학교에 올라간 딸에게 대 놓고 성형을 권하는 경우도 적지 않다.

"괜찮아, 아빠가 나중에 AS 해줄게!"

누구도 태어나면서 자신의 외모를 고를 수 있는 선택권을 갖고 있지 않다. 자신이 어찌할 수 없는 외모를 열등감 가득한 시선으로 바라보며 그것에서 벗어나야 한다고 말하는 부모의 태도에서 아이가 얻는 것은 단지 무력감과 수치심일 뿐이다. 부모의 외모지향주의가 자기 자신은 물론 딸의 자존감까지도 제대로 망치는 셈이다.

아빠가 딸에게 선물해야 할 것은 예쁜 공주 거울이 아닌 자신의 모습을 잃지 않도록 돕는 내면을 비추는 거울이다. 그러기 위해 먼저 아빠가 신경 써야 할 부분은 바로 외모에 대해 절대 평가하지 않는 것이다. 딸의 외모뿐만 아니라, 어떤 누구의 외모에 관해서도 마찬가지다. 긍정적으로든 부정적으로든 절대 평가하지 않는 것이 중요하다. 아무리 딸에게 "네가 세상에서 제일 예뻐!"라고 노래를 부른다고 해도 아이의 자신감을 높이는 데는 결코 도움이 되지 않는다. 못생겼다는 놀림이나 예쁘다는 칭찬 모두 딸에게는 '역시 외모가 가장 중요하다'라는 메시지를 던지는 것과 다름이 없다.

하지만 만약 아이와 외모에 관해 이야기 나눌 수밖에 없는 상황이 생긴다면 절대 침묵해서는 안 된다. 침묵의 의미는 곧 인정이다. 그럴 때는 확실하게 아빠의 생각을 전달해야 한다.

"아빠한테는 네가 세상에서 제일 예쁜 딸이야. 다른 애들이야 어떻게 생겼든지 전혀 관심 없어."

중요한 건 외모가 아니라는 것을 강요하지 말고 그저 아빠의 진심만 보여주면 된다. 거듭 분명하게 말하지만 반드시 진심이어야 한다.

훌륭한 여성들의 이야기를 들려줘라

딸들에게 '여성은 예뻐야 남들에게 인정받을 수 있다'라는 메시지를 던지는 가장 큰 요인 중 하나는 미디어다. 딸들이 즐겨보는 TV나 유튜브에 등장하는 여성 출연자들은 대부분 딸이 '언니'라고 인식할 수 있을 정도의 어린 여성들이다. 딸들은 유치원에 다니는 시기부터도 화려한 옷차림의 마른 몸매를 가진 언니들을 예쁘다고 인식하고 자신도 그런 언니들처럼 되고 싶어 하는 경우가 많다.

지금 대한민국에서는 초등학교에 다니는 여자아이들뿐만 아니라 여중생들까지도 장래 희망이 연예인이나 유튜버라는 것이 그것을 증명하고 있다.

하지만 아이가 미디어의 영향을 전혀 받지 않도록 막을 방법은 없다. 아이를 보호하기 위해 관리 감독을 하는 것이 우선이겠지만, 다른 방법으로 미디어의 부정적인 영향을 근본적으로 상쇄시키는 것이 필요하다. 딸에게 여성의 힘은 외모에서 나오는 것이 아니라는 메시지를 효과적으로 전달하는 하나의 방법은 바로 위인전을 활용하는 것이다.

세상에는 국내외를 불문하고 과학, 예술, 스포츠, 정치 등 해당 분야에서 이미 훌륭한 업적을 이룬 여성들이 많이 있다. 심지어 여성이라는 이유만으로 제대로 공부할 수 있는 기회조차 주어지지 않았던 시대적 배경을 보란 듯이 뛰어넘은 이런 여성들의 이야기 속에 외모에 관한 내용 따위는 없다.

딸이 온전한 자기 자신으로 채워나가기 위해서는 자신의 등대가 될 수 있는 롤모델을 갖는 것이 크게 도움이 된다. 그들의 이야기를 통해 딸에게 자기 자신을 스스로 돕고, 훌륭한 일을 하기 위해 정말 중요한 것이 무엇인지 알게 된다. 딱딱한 위인전이 아니더라도 요즘엔 케이블 TV나 유튜브 동영상을 통해서도 얼마든지 이런 여성들의 훌륭한 업적에 관한 내용을 접할 수 있다.

중요한 건 아이에게 그저 영상을 틀어주고 나서 혼자 보게 둘 것이 아니라, 아빠가 함께 시청하고 그 인물에 관한 대화를 나누는 것이다.

"네 생각엔 그 사람이 어떤 사람인 것 같아?"
"어떤 부분이 훌륭하다고 느껴졌지?"
"그렇게 느낀 건 어떤 부분 때문이야?"
"그럼 너는 너의 장점을 어떻게 사람들에게 알려줄 수 있을까?"

위인에 대해 아이의 생각과 마음을 탐구하는 동안 아이가 어떤 부분에 관심을 갖는지 파악할 수 있게 된다. 단지 그렇게 느낀다는 사실만이 아니라, 왜 그렇게 느끼는지를 물어보는 것이 중요하다. 위인을 훌륭하다고 느낀 이유가 '내 마음에 들어서'가 아니라, '다른 사람들에게 인정받을 수 있을 것 같아서'일 수도 있기 때문이다.

'넌 커서 어떤 사람이 되고 싶니?'라는 부모의 기대를 한껏 담은 질문은 아이를 불편하게 한다. 그보다는 "네가 이다음에 커서 어른이 되었을 때 얼마나 행복하게 미소 짓고 있을지 한번 상상해봐."라고 운을 띄운 뒤, "그렇게 되려면 지금부터 뭘 할 수 있을까?"라고 질문하자. 자신의 모습을 구체적으로 상상한 딸은 그저 막연하게 자신의 꿈을 이야기하기보다 지금 당장 자신이 주체적으로 할 수 있는 것이 무엇인지를 고민하고 실천하게 된다.

아빠의 자존감이 먼저다

타인과의 비교에서 벗어나라

건강한 자존감을 지닌 사람들의 특징은 자신만의 뚜렷한 스타일을 갖고 살아간다는 것이다. 인생을 살아가는 자신만의 방법이 있다. 본인만의 개성을 갖고 흔들리지 않는 중심을 잡는다. 타인이 나를 판단하는 관점에 따라 흔들리지 않으며 서로의 '다름'을 인정할 줄 안다. 남들과 자신을 비교하지 않고도 얼마든지 행복감을 유지할 수 있다는 것은 바로 이 자존감을 근본으로 살아갈 때 가능해진다.

비교라는 것은 오로지 어제의 나와 지금의 나만을 비교할 때만 긍정적이고 생산적일 수 있다. 하지만 무인도에 혼자 사는 것이 아닌 이상 원하든 원치 않든 우리가 인생을 살면서 비교로부터 자유롭기는 쉽지 않다. 심지어는 내가 남들과 나를 스스로 비교하지 않아도 주위에서 알아서 비교해주는 때도 있다.

가령, 유치원에서 돌아온 딸이 천진난만한 얼굴로 "아빠, 철수네 아빠는 의사 선생님이래!"라고 한다면 그날 저녁 아빠의 머릿속은 분명 어딘가 모르게 평소와는 다른 복잡 미묘한 상태가 되어 있을 것이다. 분명 내가 뭔가 잘못한 건 없지만 왠지 마음이 개운치 않다. 괜히 미안하기도 하고, 자존심이 상하는 것 같은 기분이 들기도 한다.

그러한 상황에서 벗어나 자존감을 높일 수 있는 첫 번째 방법은 바로 내가 가진 것에 집중하는 것이다.

때로는 누군가의 지나가는 한 마디가 내게 마음의 상처가 될 수도 있다. 내가 지금 처한 상황 때문에 어떨 때는 '세상에 나만큼 힘든 사람이 또 있을까?'라는 생각이 들기도 한다. 그럴 때면 일단 나의 현재 상황을 무시하거나 피하고 싶은 생각이 드는 것도 당연하다. 하지만 어떠한 경우든, 자신의 본질은 쉽게 바뀌지 않는다. 맘에 들지 않는 구석이 있다 해도 마치 손바닥을 뒤집듯 어떻게 할 수는 없다. 그럴수록 오히려 더욱 자신의 상황을 똑바로 직시하고 내가 가진 것이 무엇인지 집중해야 한다.

나의 경험은 세상에서 나만이 유일하게 가진 재산이다. 세상에 나와 비슷해 보이는 사람들은 많이 있을 수 있다. 설령 나와 똑같은 환경에서 자라났거나, 생김새나 성격까지 똑같은 사람이 존재한다고 하더라도 내가 이제까지 살면서 경험한 것과 똑같은 경험을 할 수는 없다. 그런 사람은 세상에 오직 나 하나뿐이다. 경험이라는 것은 그렇게 마치 지문과도 같다.

우리 각자가 우리 아이들에게 있어 비교 불가한 특별한 아빠가 될 수 있는 이유 역시 그 때문이다. 누구나 각자 살아온 경험과 그것을 바탕으로 얻게 된 저마다의 깨달음을 갖고 있다. 이미 우리 안에 서로 그 값어치를 비교할 수 없는 각자의 보석을 지니고 있다. 단지 서로가 가진 보석의 색이 다를 뿐이다. 아빠는 그 누구와도 비교될 수 없는 아빠만의 특별한 경험을 아이들에게 전해줄 수 있는 세상에서 유일한 사람이다.

혹시 이런 말이 너무 뻔하다고 생각되는가? 그럴 수 있다. 하지만 성공한 인생을 산 사람들은 모두 이렇게 뻔한 생각을 바탕으로 긍정적인 인생을 펼친 사람들이다.

우리는 삶을 스스로 선택할 수 있다. 그냥 지금처럼 살아갈 수도 있고 지금까지와는 전혀 다른, 훨씬 더 나은 삶을 살아갈 수도 있다. 당신은 어떤 삶을 살겠는가?

나의 본질에 집중하라

《논리적 오류(Logically Fallacious)》의 작가 보 베넷(Bo Bennett)은 "성

공은 당신이 가진 것이 아니라 당신이 누구인지에 달려 있다."고 말했다.

성공하는 인생을 살고 싶은가? 그렇다면 우선 자신을 돌아보아야 한다. 내면의 본질에 집중하는 것이야말로 우리 인생의 성공을 향한 첫걸음이기 때문이다.

아이를 가진 부모라면 누구나 우리 아이를 잘 키우고 싶다고 생각한다. 그리고 그 목적을 이루기 위해 육아 전문가가 등장하는 강연 프로그램이나, 육아에 필요한 온갖 정보와 방법들을 제공하는 육아 전문 서적들을 열심히 찾아보기도 한다.

만약 아이가 아직 어려 말을 하기 전이라면 기저귀 가는 요령, 옷 입히는 요령 등이 육아에 도움이 되겠지만, 그 시기가 지나고 아이가 말을 하기 시작하면 그때부터 본격적인 육아 전쟁이 시작된다.

'우리 아이는 왜 다른 아이들보다 말이 느리지?'

'아이가 떼를 쓸 때는 어떻게 해야 하는 걸까?'

'아이에게 효과적인 대화법은 어떤 것들이 있지?'

'좋은 교육 프로그램은 어떤 것들이 있을까?'

그야말로 총체적 난관에 봉착한다. 당장 옆에서 무엇인가를 하나 둘씩 시작하는 것이 보이면 우리 아이도 뭐라도 해야 할 것 같은데, 막상 뭘 이리저리 해보더라도 딱히 맘이 편해지는 것 같지 않다. 해도 걱정, 안 해도 걱정이다. 시원한 해결책이 보이지 않는 이러한 상황이 계속되면 부모들은 육아 문제로 인해 이제까지와는 레벨이 다른 정신적 갈등을 겪게 된다. 때로는 생전 처음 겪어보는 그러한 갈등이 심각한 가정불화의 원인이 되기도 한다.

　부모가 육아에 불안함을 느끼는 이유는 아이가 부모에게 어떤 확신을 주지 못했기 때문이 아니라, 지금 부모 스스로 자신의 본질에 대해 확신하지 못하기 때문이다. 자신의 본질을 느껴본 적이 없는 부모는 아이의 본질 또한 느끼지 못한다. 먼저 나의 본질에 관한 질문을 던져보자.

　'아버지의 존재란 무엇인가?'
　'나에게 아버지란 어떤 의미인가?'
　'나에게 아버지란 추억인가, 기억인가?'
　'나는 아이에게 어떻게 기억되길 바라는가?'
　'나는 무엇을 향해 열정을 쏟는 것을 즐기는가?'
　'나는 진정 내 인생의 주인으로 살고 있는가?'
　'내가 가진 나만의 특장점은 무엇인가?'
　'나는 언제 가장 나답게 느끼는가?'
　'나는 언제 가장 행복한가?'

　결국 우리가 찾아야 하는 것은 '나는 누구인가?'에 대한 답이다. 우리는 아빠이기 이전에 '한 여자의 남편'이고, 그보다도 더 전에 한 사람으로서의 '나'다. 지금 나의 모습은 지난 과거의 모습과 어떤 차이가 있는가? 나의 내면은 전보다 더 발전했는가? 아니면 여전히 그대로 머물러 있는가? 아니면, 오히려 자신감을 잃어버린 것마냥 더 뒤로 후퇴한 듯 느껴지는가?

나를 잃는다는 것은 곧 나와 연결된 모든 것들의 의미와 가치를 함께 떨어뜨리는 일이 된다. 나를 제대로 바라보지 못하는 것 또한 나를 발전시킬 수 있는 본질 자체를 찾지 못하고 길을 잃은 것과 다름이 없다. 그리고 그 끝은 우리의 아이에게로 고스란히 이어져 있다.

혹시, 다른 아빠들에 비해 우리 아이에게 해줄 수 있는 것이 충분하지 못한 것처럼 느껴지는가? 혹시, 다른 아빠들에 비해 우리 아이에게 더 자랑스러운 아빠가 되어 주지 못한 것처럼 느껴지는가?

이제부터 그런 생각들은 머릿속에서 깨끗하게 지우자. 남들과 다른 특별한 나의 모습을 직관적으로 바라보고, 나의 본질을 긍정적인 시각으로 찾을 수 있는 아빠라면, 자신의 주관을 잡고 스스로 세상의 중심으로 살아갈 수 있는 아이를 키워낼 아빠로서 충분한 자격이 있다.

나의 본질에 집중하자. 그리고 누구보다 특별한 우리 아이와 날마다 조금씩 더 행복해지는 인생을 살자. 날마다 조금씩 더 행복해지는 것, 그것이 핵심이다.

Step 5.
.
.
.

[경험] 충분히 놀아주면 되는 거 아닌가요?

경험은 양보다 질이다

딸과 경험을 함께하라

이제 7살이 된 선미는 이번 주말에도 가족과 함께 놀러 나왔다. 아빠는 항상 가족들을 위해 열심히 일하느라 평소에는 선미의 얼굴조차 보지 못하는 때도 자주 있다. 하지만 주말만은 온 가족이 함께 보낸다. 같은 유치원에 다니는 민수네 아빠는 주말만 되면 아무것도 안 하고 소파에 누워 온종일 TV만 본다는데, 선미 아빠는 그런 아빠들과는 다르다. 선미네 아빠는 동네에서도 유명한 '가정적인 아빠'다.

   오늘은 오랜만에 멀리 교외로 캠핑을 하러 갔다. 엄마보다 힘도 세고 뭐든지 척척 잘하는 아빠는 운전부터 요리까지 못하는 것이 없다. 선미의 눈에는 그런 아빠가 마치 영화 속에서 위험에 빠진 사람들을 구해주는 힘센 영웅처럼 보인다. 혼자 텐트를 열심히 치고 있는 아빠를 보던 선미는 아빠와 함께 텐트를 치고 싶어서 아빠에게 묻는다.

"같이 하면 안 돼요?"

"잘못하면 다칠 수 있으니까 그냥 아빠가 할게. 그냥 저쪽에서 놀고 있어. 아니면 엄마를 도와주든지."

일상에서도 얼마든지 나올 수 있는 대화지만, 여기서 아빠가 놓친 중요한 사실들이 있다.

첫 번째, 딸의 신호를 파악하지 못했다. 아이는 언제나 말 속에 메시지를 담아 부모에게 던진다. 아이가 '같이 하면 안 돼요?'라고 물었다는 것은 '지금 아빠와의 시간이 필요해요!'라는 신호를 준 것과 다름없다. 아빠는 빨리 텐트를 지어 아이에게 마음 놓고 놀 수 있는 장소를 선물하고 싶은 마음이었을 것이다. 하지만 아이는 아빠가 자신과 함께 노는 것보다 텐트를 짓는 것이 더 재밌어서 자신을 거절한 것으로 생각할 수 있다.

두 번째, 위험을 강조하면서 겁을 줬다. 혹시 어린 시절, 놀이하면서 어린 동생들을 '깍두기'라고 부르며 그저 함께 어울리는 시늉만 하게 해주었던 것을 기억하는가? 아빠가 무언가를 하면서 위험하다는 이유로 딸을 단지 깍두기처럼 취급해버리면 딸은 용기 대신 무력감을 배우게 된다.

수아는 이것저것 만드는 것을 좋아하기 때문에 가위를 혼자 사용하는 경우가 자주 있다. 아이의 약한 손가락이 가위 날 근처를 아슬아슬하게 지나가는 모습을 보면 순간 온몸에 소름이 돋는다. 어린 시절 '조심, 조심'을 귀에 못 박히도록 들은 기억 때문이다. 가위를 빼앗아 '위험하니까 아빠가 해줄게'라고 말하고 싶은 마음을 겨우 누르고 대신 이렇게 말한다.

"가위를 사용할 때는 항상 손가락을 날에서 멀리 떨어지게 해야 해. 자를 곳보다 손가락이 어디에 있는지를 먼저 봐."

아이가 혼자 사용하는 모습을 보면서 위험할 수 있다고 판단이 되면 아이가 스스로 어떻게 해야 할지 판단할 수 있도록 직접 시범을 보이며 설명해주면 된다.

딸에게 가르쳐야 하는 것은 지식이 아닌 지혜다. 지혜를 가르치는 것의 핵심은 바로 경험하게 하는 것이다. 그리고 아빠가 그 경험을 함께할 때, 진정으로 자신을 아끼고 사랑하는 마음과 존경하는 마음을 갖게 된다. 딸이 진정으로 원하는 건 혼자만의 성취감이 아닌 '아빠와 함께하는 기쁨'이다.

소통 없는 경험은 경험이 아니다

엄마가 함께 있는 날이면 육아는 엄마에게 맡기고 아빠는 그저 운전이나 하고 무거운 것이나 들고 나르는 등 엄마의 보조자 역할에만 충실한 경우가 많다. 하지만 그러다 가끔 엄마 없이 딸과 단둘이 하루를 보내야 하는 때면 어떻게 시간을 보내야 할지 막막해한다.

'함께 장난감을 사러 갈까? 키즈카페를 데리고 갈까? 쇼핑몰 구경이나 갈까? 아니면 유튜브를 틀어줄까?'

확실히 우리의 어린 시절보다 놀거리가 다양해진 덕분에 뭘 하든 시간을 보내는 게 사실, 문제는 아니다. 아이가 좋아할 만한 곳을 찾아가 돈 좀 쓰고 아이를 밀어 넣은 다음 휴대폰을 만지작거리다 보면 어느새 한두 시간씩은 훌쩍 지나가 있을 테니 말이다. 하지만 이런 고민을 하는 아빠들이 모르는 중요한 사실이 한 가지 있다. 그것은 바로 딸에게는 그 어떤 놀거리보다 아빠랑 함께 얘기 나누는 시간이 더욱더 의미가 있다는 사실이다.

간혹 컨설팅하다 보면 스스로 딸과 함께 충분히 많은 시간을 보내는 편이라고 말하는 아빠를 종종 보게 된다. 하지만 많은 경우, 바로 그런 생각이 아빠와 딸의 사이가 가까워지는 것을 방해하는 결정적인 원인이 되는 경우가 있다. 딸과 함께하는 시간의 양으로 애착 형성의 정도를 판단하는 것이다.

하지만 아무리 많은 시간을 함께 보낸다 해도 정작 아빠와 함께 교감을 나누지 못한다면 그것은 결국 함께한 것이 아니다.

딸에게 경험이란, '딸이 무엇을 했느냐?'가 아니라 '딸과 함께하는 시간 동안 아빠가 무엇을 했느냐?'가 더 중요하다. 아이의 마음을 궁금해 하며, 아빠의 마음을 전하자. 그저 소소한 얘기들로 채워지더라도 함께 소통하는 시간이 지나고 나면 딸아이가 아빠를 바라보는 눈빛은 유튜버 언니나 엘사를 볼 때보다 훨씬 더 사랑스럽고 반짝일 것이다. 어떤 얘기든 상관없다. '아빠는 너와 함께 있는 시간이 너무 행복해'라는 마음만 전해질 수 있다면 충분하다. 그게 바로 딸이 가장 원하고 있던 아빠의 관심이기 때문이다.

아빠의 경험을 경험하게 하라

성장할수록 딸이 경험하게 되는 영역의 범위는 넓어진다. 학교, 학원 등을 통해 더 많은 선생님과 친구들을 만나게 된다. 다양한 사람들과 맺게 되는 복잡한 관계는 딸에게 즐거움이 되기도 하지만 그만큼의 스트레스가 될 수도 있다. 점차 더 많은 부분에서 다른 친구들과 자신을 비교하며 자존감이 낮아지기도 한다.

자신을 다른 사람들과 비교할 때 스스로 만족할 수 있는 적당한 중간 지점 따위는 존재하지 않는다. 자신의 장점은 점점 희미하게 느껴지고 단점은 점점 뚜렷해진다. 만족스럽게 생각하는 부분보다 불만스러운 부분이 더 많아지면 자존감이 점차 낮아지게 된다. 하지만 딸은 그런 속마음을 집에서도 겉으로 드러내지 않는 경우가 많다. 자랑스러운 딸로 부모에게 인정받고 싶지만, 자신에게는 그럴 능력이 없다는 것을 들키는 일은 무엇보다도 힘들고 두려운 일이기 때문이다.

우리는 딸에게 다른 사람들과 함께 살아가는 법을 알려줘야 한다. 누구나 살면서 많은 어려움을 느끼지만, 그 어려움을 포기할지 이겨낼지를 결정하는 것은 그 누구도 아닌 바로 자기 자신이라는 것을 알려줘야 한다. 딸을 붙잡아 앉혀놓고 주절주절 설명하거나 가르치라는 것이 아니다. 그저 아빠의 이야기를 들려주면 된다.

특별한 이야기가 아니어도 상관없다. 아빠의 어린 시절에 관한 내용도 좋고 아빠가 사회에서 경험한 내용도 좋다. 딸은 아빠의 이야기를 듣는 동안, 아빠의 경험을 자신도 간접적으로 경험하게 된다. 이야기에 담긴 메시지를 자연스럽게 가슴에 새기게 된다. 이야기를 통해 간접적으로 경험하게 되기 때문이다.

예를 들어, 딸이 학교에서 한 남자아이가 자신을 놀렸다며 속상해한다고 하자. 이럴 때 성급한 아빠들은 대뜸 "놀리는 사람이 바보야.", 혹은 "남자애들은 원래 그래."라는 식으로 직접적인 메시지를 던진다. 하지만 이런 식으로 결론만 내세우는 일방적인 설명에는 힘이 실리지 않는다. 주입식 교육이 지루하게 느껴지는 건 애나 어른이나 마찬가지다. 하지만 아빠의 경험담이라면 얘기가 달라진다.

"아빠도 어렸을 때 같은 반 친구 중에 좋아하던 아이가 있었거든? 그런데 그 친구는 아빠가 자신을 좋아하는 줄 몰랐던 거야. 너무 친해지고 싶었는데 같이 놀자고 말하기가 엄청 부끄러웠거든. 그래서 아빠가 어떻게 했는지 알아?"

"어떻게 했는데?"

"어느 날 보니까 그 친구가 다른 여자아이들이랑 고무줄놀이를 하고 있더라고."

"고무줄놀이가 뭐야?"

"그때 여자아이들이 하던 놀이인데, 긴 고무줄을 뛰어넘으면서 노는 거야."

"그래서?"

"고무줄을 끊고 도망갔지!"

"왜? 아빠는 그 친구가 좋았다며?"

"그렇게 하면 그 친구가 아빠를 쳐다보고 따라오잖아. 그렇게 하다 보면 그 친구랑 친해질 수 있을 거로 생각했거든."

"뭐야, 이상해!"

"그렇지? 지금은 아빠도 그렇게 생각하는데, 그땐 그게 이상한 줄 몰랐어. 아마 그 친구도 자기가 이상한 행동을 하고 있다는 걸 모를 거야. 나중에 엄청나게 후회할 걸."

"아빠도 나중에 후회했어?"

"당연하지. 쉿! 엄마한테는 비밀이다."

아이는 아빠가 다정한 목소리로 이야기를 시작하면 눈을 크게 뜨고 집중하기 마련이다. 이때 자신이 경험한 구체적인 내용을 이야기에 녹여내면 그것은 아이에게 가장 효과적인 교육이 된다.

딸에게 세상을 대하는 태도를 가르쳐라

어떤 아빠들은 딸의 눈과 귀가 언제나 소리 없는 CCTV처럼 아빠를 향해 있다는 사실을 모른 채 집에 돌아와 엄마에게 그날 하루 자기가 겪었던 억울한 일을 말하며 불만을 잔뜩 늘어놓는다. 자신의 불행을 다른 사람이나 상황 탓으로 돌리며 스스로 자신의 인생을 통제할 수 없다는 걸 보여주는 셈이다. 그것은 마치 딸에게 '네가 행복해지기 위해서는 반드시 다른 사람의 도움이 필요한 거야'라고 말하는 것과도 같다.

아빠는 딸에게 사회를 어떻게 살아가야 하는지를 간접적으로 경험하게 해주는 중요한 역할을 하는 사람이다. 어떻게 주체적으로 인생을 살아갈 수 있는지, 어떻게 다른 사람들과 어우러져 살아갈 수 있는지, 어떻게 문제를 만났을 때 지혜롭게 헤쳐나가야 하는지를 아주 직접적이고 구체적으로 보여줄 수 있다. 아빠의 말투를 통해서 딸에게 세상을 주체적으로 살아가는 태도를 가르쳐줄 수도 있다.

아이에게 이야기할 때는 수동태보다 능동태를 사용하는 것이 좋다. 예를 들어, 아빠가 겪게 된 문제에 대해 말할 때, "아빠는 이런 생각이 들었어." 대신, "아빠가 이런 생각을 했어."라고 말하는 것이다. 수동태로 말할 때는 상황에 끌려가는 수동적인 태도가 느껴지지만, 능동태로 말하면 상황을 주체적으로 이끌어가는 능동적인 태도가 느껴진다.

어쩌면 오늘 하루가 아빠에게는 무척 힘든 날이었을 수도 있다. 설령 그렇다 하더라도 딸에게 아빠의 생각을 이야기해주는 것은 딸에게 큰 인생 공부가 된다. 오늘 하루 아빠가 어떤 일들을 겪었는지, 아직도 해결하지 못한 일들 때문에 얼마나 힘든지, 하지만 포기하지 않을 것이며 스스로 포기하기 전에는 그 어떤 것도 끝난 것이 아니라는 것을 이야기하자. 아빠의 직업도 아빠의 처지도 중요하지 않다. 아빠가 세상을 대하는 태도와 자기 자신을 사랑하는 마음가짐을 보여주는 것이 중요하다.

그런 아빠의 모습에서 딸은 세상에는 어려움이 많지만, 자기 스스로 그것이 자신에게 미치는 영향을 결정할 수 있다는 것을 알게 된다. 그리고 그런 모습의 아빠가 얼마나 멋지고 지혜로운 사람인지 알게 된다.

불친절한 아빠가
딸을 크게 키운다

스스로 납득하게 하라

한번은 여섯 살짜리 딸을 키우는 한 아빠가 컨설팅 중에 이런 말을 한 적이 있다.

"어렸을 때부터 버릇을 잘 들여야 한다는 주변의 말을 믿고 아이를 엄격하게 야단치며 키웠습니다. 그래서인지 아이가 아빠와 있으면 아이가 웃지도 않고 말도 잘 하지 않습니다."

아이가 6~7세 정도가 되면 슬슬 부모의 말에 반항하는 시기가 찾아오게 된다. 이때 딸들은 부모의 말을 못 들은 척, 등을 돌리거나 "흥!" 하는 소리를 내며 반대편으로 고개를 돌리기도 한다. 상대방과 눈을 마주치지 않는 것이 '나는 아빠의 마음에 공감할 수 없어요!'라는 메시지를 전하는 가장 확실한 방법이라는 것을 본능적으로 알고 있기 때문이다.

엄한 아버지 밑에서 자란 아빠들의 경우, 이런 아이의 모습을 보게 되면 부모의 말에 절대 복종하던 자신의 유년 시절을 무의식중에 떠올리게 된다. '지금 쟤가 나를 무시하나?'라는 생각에 화가 머리끝까지 치밀어 오를 수도 있다. 그런 상황에서 아이에게 큰소리를 내지 않고 평정심을 유지한다는 건 상당히 어려운 일이다.

훈육은 필요하다. 하지만 우리가 딸을 키우는 아빠로서 훈육에 대해 세우는 정의는 딸의 성향에 대한 이해를 바탕으로 해야 한다. 딸의 시선에서 바라본 아빠를 생각해보자. 어린 딸에게 아빠는 감히 대적할 수 없는, 마치 거인과 같은 존재다. 그런 아빠가 화를 내게 되면 딸은 이제껏 친구 같이 여겼던 아빠에 대한 배신감을 넘어 공포마저 느끼게 된다. 넘지 못할 존재라는 것이 느껴지면 딸은 곧 입을 닫아버리게 되고 아빠와의 사이는 멀어지게 된다.

딸에게 훈육이 가장 효과적인 순간은 바로 '아빠는 내 편이다'라고 인정할 수 있을 때다. 아이를 엄격하게 꾸짖기보다 아빠의 진심을 바탕으로 한 엄격한 '기준'으로 아이와 소통하는 것이 훈육에 훨씬 효과적이다. 아빠가 '나에게는 내 딸이 행복하고 건강하게 자라는 것이 가장 중요하다'라는 마음을 갖고 있다면 아이의 반항하는 태도에 화를 내거나 흔들리는 대신, '어떻게 하면 지금 이 아이에게 내 마음을 전할 수 있을까?'를 더 고민하게 된다.

안 되는 이유를 스스로 이해하도록 하면 그다음부터 알아서 해야 할 일을 하게 하는 것이 무척 수월해진다. 딸을 훈육할 때는 느낌표가 아닌 물음표를 던져 스스로 생각하게 하는 아빠의 지혜가 필요하다.

예를 들어, 아이가 이를 닦지 않겠다며 고집을 피운다고 가정해보자. 아이에게 "이를 안 닦으면 이가 썩으니까 안 돼!"라고 설명하는 것은 아무런 효과가 없다. 아이는 그 사실을 모르는 것이 아니다. 당장 발등에 떨어진 불로 생각하지 않기 때문에 대수롭지 않게 생각하는 것이다.

가장 효과적인 방법은 "이를 닦지 않고 자면 어떻게 될까?"라고 질문하는 것이다. 아빠의 뻔한 질문에 아이는 자신 있게 대답할 것이다.

"충치 세균이 생기지."

"맞아, 충치 세균이 생기면 어떻게 되지?"

"이빨 썩어."

"이가 썩으면 어떻게 해야 할까?"

"흥. 치과에 가면 되잖아."

"맞아. 하지만 그럼 우리 수아가 힘들어할 텐데, 그걸 알면서도 아빠가 수아에게 사탕을 줄 수 있을까?"

아빠의 역할은 여기까지다. '아빠 마음 알겠니?'라는 말로 아이가 확실히 이해했는지 확인할 필요도 없다. 아빠의 마음을 이해한 아이는 곧바로 자신이 해야 할 일이 무엇인지 생각하고 행동으로 옮긴다.

효과가 한 번에 나타나지 않아 또다시 같은 상황에 놓이게 될 수도 있다. 그럴 때는 딸은 분명 이전에 아빠와 함께 나눈 대화를 기억한다는 사실을 믿고 단 하나의 질문을 던지면 된다.

"아빠가 뭐라고 할 것 같아?"

자판기 아빠가 되지 마라

딸은 언제나 새로운 것들에 도전하게 된다. 처음 해보는 것이라서, 혹은 아직은 경험이 미숙해서 얼마든지 어려움에 부딪힐 수 있다. 딸은 아빠가 자신보다 월등한 능력을 갖춘 존재라는 사실을 이미 알고 있다. 그리고 그런 아빠의 힘에 기대는 편이 스스로 위험을 감수하는 것보다 훨씬 안전하다고 생각한다. 그리고 마땅히 자신이 해야 할 일들을 아빠에게 가져와 이렇게 얘기한다.

"아빠가 좀 해줘."

대부분의 경우 아빠는 딸이 어려움에 부닥치는 모습을 가만히 지켜보지 못한다. 마치 본능처럼 발동하는 '아이를 구해주고 싶은 마음' 때문이다.

타인의 마음을 읽는 것에 능숙한 딸들은 자신의 장점인 공감 능력을 부적절하게 이용해서 아빠의 리더십을 조종하려 드는 경우가 있다. 애교를 부려 아빠의 마음을 살살 녹이는 것이다. '나는 아빠의 능력을 믿어요'라는 메시지를 던지는 것만 같은 딸의 이런 부탁에 아빠는 쉽게 약해지기 마련이다. 대부분 딸은 자신이 어떻게 아빠를 조종할 수 있는지 알고 있다. 엄살을 부리거나 속상해하는 등 자신의 행동에 아빠가 어떻게 반응하는지를 이미 여러 번 경험해봤기 때문이다. 그리고 매번 딸의 예상대로 움직이는 아빠는 딸에게 이런 생각을 심어주게 된다.

'이렇게 하면 내가 원하는 걸 뭐든지 가질 수 있어.'

아빠를 마치 필요할 때 버튼만 누르면 되는 자판기처럼 여기고 성장하는 딸은 사회에 나가서 친구를 사귈 때도, 남성을 만날 때도, 사회생활을 할 때도 역시 부탁을 가장한 자신의 꾀로 사람들로부터 원하는 것을 얻어내는 것을 당연하게 여기게 된다. 자신을 향한 사람들의 배려에 의지하면서 스스로 문제 해결 능력을 퇴화시키는 것이다.

이런 아이에게는 앞으로 세상을 살아가는 데 가장 필수적인 '자생력'이 생기기 어렵다. 스스로 해야 하는 일이라는 자각을 할 필요도 없고, 문제 해결을 위해 감정 조절을 하거나 깊은 생각을 할 필요도 없다. 뭔가 마음대로 되지 않으면 그저 울어버리면 그만이기 때문이다. 하지만 그렇게 될 때 아이에게 버르장머리가 없다고 나무랄 수도 없는 노릇이다. 아이의 손발을 꽁꽁 묶어놓은 건 다름 아닌 바로 아빠 자신이니 말이다.

만약 딸에게 도움을 주고 싶다는 마음이 강하게 느껴진다면 그것은 '딸에게 인정받고 싶다'라는 것과 '딸을 통제하고 싶다'는 아빠 자신의 욕구가 바탕에 깔려 있기 때문이라는 사실을 인지해야 한다. 딸에게 필요한 모든 것을 해결해주는 것은 딸이 마땅히 누려야 할 자기 결정권을 빼앗는 것이다.

이런 아빠의 태도가 바뀌지 않는다면 언젠가는 딸에게 가혹한 기대를 걸게 되는 결과를 낳을 수 있다. 결국 '내가 너를 어떻게 키웠는데'라는 보상 심리가 작용하게 되는 건 시간 문제이기 때문이다.

딸을 자기 인생의 진정한 주인으로 키우기 위해서는 '아이가 즉각 위험에 처할 수 있는 상황'이거나 '다른 사람에게 피해를 주는 상황'이 아니라면 아이가 곤란한 상황에 놓이더라도 먼저 나서서 아이를 보호하지 않겠다는 강한 의지가 필요하다. 만약 아이가 '아빠 찬스'를 노리고 갖은 애교를 장착한 채 아빠에게 접근해 온다면, 마음속으로 '일단정지!'를 외치고 이렇게 질문하자.

"네가 해야 할 일을 아빠가 다 해버리면, 결국 누가 똑똑해질까?"

딸의 존재를 칭찬하라

많은 육아서로 단련된 부모들은 이제 아이들을 칭찬할 때 결과가 아닌 과정을 칭찬해야 한다는 것을 잘 알고 있다. 하지만 같은 칭찬이라도 딸과 아들은 그것을 다른 의미로 받아들일 수 있다는 것은 잘 모르는 경우가 많다. 아들에게는 이런 식으로 과정에 대해 칭찬하는 것이 매우 효과적이다.

"열심히 노력하는 모습이 너무 자랑스러워!"

"어려운데도 포기하지 않는 모습이 멋지네!"

"예전엔 하나도 못하더니 이제 잘하네!"

자기 주도적 성향이 강한 아들은 자신의 능력을 인정받았다는 생각에 성취감을 느끼고 스스로 만족할 것이다.

'역시, 난 짱이야!'

하지만 딸의 관점에서 같은 칭찬을 듣는다면 어떨까?

'아빠가 기뻐하는 모습을 보니까 기분 좋다!'

이렇게 딸에게는 그것이 과정에 대한 칭찬이든, 결과에 대한 칭찬이든 관계없이 항상 '내가 부모님을 얼마나 기쁘게 해드렸는가?'에 초점이 맞춰져 있는 경우가 많다. 칭찬은 분명 딸을 기분 좋게 할 수 있지만, 그것이 단지 '너 때문에 아빠 기분이 좋아!'라는 의미로 전달된다면, 결국 딸은 다음에도 계속해서 아빠의 기분을 좋게 하는 것에만 온 힘을 기울일 것이다.

이런 잘못된 칭찬에 길든 아이들은 자라서도 핸드폰을 손에서 놓지 못하고 자신의 SNS에 사람들이 '좋아요'를 달아주기만 기다리느라 정작 자신의 내면을 돌보지 못하게 된다. 딸의 기분을 좋게 하려던 의도가 엉뚱하게 부정적인 결과를 초래하게 되는 것이다. 딸은 아들과 다르게 칭찬해야 한다. 딸을 칭찬할 때는 결과도 아닌, 과정도 아닌, 존재를 칭찬해야 한다.

'존재를 칭찬하라'고 하면 그게 무슨 의미인지 잘 이해가 가지 않을 수 있다. 그만큼 우리 스스로 '존재'라는 단어에 대한 개념이 명확하게 잡혀 있지 않기 때문이다. 존재를 칭찬하는 방법의 핵심은 바로 아이가 '내가 아빠에게 인정받았어!'라는 생각 대신, '이 성공은 나를 위한 것이다'라는 생각이 들도록 하는 것이다.

예를 들어, 딸이 혼자 자신의 방 청소를 했다고 가정해보자. 청소를 마치고 아빠에게 달려와 "아빠, 내가 혼자 방 청소했어! 이것 봐."라며 아빠를 끌고 방으로 데리고 간다. 아이는 분명 아빠가 얼마나 기뻐하는 모습을 보일지 기대하고 있을 것이다.

그럼 "이야, 정말 열심히 치웠구나. 수고했어, 우리 딸!"이라고 결과나 과정을 칭찬하는 대신, "이야, 방이 깨끗해져서 이제 기분 좋게 놀 수 있겠네. 축하해, 우리 딸!"이라고 칭찬하며 방이 깨끗해진 덕분에 아이가 스스로 얻게 될 이익을 축하해보자. 딸이 이룩한 결과의 수혜자에서 아빠를 제외하고 아이의 존재만을 부각하는 것이다.

아빠의 격려를 통해 자신이 만들어낸 긍정적인 결과가 바로 자기 자신에게 돌아간다는 생각을 지니게 되는 딸은 부모의 인정이 아닌, 자기 자신에 대해 기대하게 된다. 그것이 바로 딸의 존재를 칭찬하는 방법이다.

어떤 크기의 화분에서
키울 것인가

실패를 두려워하지 않는 딸로 키워라

누구나 실패를 경험한다. 특히 아이들은 처음 해보는 것이 많기 때문에 실패를 빈번하게 경험하게 된다. 감수성이 풍부한 딸은 새로운 일을 시작하는 것에 대한 실패의 두려움이 크다. 성공은 부모의 인정을 받을 수 있는 자랑스러운 일이 되지만, 실패는 부모에게 실망을 안겨줄 수 있는 수치스러운 결과로 받아들이기 때문이다.

실패하게 되면 단지 바라던 결과가 나오지 않은 것뿐이라고 생각하는 것이 아니라 자신의 능력을 의심하게 된다. 실패를 두려워하는 딸은 성인이 돼서도 자신을 스스로 믿지 못한다. 사소한 일에조차 마음을 쓰며 한 달이든 일 년이든 계속 고민에 빠지기도 한다. 실제로 겪고 있지 않은 타인의 비난에도 미리 마음을 쓰느라 자신을 스스로 괴롭힌다.

딸들이 처음 자기 자신에 대한 실망감과 무력감을 느끼게 되는 일은 아이러니하게도 아빠와 함께 하는 시간에서 벌어지는 경우가 많다. 딸은 아빠에게 인정받아야 사랑받을 수 있다고 생각한다. 하지만 딸의 관점에서 볼 때 아빠는 뭐든지 잘하는 사람이다. 그런 아빠와 자신을 비교하면서 이길 수 없는 싸움을 하고 스스로 무력감을 느끼는 것이다.

나는 한때 미대 진학까지 꿈꾸던 시절이 있었을 정도로 고등학교 때까지 미술에 푹 빠져 살았었다. 이젠 세월이 유수같이 흐른 탓에 어디 가서 미술을 했었다는 얘길 하기는 창피한 정도지만, 그래도 그 덕에 수아가 뭘 그려달라고 하면 그게 무엇이든 섭섭하지 않을 정도로 그려내곤 했다. 하지만 문제는 그때마다 오히려 수아는 의기소침해진다는 것이었다.

"난 잘 못 하는데… 아빠만 잘해…."

그런 말을 듣는 순간 수아의 마음을 다독이기 위해 하마터면 이렇게 말할 뻔했다.

'넌 아직 어리니까 잘 못 하는 게 당연한 거야. 나중에 크면 잘하게 될 테니 걱정하지 마.'

하지만 그건 자칫 무책임한 거짓말이 될 수도 있다. 나이를 먹는다고 뭐든 저절로 잘하게 될 리는 없으니 말이다. 어떤 육아 전문가 중에서는 딸의 자존감을 꺾지 않기 위해 아빠의 본래 실력을 숨기고 실수하는 모습을 일부러 보여주라고 말하는 경우가 있다.

하지만 나는 오히려 그와 반대로 하길 권한다. 거짓 연기로 딸의 기를 살려주는 것보다 딸에게 실패를 통해 일군 성공의 결과를 보여주는 것이 더 중요하다고 생각하기 때문이다. 딸에게 최선을 다해 아빠의 실력을 보여준다. 그리고 아빠보다 모자란 자신의 실력에 실망한 딸에게 아빠의 실패 경험을 이야기해주는 것이다.

"그거 알아? 아빠도 처음엔 한 개도 못 그렸어. 근데 아빤 그림 그리는 걸 엄청나게 좋아했거든. 엄청나게 좋아하면 자꾸만 하고 싶어지잖아. 자꾸 하다 보니까 처음엔 어려워도 나중엔 점점 잘하게 되더라고. 잘하다 보니까 재미있어졌고, 재미있어지니까 더 자꾸 하고 싶어졌지. 그러다 보니까 어떻게 됐는지 알아?"

"더 잘하게 됐어."

"맞아! 수아도 좋아하는 걸 신나게 하면 나중엔 분명 잘 할 수 있게 될 거야. 처음부터 잘하는 사람은 세상에 아무도 없거든."

그 뒤로도 몇 번씩이고 또다시 비슷한 상황이 되면 나는 같은 말을 반복했어야 했다. 그러던 어느 날, 수아는 도화지와 색연필을 갖고 오더니, 이번엔 '레이디 버그'를 그려달라고 했다. 아빠가 그려준 레이디 버그를 열심히 색칠하고선 엄마랑 잘 준비하러 욕실로 들어간 수아가 엄마와 나누는 대화가 닫힌 문 너머로 들렸다.

"아빤 어렸을 때 그림 그리는 게 너무 좋아서 아주 많이 그렸대. 나도 많이 그릴 거야! 그럼 나도 나중엔 아빠처럼 잘 그릴 수 있겠지? 엄마, 내일은 우리 이 그림이랑 똑같은 레이디 버그 만들어보자!"

아빠를 믿는 딸은 아빠의 경험 또한 믿는다. 실패란 단지 과정일 뿐이며, 자신에게 무한한 가능성이 있다는 것을 아는 아이는 실패를 마냥 두려워하지 않게 된다.

실패를 통해 성장함을 알게 하라

퇴근하고 집에 도착한 나영이 아빠는 딸이 뭘 하고 있나 보러 방에 들어갔다가 깜짝 놀라고 말았다. 나영이는 작은 테이블에 앉아 혼자 종이접기를 하고 있었는데, 테이블 주위에는 접다 말고 버린 색종이들이 잔뜩 널브러져 있었고, 나영이는 화가 잔뜩 나 있었기 때문이다. 몇 번을 접어보다가 모양이 마음에 들지 않으면 새로 종이를 꺼내 접기를 반복하면서 계속된 실패에 좌절하고 있었던 모양이었다.

"나영아, 아빠 왔다. 종이접기 하고 있었구나? 그런데 뭐가 잘 안돼?"

"유진이한테 선물할 것을 만들고 있는데 잘 안돼."

유진이는 나영이의 단짝 친구다.

"나영이가 접어준 거라면 유진이는 뭐든 좋아할 것 같은데?"

"아니야, 아빠가 접어준 것처럼 예쁘게 접어주고 싶단 말이야!"

그렇게 말하면서 나영이는 또다시 접고 있던 색종이를 구겨버렸다. 마음 상한 아이의 모습을 그냥 두고만 볼 수 없었던 아빠는 즉각 개입하기로 했다.

"어떤 걸 만들고 싶어? 아빠가 접어줄게."

여자아이들은 색종이의 알록달록한 색감과 소근육 활동을 통한 아기자기한 손맛을 좋아하기 때문에 종이접기를 즐기는 경우가 많다. 하지만 의외로 종이접기를 잘하는 여자아이들은 보기 드물다. 종이접기는 사실 조립식 장난감 만들기 같은 DIY에 익숙한 남성적 성향에 유리한 활동이기 때문이다.

아이가 원하는 것을 뚝딱 만들어준 아빠는 만족해하는 아이의 모습을 보며 뿌듯함을 느낀다. 하지만 아빠가 놓친 중요한 사실은, 그렇게 아이에게 자신의 능력을 뽐내는 동안, 아이의 무능함을 증명하고 아이가 실패를 통해 스스로 배우고 성장할 기회를 빼앗았다는 것이다.

아이가 문제 상황이 처했을 때 아빠가 가장 먼저 해야 하는 생각은 '어떻게 저 문제를 해결해줄 수 있을까?'가 아니다. 바로 '아이가 혼자 해결할 수 있게 하려면 어떤 자극을 주어야 할까?'이다. 아이의 처지에서 도저히 혼자 힘으로 해결할 수 없는 문제라고 명백하게 판단되는 경우도 마찬가지다. 우선 아이가 스스로 할 수 있는 것이 무엇인지 생각할 수 있게 아이에게 질문하자.

"원하는 모양으로 접으려면 뭐부터 하나씩 해볼 수 있을까? 네 생각은 어때?"

아이가 스스로 생각해낸 아이디어는 자칫 무모하거나 어리석게 느껴질 수도 있다. 아직 경험이 부족한 아이니까 당연히 그럴 수 있다. 중요한 것은 아이가 정답을 찾아내는 것이 아니다. 스스로 답을 찾고자 시도하는 것 자체가 아이에게 피가 되고 살이 되는 배움의 기회다.

설령 아이가 틀린 방법을 말했다 하더라도 아이의 대답에 긍정으로 반응하고 아이가 말한 그 방법을 시도해볼 수 있도록 해주는 것이 좋다. 아빠는 아이와 함께 아이디어를 내는 팀원의 역할을 하며, 아이가 최대한 자신의 힘으로 답을 찾아갈 수 있도록 힌트를 제공하면 된다.

만약 아이가 낸 답이 틀린 것이었다면 결과는 당연히 실패로 돌아갈 것이다. 하지만 아빠가 자신의 의견과 문제 해결 능력을 존중한다는 것을 알게 된다. 그리고 얼마든지 주체적으로 답을 내릴 수 있다는 사실을 통해 성취감과 자존감을 느끼게 된다. 그럼 아이는 앞으로 어떤 문제 상황에 부닥치더라도 그것을 스스로 해결하고자 노력하려는 마음가짐을 가질 수 있다.

Part 3

딸 아빠 육아의
목표

Chapter 1

-
-
-

지혜로운 딸로 키우고 싶습니다

지혜로운 아이는
쇼핑하는 법이 다르다

아빠 마음을 가치 있게 전달하는 방법

"아이니까 그럴 수 있다고 이해가 되면서도, 계속 남과 비교하면서 자기도 그걸 갖고 싶다고 떼를 쓸 때마다 항상 아이를 협박하거나 다른 것으로 달래주기 바쁩니다. 어떻게 하면 아이에게 스스로 만족할 방법을 알려줄 수 있을까요?"

딸은 항상 아빠의 애정과 관심을 원하고, 그것을 확인하기 위해 무작정 떼를 쓰는 경우가 많다. 아빠로서는 그것을 딸의 환심을 사는 기회로 활용하고 싶은 마음이 들 수 있지만, 결국 딸에게는 '아빠의 선물은 곧 아빠의 사랑'이라는 공식을 심어주게 된다. 그렇게 되면 아빠의 사랑을 확인시켜주기 위해 그때마다 계속 선물을 사줘야 하는 사태가 벌어질 수 있다. 행여라도 선물을 사주지 않는 날엔 결국 '아빤 더는 나를 사랑하지 않아'라는 억장 무너지는 소리를 듣게 될 수도 있다.

또는 단순히 친구가 가진 물건에 욕심을 내는 때도 있다. 어떤 것에 욕심을 부려야 하고, 어떤 것에 욕심을 부리지 않아야 결국 자신에게 도움이 되는지 스스로 깨닫게 해주는 것은 딸의 자존감을 보호하는 차원에서 매우 중요하다. 딸에게 정작 필요한 것이 아니라면 선물은 오히려 독이 될 수 있다.

어떤 물건이든 아이는 보는 순간 꽂히고 당장에 내 것으로 만들고 싶어 하기 마련이다. 하지만 그렇게 산 물건치고 오랫동안 제대로 활용을 하는 경우는 많지 않다. 꼭 필요해서가 아니라 충동적으로 산 것이기 때문이다. 아이가 사달라는 것을 무턱대고 사주면 딸은 그것을 자신을 향한 아빠의 사랑과 연결 지을 수 있다. 아빠와 아이 모두 물질을 통해 관계를 형성하는 물질의 노예가 되는 것이다.

딸의 요구 사항에 어떻게 반응해야 하는지 고민하기 전에 먼저 해야 하는 것은, 아이가 지금 나름의 이유를 가지고 고집을 피우는 것인지 아니면 그저 떼를 쓰는 것인지를 먼저 구분하는 일이다. 만약 그것이 나름의 이유 있는 주장이라면 그것이 부도덕하거나 위험한 일이 아닐 경우를 제외하고는 아이의 의견에 그냥 따라주어도 큰 문제가 되지는 않는다. 하지만 만약 감정적으로 떼를 쓰고 있는 거라면 왜 딸이 그런 반응을 보이는지에 대해서 먼저 의문을 가져야 한다. 그렇지 않으면 딸이 진짜 원하는 것을 얻는 것은 도와주지 못하고, 전혀 엉뚱한 곳에서 힘이 빠져 버리는 경우가 생길 수 있다.

아이는 아빠가 얼마나 열심히 일해서 돈을 버는지 알 수 없다. 돈이 들어가는 것을 본 적은 없으나 항상 돈이 나오기만 하는 아빠의 지갑은 아이들에게 항상 저절로 돈이 생겨나는 마르지 않는 샘처럼 느껴지는 것이 당연하다. 아빠는 아이와 늘 함께해주지 못하는 미안함을, 선물을 사줌으로써 대신하고 싶은 경우가 많다. 하지만 아이가 그것을 아무 생각 없이 받아들이는 순간 아빠가 생각하는 선물의 가치와 아이가 생각하는 가치는 서로 달라진다. 가치를 알아서 판단하는 것은 아직 아이의 몫이 아니다.

선물은 단지 아이만을 위한 것이 아니다. 경제적으로 전혀 부담되지 않을 정도의 작은 것이라 하더라도 마찬가지다. 선물에는 아이를 향한 사랑, 고마움, 미안함 같은 아빠의 마음이 담겨 있다. 아빠 스스로 생각하는 그 마음의 가치는 과연 얼마인가? 그 가치를 돈으로 환산할 수 있는가? 그 가치를 아이에게 어떻게 전달할 것인가?

규칙과 명분을 세워라

"매번 장난감을 사달라며 그 앞에선 울고불고 떼를 쓰던 애가, 기껏 사주고 나면 금방 싫증을 내고 다른 걸 또 사달라고 합니다. 항상 이런 상황이 반복되는데, 어떻게 해야 하나요?"

많은 경우, 아빠는 이런 상황이 되면 일단 아이를 설득하려고 하기 마련이다.

"넌 집에 다른 거 많이 있잖아. 쓸데없이 자꾸 사는 거 아니야."

하지만 그렇게 되면 그 답을 인정하거나 거부할 수 있는 권한은 아이에게 있게 된다. 아무리 알아듣게 설명했다 하더라도, 만약 아이가 "아니야! 싫어!"라고 한다면 아이가 수긍할 때까지 계속해서 또 다른 답을 찾아줘야만 하는 것이다. 설령 딸로부터 최대한 측은지심을 유발하기 위해 '아빠 돈 없어…'라고 말한다 해도 먹히지 않을 가능성이 크다. 딸이 '그럼 은행에서 가져오면 되잖아'라며 다시 억지를 부리게 되면, 아빠는 '이제 어떻게 딸에게 은행 거래에 관해 설명해야 하나?'까지 고민해야 하는 상황에 이르게 될 수도 있다.

아이가 떼를 쓰는 것에 익숙하다는 건 이제까지 그런 방식이 통했다는 것을 이미 아이가 알고 있기 때문이다. 아빠가 지갑을 여는 데 있어 분명한 기준이 없다면, 그것은 아이 관점에서 볼 때 '계속 떼를 쓰면 결국 사주더라'가 된다. 매번 아이와 힘든 줄다리기를 하지 않기 위해서는 확고한 규칙이 있어야 한다.

규칙을 세우는 것에 어떤 정해진 기준이 있는 것은 아니다. 집안의 분위기와 아이의 성향에 따라 규칙을 정하고 그것을 확고하게 지키는 것이 더 중요하다. 우리 집의 경우, 수아는 원하는 것을 갖기 위해서는 다음 세 가지 규칙을 반드시 지키도록 하고 있다.

첫 번째, 사고 싶은 물건이 있더라도 바로 사지 않고 우선 '희망 목록'에 적는다.

두 번째, 생일, 어린이날, 크리스마스, 이렇게 일 년에 세 번 희망 목록 중 한 가지를 선택할 수 있다. (단, 책의 경우, 예외적으로 제한 없이 살 수 있다.)

세 번째, 집안일을 돕거나 쓰레기를 줍는 등 올바르다고 느껴지는 일을 할 때마다 아빠가 500원씩 저금통에 넣어준다. 용돈을 모아 언제든 희망 목록 중 한 가지를 살 수 있다.

아이가 장난감을 손에 넣게 되는 과정은 치열해야 한다. 아이들이 산 지 얼마 되지 않은 장난감에 금방 싫증을 내는 이유는 별다른 고민 없이 기분에 따라 충동적으로 살 수 있었기 때문이다. 아무리 여러 장난감을 앞에 놓고 그중에서 하나를 심사숙고해서 골랐다 하더라도 마찬가지다. 그 후보군 자체가 급조된 것인 이상, 단지 그중에서 하나를 치열하게 선택하는 것만으로 결과는 달라지지 않는다. 희망 목록은 매번 기분에 따라 충동적으로 물건을 샀다가 금방 싫증내는 아이에게 단지 '돈 쓰는 재미'가 아닌, '내가 진짜 원하는 것을 사는 즐거움'을 느낄 수 있게 해준다.

정해진 규칙에 따라, 약속한 날이 되었을 때, 자신이 스스로 만든 희망 목록 중에서 원하는 것을 단 하나만 골라야 하는 아이는 선택에 신중해지기 마련이다. 그때는 정말 사고 싶어 목록에 올려놓았던 장난감이 지금은 눈에 들어오지 않을 수도 있다. 아이에게만 선택을 맡기지 말고, 아이와 함께 '그것을 왜 반드시 사야만 하는가?'에 대한 명분을 따져보는 것이 좋다. 이렇게 자신에게 꼭 필요한 것을 치열하게 고민하고 결정하는 아이는 비로소 자신에게 꼭 필요했던 물건의 주인이 된다.

일단 아이가 선택한 것에 관해서는 절대 터치하지 않는다. 설령 얼마 지나지 않아 후회하게 되더라도, 아이는 이전의 실패를 교훈 삼아 다음번에는 더욱더 신중한 선택을 할 수 있을 것이기 때문이다.

물건을 아껴쓰는 아이로 키우는 방법

수아도 이맘때 아이들이 보통 그렇듯 색종이를 갖고 노는 것을 무척 좋아한다. 접고, 자르고, 붙이는 활동을 통해 손의 감각도 키우고 색감도 키우고 상상력도 자극할 수 있어 적극적으로 권장할 만하다.

하지만 다루기 쉬운 데다 무엇보다 '종이 쪼가리'라는 식으로 자원을 쉽게 보는 인식 때문에 자칫 흥청망청 써버리는 상황을 낳게 되기도 한다. 그러다 보면 방 안은 어느새 장렬히 전사한 색종이들로 넘쳐나게 되고 암만 만만한 금액의 것이라 해도 하루가 멀다 하고 사다 바쳐야 한다면 마치 밑 빠진 독에 물을 붓는 것과 다름이 없다. 어느새 아빠는 색종이를 더 많이 사주기 위해 더 열심히 일해야겠다며 혼잣말을 중얼거리고 있는 자신을 발견하게 될 수도 있다. 이 때 아이에게(연식이 좀 되는 부모들이라면 누구나 기억할 만한) '아껴야 잘산다'라는 TV 광고 카피 같은 잔소리는 씨알도 안 먹힌다.

딸들에게는 아들들보다 더 큰 장점이 몇 가지 있는데, 그중 하나가 바로 강한 이타심이다. 이타심은 남을 위하거나 이롭게 하는 마음을 말한다. 그런 딸들의 성향은 세상을 지배하고 살아가는 인간으로서 가져야 할 동식물과 자연을 배려하는 마음과 쉽게 연결될 수 있다. 단, 아이의 선택이 자연을 파괴한다는 메시지를 직접적으로 던지는 것은 조심해야 한다. 자신도 모르게 소중한 자연을 파괴하는 나쁜 아이가 되었다고 생각하게 되면 아이가 스스로 부적절한 죄책감을 느끼게 될 수도 있기 때문이다. 질문을 통해 상황이 전개되는 과정을 아이 스스로 자연스럽게 이해하도록 하는 것이 중요하다.

"수아야, 색종이를 그렇게 막 써버리면 다 쓰고 없을 텐데, 그럼 다음엔 뭐로 접지?"

"그럼 아빠가 또 사주면 되지!"

"색종이는 뭐로 만들어?"

"종이!"

"맞아! 그럼 종이는 뭐로 만들지?"

"나무로 만들지!"

"그래, 그럼 아빠가 색종이를 자꾸 사면 나무를 계속 어떻게 해야 해?"

"나무를 계속 베야 해…."

"그럼 나무가 마음이 어떨까?"

"슬퍼…."

"나무가 슬프면 수아 마음은 어때?"

"수아도 슬프지…."

"그럼 우리가 어떻게 해야 할까?"

"색종이를 아껴서 써야지!"

"오! 그거 정말 멋진 생각이다!"

어쩌면 아이는 "난 그런 것에 관심 없어."라는 식으로 예상과 다른 대답을 할 수도 있다. 하지만 우리 딸들은 생각보다 훨씬 도덕적 관념이 뚜렷하다. 다만 부끄러워하고 있을 뿐이다. 일단 아이의 선택을 존중하고 모른 척해주자. 한 번 마음이 움직이면 그다음부터는 쉬워진다. 앞서 색종이와 나무를 연결한 것처럼, 아이가 사용하는 다른 물건들에 관해서도 그것을 만들어내는 과정에서 발생하는 환경 파괴 등에 관해 충분히 아이와 대화를 이끌어 나갈 수 있을 것이다. 딸의 타고난 이타심을 자극해 세상의 가치를 지키는 현명한 선택을 할 수 있도록 도와주자.

스스로 환경을 보호하고 자연을 사랑하는 사람이라는 인식은 아이의 자존감을 높이는 데도 큰 도움이 된다.

싸우지 않고
이기는 법을 가르쳐라

언제 어디서나 아빠를 느끼게 하는 아빠 편지의 효과

혹시 마지막으로 누군가에게 손편지를 쓴 것이 언제였는지 기억이 나는가? 디지털 시대를 살면서 컴퓨터 자판을 눌러 이메일을 작성하는 것이 익숙한 지금, 손으로 편지를 쓰는 일은 이제 어색한 일이 되어버렸다. 감수성이 풍부한 아빠라고 하더라도, 대부분 아내와 연애하던 시절 특별한 날에 쑥스러움을 무릅쓰고 마음을 담아 편지를 썼던 몇 번의 기억이 아마도 마지막이었을 것이다. 하지만 편지에는 우리가 평소에 미처 활용하지 못하는 큰 장점들이 있다.

1. 마음을 전하는 효과

편지는 아날로그다. 느리지만 온기가 있다. 글솜씨가 서투른 사람이라면 글을 쓴다는 것 자체가 부담될 수도 있지만, 편지는 얼마든지 고쳐 쓰는 것이 가능하다. 그만큼 차분하게 마음과 생각을 정리해 담아낼 수 있다는 장점이 있다. 편지는 SNS와 달리 받는 쪽에서도 부담이 없다. 즉답해야 한다는 부담이 없기 때문에 편지를 받은 사람은 보낸 사람의 온기 가득한 정성을 여유롭게 곱씹으면서 충분히 음미할 수 있다.

영업직에 종사하는 아빠라면 어쩌면 이미 잘 알고 있을지도 모르겠지만, 고객에게 자필 감사 편지를 보내는 것은 무척 가성비가 좋다. 예상치 못한 손편지를 받게 된 고객은 단지 편지에 담긴 내용뿐 아니라, 오로지 자신만을 위해 편지를 작성하는 데 들인 시간과 노력에 감동하기 때문이다.

이제껏 교육을 통해 이런 손편지의 효과를 알게 된 아빠들 중에서는 손편지 덕분에 딸로부터 점수를 딴 것은 물론이고, 업무에 적용한 결과 새로운 고객을 소개받는 일까지 많아졌다고 피드백을 전한 경우가 무척 많았다. 그만큼 손편지의 효과는 크고 확실하다.

2. 추억을 저장하는 효과

마음을 글로써 표현하는 일은 평소에 우리가 주로 사용하는 SNS를 통해서도 가능하다. 하지만 SNS를 통해 상대에게 메시지를 전달하는 것은 나뿐만이 아니다. 정성껏 보낸 나의 메시지는 하루에도 수없이 쌓이는 다른 메시지들에 금방 밀려나 버리고 만다. 메시지 검색 기능이 있더라도 정확한 키워드를 입력하지 않으면 찾기조차 힘들다. 이메일 역시 마찬가지다.

그러나 특별한 의미를 지닌 편지는 마음만 먹으면 영원히 보관할 수 있고, 언제든 원할 때 손쉽게 꺼내 볼 수도 있다. 그런 점에서 편지는 매력적인 타임캡슐 역할을 하는 셈이다.

대부분 딸은 편지를 사랑한다. 글씨를 쓰기 시작하면서부터 틈만 나면 누군가에게 편지를 쓰고 봉투까지 제작해 자신의 마음을 전하곤 한다. 비록 편지에 쓰는 내용은 매번 똑같지만, 편지를 쓴다는 그 자체가 상대에 관한 관심과 애정의 표현임을 어린 딸도 잘 아는 것이다.

그런 딸이 만약 아빠가 직접 손으로 한 글자씩 눌러 쓴 편지를 받게 된다면 어떨까? 아빠의 편지를 받는 딸은 단지 종이 위에 쓰인 글씨를 보는 것이 아니라 아빠의 진심 어린 마음을 보게 된다. 아빠가 얼마나 자신에게 관심과 애정을 갖는지 명확하게 인식한다. 그런 아빠의 깊은 사랑에 감동하는 딸은 자신의 존재 가치를 스스로 높게 평가할 수 있다. 아빠의 편지가 딸의 자존감을 건강하게 지키는 것이다.

한번은 살던 집을 이사하면서 수아가 새로운 유치원에 다니게 된 적이 있었다. 그런데 유치원에 간 첫날부터 문제가 생겼다. 그 전부터 다니던 다른 여자아이들이 수아를 따돌리기 시작한 것이었다. 여자아이들의 성향을 잘 아는 나는 수아가 겪을 상황들과 수아의 마음이 짐작되어 깊은 고민에 빠지게 되었다. 하지만 아빠로서 수아에게 해줄 수 있는 건 고작 저녁때 함께 대화를 나누는 것뿐이었다. 나름대로 아이가 자존감을 다치지 않도록 최대한 노력했지만, 수아는 유치원에 가 있는 내내 상처받을 수 있던 상황이었다.

그것만으로는 충분하지 못하다고 생각했던 나는 어떻게 하면 아이에게 지속적인 도움을 줄 수 있을까 고민하던 끝에 편지를 쓰기로 했다. 그리고 '수아가 얼마나 멋진 아이인지', '아빠가 얼마나 수아를 사랑하는지', '수아가 얼마나 행복하길 바라는지'처럼 특별한 내용보다 그저 최대한 수아를 생각하는 마음을 편지에 담아 유치원 가방 안에 넣어주었다.

다음날 유치원에 가던 차 안에서 아빠의 편지를 확인한 수아는 저녁에 만나 이야기를 나누며 '감동해서 눈물이 날 뻔했어.'라는 말로 감정을 표현했다. "편지를 내내 주머니에 넣고 다니면서 마음이 힘들 때마다 편지를 꺼내 보면 아빠 생각도 나고 힘이 나."라며 아빠 편지를 영원히 간직하겠다는 말도 잊지 않았다.

딸에게 한 통의 편지를 쓰는 것은 마치 아빠의 존재를 담아 주는 것과도 같다. 아이와 함께할 시간이 모자랄 만큼 항상 바쁜 아빠라면, 미안한 마음으로 아이 장난감을 사는 대신 편지지를 사라. 그리고 틈틈이 아이에게 편지를 써보자. 편지의 내용은 길지 않아도 상관없다. 딸을 사랑하는 아빠의 진심만 담겨 있으면 된다. 그렇게 소중한 아빠의 글씨가 담긴 편지들은 딸에게 자신이 소중한 존재임을 잊지 않게 하는 특별한 타임캡슐이 될 것이다.

가르치려 하는 순간
아이의 생각은 멈춘다

아이의 끝없는 질문에 대처하는 방법

아이들은 성장함에 따라 점차 경험의 폭이 넓어지고, 그러한 과정에서 자연스럽게 많은 호기심을 갖게 된다. 그것은 마치 화살처럼 어른들을 향해 날아간다.

때로는 어른들도 평소 생각해보지 않았던 것들에 대해 질문을 해서 아빠를 당황시키기도 한다. "자전거에는 왜 지붕이 없어?", "무당벌레는 왜 이름이 무당벌레야?" 같은 아이다운 질문부터 "아빠, 정의로운 게 뭐야?", "죽으면 어디로 가는 거야?" 등등 철학적인 질문까지 그 종류도 다양하다.

예상치 못한 뜬금포 같은 질문에 꽂힌 아빠는 자연스레 이러한 고민에 쌓이기 마련이다.

"뭐라고 아이에게 설명을 해줘야 사이다 같은 정답이었다고 동네방네 소문이 날까?"

그리고 최대한 순발력을 발휘하여 지금 아이의 수준과 눈높이에 맞는 대답을 찾아낸 뒤, 아이에게 친절하게 설명해준다. 나름대로 난관을 지혜롭게 처리했다는 생각에 스스로 뿌듯해하려는 순간, 아이의 또 다른 질문이 이어진다.

"근데, 그건 왜 그런 건데?"

아이의 질문을 받으면 해결사 기질이 충만한 아빠는 일단 아이의 궁금증을 풀어줄 수 있는 해답을 제시하려는 데에 집중하기 마련이다. 하지만 과연 아빠가 아이에게 필요한 모든 해답을 다 갖고 있을 수 있을까? 시간이 흐를수록 더욱더 깊고 다양해질 아이의 질문을 과연 언제까지 감당할 수 있을까? 아니, 그보다도, 아빠가 제시하는 답이 모두 정답이긴 한 걸까?

질문을 할 수 있는 아이에게는 이미 답을 스스로 찾아낼 힘이 있다. 질문이라는 건 그 자체로 생각이라는 것을 하지 않으면 떠올릴 수 없는 궁금증이다. 바꿔 말하면, 어느 정도 수준의 질문을 할 수 있는 정도의 아이라면, 그 질문 수준에 맞는 답을 스스로 생각해낼 수 있는 능력을 이미 갖추고 있다는 것이다. 아이에게 필요한 것은 결국 아빠가 일방적으로 내어주는 답이 아니다. 스스로 답을 생각해낼 수 있도록 도와줄 수 있는 적절한 자극이다.

아이는 일단 궁금한 것이 생기면 질문을 던져 놓고 답을 기다리려 한다. 이때 아이는 매우 수동적인 상태가 된다. 하지만 이것을 그냥 놔두거나 답을 던져주지 않고, 거꾸로 질문을 통해 생각하게 만들어 준다면 아이는 놀라울 정도로 본인이 갖고 있었던 문제의 근본에 스스로 집중하게 된다. 물론 처음부터 한 방에 원하던 답을 찾아내지 못할 수도 있다. 하지만 아빠가 적절한 질문을 던진다면 더욱더 수월하게 목적지까지 다다를 수 있다.

"아빠, 지구는 왜 둥글어?"

"왜 그럴까? 넌 어떻게 생각해?"

"음… 잘 모르겠어."

"축구공은 왜 둥글까?"

"잘 굴러가라고?"

"오, 맞아! 그럼 잘 굴러가야 하는 이유는 뭘까?"

이렇게 계속 꼬리를 무는 질문이 이어지면 아이는 계속해서 더 많은 호기심을 가질 수 있다. 찾아낸 답은 외부로부터 얻게 된 것이 아닌, 스스로 만들어낸 것이기 때문에 훨씬 효과적으로 머릿속에 남는다. 주입식 교육이 아닌 자기 주도형 학습은 이렇게 간단한 방법으로 얼마든지 생활 속에서 이루어질 수 있다. 아이 질문의 답을 아빠가 몰라도 괜찮다.

"글쎄, 아빠도 그건 잘 모르겠는데? 생각해보니 그것 참 좋은 질문이다. 우리 같이 한번 찾아볼까?"

이제, 아이가 곤란한 질문을 하더라도 당황해하지 말고 오히려 반가운 마음으로 역질문하자. 꼬리에 꼬리를 무는 아빠와의 대화를 통해 아이는 분명 남다른 창의력을 갖게 될 것이다.

딸의 질문에 숨어 있는 마음을 파악하라

아이의 질문은 단순히 궁금한 것을 물어보기 위한 것이 아닐 수도 있다. 만약 아이가 끊임없이 질문하지만 그 내용이 일관적이지 않거나 질문에 감정이 섞인 듯 느껴진다면, 그것은 단순한 질문이 아니라 부모의 관심을 바라는 아이의 마음이 담겨 있는 경우일 때가 많다. 특히 아직 아이가 학교에 들어가기 전이라면 더욱더 그렇다.

때로 아이는 종종 "언니는 되는데 왜 나는 안돼?", "학교는 왜 가야 해?" 등의 질문을 던질 때가 있다. 부모는 이런 질문이 아이의 반항심에서 나오는 것으로 보는 경우가 많다. 안 되는 줄 뻔히 알면서 떼를 쓴다고 생각하는 것이다. 하지만 만약 아이가 다른 사람과 자신을 비교하는 질문을 던진다면 그것은 욕심을 부리는 것이 아니다. '내 마음을 좀 알아주세요'라는 메시지를 던지는 것이다. 이럴 때 아이에게 필요한 것은 질문에 대한 답이 아닌 공감이다. 그럴 때는 왜 그래야 하는지 그 이유를 설명해주는 것보다 아이의 마음에 공감하는 것이 더 중요하다.

일곱 살인 제인이는 유치원에 가는 것을 무척 좋아하는 아이다. 아침에 깨워서 간단하게 아침 식사를 준비해주는 일만 제외하면 등원 준비를 할 때도 손 가는 일이 별로 없을 정도다. 그런데 하루는 출근길에 등원을 시켜주던 아빠에게 제인이가 이런 질문을 했다.

"아빠, 유치원에는 왜 꼭 가야 해?"

아이의 갑작스러운 질문에 난처해진 아빠는 '유치원에 가야 친구들이랑 재미있게 놀 수 있다', '유치원에 가야 새로운 것을 배울 수 있다' 등등의 이유를 대가며 아이가 알아들을 수 있도록 부드럽게 타일렀다. 하지만 유치원에 가는 내내 제인이의 표정은 밝아지지 않았다. 이런 일들이 반복되자 걱정이 된 아빠는 컨설팅을 신청하고 연구소를 찾아왔다.

"애 엄마가 담임 선생님과도 상담을 해봤지만, 아이가 특별히 다른 아이들보다 뒤처지거나 다른 친구들하고 사이가 안 좋은 것도 아니라고 하던데, 왜 제가 유치원에 데려다줄 때만 그런 말을 하는지 모르겠어요."

"혹시 아이에게 아빠 마음은 얘기해보셨나요?"

"제 마음이요?"

"여자아이들은 부모님이나 선생님에게 자기 상처를 가리는 데 명수지만, 아빠한테만 유독 그런 질문을 한다면 그건 아빠에게만 하고 싶은 말이 있는 것일 수도 있어요. 아이가 아빠 많이 좋아하나요?"

"네, 제가 집에 가면 엄마보다 저를 더 많이 찾을 정도로 저랑 잘 지내는 편입니다."

"그럼, 유치원 현관에서 아빠랑 헤어지는 순간이 힘든 것일 수도 있어요. 여자아이들은 이별에 약하거든요. 유치원은 어쩔 수 없이 가야 하지만 아빠 마음을 잘 전달하시면 아마 효과가 있을 거예요."

아빠는 며칠 뒤 제인이가 또다시 같은 질문을 던졌을 때 이렇게 말했다.

"그래, 제인이가 유치원에 안 가고 아빠랑 놀고 싶은 마음 알아. 아빠도 같은 마음이니까. 세상에서 제인이랑 같이 노는 것보다 즐거운 일은 없어."

"정말?"

"그럼, 그러니까 유치원에서 재밌게 놀고 와. 아빠도 일 재밌게 하고 올 테니까 이따 저녁때 만나서 더 재밌게 놀자."

그리고 제인이는 아빠와 진한 포옹과 뽀뽀를 나누고 웃는 얼굴로 씩씩하게 유치원 안으로 들어갔다.

스스로 공부하는 딸로 키우는
아빠의 육아법

딸에게 알맞은 독서법은 따로 있다

부모들(이라고 쓰고 엄마들이라 읽는다)은 언제나 아이들 교육에 관심이 많다. 그중에서도 아이들 독서 문제에 무척 높은 관심을 보인다. 독서 습관은 학습 능력과 직결되기 때문이다. 책을 좋아하는 아이가 자기 주도 학습 능력이 뛰어나다는 사실은 이미 많은 연구 결과들을 통해 밝혀진 바 있다. 명문대에 진학한 아이 부모들의 인터뷰 기사들을 보면 하나같이 아이가 어렸을 때부터 독서에 흥미를 느끼도록 한 것이 아이가 명문대에 진학할 수 있었던 가장 중요한 비결이라고 말한다. 이렇듯 독서는 아이의 학습 능력을 향상시키는 가장 효과적인 도구다.

하지만 안타깝게도 언어 능력이 뛰어난 여자아이들이라고 해서 누구나 책 읽는 것을 좋아하는 건 아니다. 아무리 거실을 서재로 만들어 놓고 전집을 종류별로 가득 채워 놓거나, 또래 아이들에게 인기 있는 책을 사다 줘도 마찬가지다. 책 읽는 것이 TV나 유튜브를 보는 것보다 즐거울 리 없기 때문이다.

유대인은 아이가 영어를 처음 배울 때 자신의 이름을 반복할 수 있게 되면 입에 꿀을 한 숟가락 넣어줌으로써 배움은 달콤하다는 것을 가르친다고 한다. 그리고 만 5~6세가 되어 그들의 율법인 토라를 공부하기 시작하면 일정 진도를 나간 아이들을 위해 달콤한 과자와 사탕을 맘껏 먹을 수 있도록 파티를 열어준다. 학습이 그 자체로 즐거움이라는 사실을 기억하게 하는 것이다. 억지로 시키는 것이 아닌 내적 동기를 갖게 하는 것, 그것이 교육의 핵심이다.

딸에게 책 읽는 즐거움을 줄 수 있는 효과적인 자극은 따로 있다. 아들과 다른 딸의 장점과 성향에 알맞은 자극을 제공하면 아이의 흥미를 보다 효과적으로 끌어낼 수 있다.

- **책을 고르는 건 아이에게 맡겨라**

아이가 있는 집이라면 이미 집에도 여러 권의 책이 있을 것이다. 아이는 자신이 읽을 책을 스스로 고르는 것으로써 자신의 의지대로 행동할 수 있다는 것에 자신감을 가질 수 있다. 또한 아이가 고른 책을 통해 아이와 직접적인 대화를 나누지 않고도 아이의 취향과 마음을 엿볼 수 있다. 꼭 집에서만 해당하는 얘기는 아니다. 아이와 함께 도서관이나 서점을 갔을 때도 아이의 시선이 어느 섹션, 혹은 어떤 책에 꽂히는지를 파악하고 아이와 함께 읽어보자.

아이가 아직 책을 스스로 고르지 못하는 경우라면, 아빠가 책을 하나씩 꺼내어 책 표지의 그림을 보여주고 스스로 고를 수 있도록 도와주자. 아직 글을 제대로 읽지 못하는 아이라도, 그림은 얼마든지 읽을 수 있으니 말이다.

- **아빠의 목소리로 감정을 살려 읽어준다**

낮은 음성의 아빠 목소리는 아이에게 정서적 안정감을 주고 자연스럽게 각인되는 효과가 있다. 무미건조하게 읽기보다 문장 부호에 알맞은 적당한 억양과 감정을 담아 읽어주는 것이 좋다. 책 내용 중에 여성이 등장했다고 꼭 여성의 목소리를 흉내 낼 필요는 없다. 오히려 내용에 집중하는 데 방해가 돼서 딸의 짜증을 유발할 수 있다. 등장인물의 감정을 잘 표현하는 것이 포인트다. 사람의 감정은 언제나 딸의 주의를 효과적으로 끌기 때문이다. 아빠의 표현력이 늘수록 딸은 점점 책 읽는 재미에 빠져든다. 청각이 예민한 딸에게 아빠의 목소리는 너무 크게 느껴질 수 있으니 평소 목소리 크기보다 작게,

그리고 보다 천천히 읽어주는 것이 좋다.

- **아이와 함께 책을 번갈아 가면서 읽는다**

딸은 혼자서 책을 읽는 데 아무런 문제가 없더라도 아빠가 읽어주는 것을 더 좋아한다. 하지만 공감 능력과 소통 능력이 뛰어난 딸은 서로 협력하는 과정을 즐길 수 있다. 아이가 글씨를 어느 정도 읽는다면, 아빠가 내내 혼자 읽어주는 것보다 아이와 함께 읽으면서 아이의 입과 귀를 동시에 자극하자. 한 줄씩 번갈아 읽거나, 한 페이지씩 번갈아 읽거나, 혹은 동시에 함께 읽는 것도 좋다. 아이가 자기 마음대로 내용을 다르게 읽더라도 상관없다. 아이의 독서 습관을 올바로 잡는 것이 목표가 아니다. 어떤 방식을 사용하든 함께한다는 것이 가장 중요하다.

- **책을 관계 형성의 매개체로 활용하라**

수업이 끝나고 쉬는 시간이 되면 남자아이들은 기다렸다는 듯이 자리에서 일어나 이리저리 뛰어다니며 에너지를 방출하지만 여자아이들은 다른 친구들과 이야기 나누는 것을 즐긴다. 그만큼 스트레스를 풀어내는 방식이 다르다. 책은 딸과 이야기를 나누기 위한 훌륭한 매개체가 된다. 책을 읽은 다음에는 책의 내용에 관해 이야기 나누

자. 딸을 무릎 위에 앉히거나, 팔베개해주거나, 배 위에 눕히고 함께 천정을 바라보는 스킨십을 활용하면 더욱더 효과적이다. 아이의 생각을 궁금해하고 아빠의 생각을 말해주자. 아빠와 대화를 나누는 즐거움에 빠져 있는 동안 딸은 아빠가 생각하는 것 이상으로 훨씬 빠르게 지적으로 성숙해질 수 있다.

- **아이의 실제 경험을 바탕으로 한 사례를 들어준다**

책을 읽다 보면 아이가 종종 책의 내용을 이해하지 못할 때가 있다. 그러나 아빠가 책을 읽어주는 것에만 급급하여 핵심만 간결하게 말해주고 설명을 끝내버린다면, 아이는 아빠에게 거리감을 느끼게 될 뿐만 아니라 책 읽는 것에도 흥미를 잃게 될 수 있다. 귀납적 사고를 하는 여자아이의 이해를 돕기 위해서는 구체적인 사례를 들어주는 것이 좋다. 만약 딸이 책의 내용에 대해 질문한다면 아이에게 익숙한 주변 인물이나, 장소, 상황 등 아이가 실제로 경험한 것을 예로 들어주자. 아이가 명확히 이해할 때까지 충분히 많은 예를 들어주는 것이 좋다.

먼저 아빠가 독서의 기쁨을 경험하라

유대인 속담 중에는 '돈과 책이 땅에 떨어지면 책부터 주워라', '옷을 팔아 책을 사라'는 말이 있을 정도로 유대인은 책을 소중하게 생각한다. 유대인은 나라를 잃고 뿔뿔이 흩어져 수천 년 동안 떠돌이 생활을 하며 심한 차별과 핍박을 받았다. 언제 어디서든 자신이 가진 모든 것을 빼앗길 수 있는 상황에서, 누구도 빼앗아갈 수 없는 것은 오로지 지식이라고 생각했다. 그렇게 오랜 세월 동안 높은 학습 욕구와 교육열을 유지해 오면서 교육은 그들 문화의 일부가 되었다.

하지만 유대인은 그런 높은 교육열을 가지고 있음에도 아이에게 일류 대학을 가야 한다고 말하지 않는다. 사교육에도 의존하지 않는다. 대신 부모가 가장 훌륭한 스승이라는 생각으로 아이 교육에 적극적으로 관여한다. 아이가 공부할 수 있는 환경을 만들어줌으로써 아이가 스스로 공부하고 싶은 내적 동기가 생길 수 있도록 한다. 부모가 자발적으로 공부하는 모습을 보이고 아이와 함께 책을 읽는다. 아이의 말에 귀를 기울이고 함께 토론한다. 여행이나 현장 학습을 통해 산 지식을 몸으로 익히도록 한다. 그리고 이러한 모든 교육 활동의 중심에 아빠가 있다.

유대인 아빠는 퇴근 후 집으로 곧장 돌아와 아이들과 함께 놀고 그날 있었던 일에 관해 소통하고 함께 책을 읽는다. 우리로 치면 주말에 해당하는 안식일(좀 더 정확히 말하자면 금요일 저녁부터 토요일 저녁까지)에는 어디에도 가지 않고 집에 머물면서 독서와 토론으로 가족들과 하루를 보낸다. TV를 보거나 휴식을 취하는 것이 아니라 평소보다 더욱 아이들 교육에 집중하는 것이다. 아빠의 이런 특별한 역할

덕분에 유대인 가정에는 아빠만이 앉을 수 있는 의자('엘리야의 의자'라고 한다)가 따로 있을 정도로 아빠의 권위가 살아 있다.

교육 전문가들마다 "아이가 책 읽는 것을 좋아하게 만드는 가장 효과적인 방법은 아빠가 먼저 책 읽는 모습을 아이에게 보여주는 것이다."라고 말한다. 하지만 아빠들은 아이에게는 책을 읽어줄지언정 스스로 자신을 위해서는 좀처럼 책을 읽으려 하지는 않는다. 차라리 그럴 시간이 있으면 TV를 보든지, 잠을 자는 편이 내일의 생산성을 위해 더 낫다고 생각한다. 책으로 얻을 수 있는 기쁨을 맛본 경험이 없기 때문이다. 학교 다닐 때 교과서를 펼치며 억지로 공부하던 시간은 그저 힘들었던 노동의 기억으로 남아 있을 뿐이다.

아빠로서 아이에게 모범을 보이기 위해 억지로 책을 읽는 건 소용없다. 아빠가 책을 좋아하지도 않고 왜 읽어야 하는지도 모르는데, 아이를 위한 일이라고 한들 억지로 노력하는 것이 즐거울 리 없다. 책 읽는 아빠의 표정이 진심으로 행복해 보이지 않는다면, 아무리 거울 신경세포가 발달한 딸이라 할지라도 아빠를 따라 하고 싶은 마음이 들 리 없다. 공부를 참고 견뎌내야 하는 노동 같은 일로 생각하는 아빠가 딸에게 해줄 수 있는 말은 그저 이 말밖에 없다.

"하고 싶은 것을 이루기 위해서는 힘들어도 꾹 참고 공부해야 해."

그렇게 공부란 고통스러운 것이라는 생각이 다음 세대로 이어진다. 자기 주도 학습은 점점 더 멀어진다. 지금 우리가 바뀌지 못하면 아이는 전문가들조차도 감히 확신할 수 없는 4차 산업혁명 시대를

AI와 더불어 살아가면서 지금 우리가 누리는 만큼도 누리기 어려울 것이다.

분야를 막론하고 성공한 사람들은 대부분 책 읽는 습관을 지니고 있다는 공통점을 가지고 있다. 새로운 지식을 습득함으로써 사고가 확장되고 자신의 가치관이 변화하면서 성장하고 있다는 것을 매 순간 실감하기 때문이다.

아이만을 위한 독서가 아닌 나를 위한 독서를 하자. 그리고 성공을 향해 한 발씩 앞으로 나아가는 기쁨을 경험하자. 책을 읽으면서 행복해하는 아빠의 모습은 아이에게 책이 가져다주는 행복을 느끼게 하는 가장 효과적인 간접 경험이 된다. 아빠가 가본 길은 아이도 갈 수 있는 길이 된다. 아이는 자신도 아빠처럼 행복을 느껴보고 싶다는 내적 동기를 갖게 될 것이다. 자연스럽게 아빠를 따라 닮아가며 독서의 기쁨을 경험할 것이다. 그것이 아빠가 딸에게 줄 수 있는 가장 큰 교육적 가치다.

행복은 저절로 찾아오지 않는다

"우물쭈물하다가 내 이럴 줄 알았지!"(I knew if I stayed around long enough, something like this would happen)

미국의 극작가 버나드 쇼의 묘비명에 쓰인 글귀를 보고 있으면,

재미있으면서도 묘한 긴장감을 느끼게 된다. 자신의 인생에 대한 푸념을 마치 우스갯소리처럼 적어 놓았지만, 분명한 그의 메시지가 남의 얘기처럼 들리지 않기 때문이다. 죽도록 공부해서 대학만 가면 모든 고민이 끝날 줄 알았는데, 왜 우린 아직도 인생이 불안하게만 느껴지는 걸까?

아무것도 모른 채 마냥 밝은 모습으로 뛰노는 아이의 얼굴이 눈에 들어온다. 좋을 때다. 하지만 아이의 미래를 생각하면 여전히 불안하다. 우리 어른들조차 어떻게 하면 정말 행복해질 수 있는지에 대해 잘 모르기 때문이다. 우리가 확실하게 알고 있는 것은 그저 열심히 사는 방법뿐일지도 모른다.

육아란 단지 '아이'를 키우는 육아育兒만을 얘기하는 것이 아니다. '나'를 먼저 키우는 육아育我가 먼저다. 지금 아빠의 모습이 바로 20년 뒤 아이의 모습이라면 어떤가? 물고기 잡는 법을 알려주려면 아빠가 먼저 해본 경험이 있어야 하는 건 당연한 이치가 아닌가? 그렇다면 우리는 과연 어떻게 먼저 아빠의 인생을 성공으로 이끌 수 있을까?

지금 세상은 여기저기 '소확행' 열풍이다. 소확행이란 '소소하지만 확실한 행복'을 뜻하는 신조어다. 이런 열풍이 부는 이유는 아마도 힘겨운 삶에 당장이라도 쓰러져버릴 것만 같은 사람들이 많기 때문일 것이다. 마냥 쉬고 싶고, 주말이 기다려지고, 월요병에 시달린다. 하루하루 정글 같은 약육강식의 사회에서 살아남기 위해 안간힘을 써야 하는 상황에서 꿈이라는 단어는 어쩌면 사치로 느껴질 수도 있다. 누군가 꿈을 이야기한다면 그를 '이상주의자'라 칭하며 현실 감각 없는 철부지 정도로 생각하지 않는가?

누구나 행복한 미래를 기대하며 살아간다. '이 고비만 넘기면 행복해질 수 있어' 나 또한 이런 말을 수도 없이 되뇌며 오랜 세월을 열심히 뛰는 것에만 온 힘을 집중했던 적이 있었다. 하지만 정말 그럴까? 퇴근길 맥주 한 잔과 잠들기 전 영화 한 편이 과연 우리의 삶을 더 나은 삶으로 만들어줄 수 있을까?

만약 지금의 일상이 쳇바퀴처럼 느껴진다면 그것은 내가 그 안에 들어가 그저 열심히만 뛰기로 선택했기 때문이다. 지금보다 더 나은 삶을 살고 싶다면 하루하루가 현재를 버티는 것으로 끝나서는 안 된다. 진통제는 치료제가 아니다. 우리의 삶이 그저 진통제로 버티는 것에 그친다면, 우리의 삶과 그로부터 시작된 우리 딸의 삶 또한 저절로 개선되지 않는다.

진정으로 나를 행복하게 하는 것이 무엇인가 살펴보자. 나의 모습을 깊이 들여다보고, 남을 위해 사는 쳇바퀴에서 내려와 나의 길을 개척하려는 꿈을 꿀 때, 우리는 비로소 온전한 나의 모습을 찾고 내가 마땅히 이뤄야 할 성공의 길로 들어설 수 있다.

Chapter 2

∙

∙

∙

자기 인생의 주인으로 키우고 싶습니다

누구를 위한 인생을
살게 할 것인가

딸의 반항을 대하는 아빠의 자세

한번은 초등학교와 유치원에 다니는 두 딸을 둔 아빠가 컨설팅을 위해 연구소를 찾았다. 아빠는 훈육 과정에서 생기는 아이들과의 갈등을 걱정하고 있었다.

"세상 무엇보다 소중한 아이들입니다. 하지만 최근 들어 아빠에게 반항하고 온 집안을 어지르거나 소리를 지르는 등의 행동이 점점 심해지고 있습니다. 상황이 이렇다 보니 항상 가족들에게 큰소리를 치거나 짜증을 내게 됩니다. 저는 평소 주위에서 착하고 화낼 줄 모르는 사람이라는 평을 들어왔습니다. 스스로 역시 이해심만큼은 누구보다 넓다고 나름 자부하고 있던 터라 이런 상황이 더 당황스럽습니다. 아이들도 점점 제 눈치를 보는 거 같아, 혹여 아이들과의 관계가 소원해질까 걱정입니다."

아이가 아빠 말을 무시하거나 반항할 경우, 자칫 '어떻게 하면 말을 잘 듣게 할까?'에 대한 해답을 찾는 것을 문제 해결의 본질로 생각하기 쉽다. 물론 말 잘 듣는 아이가 부모의 관점에서는 키우기 편하다고 생각할 것이다. 하지만 부모의 말이라면 이유 여하를 막론하고 무조건 고분고분하게 순종하는 딸로 키우는 것이 좋을까? 권위에 순종하도록 자란 딸이 만약 부모의 품에서 벗어나면 어떤 모습으로 살아갈지 생각해보자.

새장에 갇혀 무기력을 학습한 새는, 새장 문이 열려도 자신을 스스로 새장 안에 가둔다. 아빠에게 순종적인 딸이 훗날 남자 친구를 사귈 때나, 결혼해서 신랑과 함께 살 때는 당당하게 자신의 감정과 생각을 표현할 수 있을 것이라 기대할 수 있을까? 그런 것이 아니라면, 단지 '아빠 말을 듣지 않는다'는 이유로 화를 내는 것은 결국 엉뚱한 곳에 힘을 쏟고 있는 것이 된다. 고민의 방향을 다시 설정해야 한다.

아이들은 보통 만 6세 정도가 되면 혼난 것에 대한 정당성을 판단한다. 그리고 만약 그것이 잘못된 판단이라 하더라도 자신이 느끼기에 불공평하다고 여겨지면 자신도 똑같이 화를 내거나, '빨리 어른이 돼서 복수할 거야!'라며 이를 간다. 하지만 그런 반응은 주로 아들에게서 나타난다. 딸이라면 자신의 부정적인 감정을 우선 아빠로부터 감추는 쪽을 선택하는 경우가 더 많다. 그럴 경우, 딸이 선택할 수 있는 경우의 수는 다음과 같다.

1. 아빠가 관리 감독을 할 때만 말을 듣는다.
2. 아빠의 힘에 굴복한 자신에 무력감과 수치심을 느낀다.
3. 아빠를 실망하게 한 자신을 책망하고 아빠와의 관계가 망가지는 것을 두려워한다.

결국, 쓸데없는 힘겨루기는 아이와의 갈등 상황만을 더욱 악화시킬 뿐이다. 건강한 자존감을 가진 딸로 키우겠다는 원래의 목표와는 점점 멀어지게 된다.

'착한 딸'을 키우는 아빠의 화

과거 엄한 아버지 밑에서 자란 아빠 대부분은 자식으로서 부모에게 순종적인 모습을 보이는 것을 당연하게 여기는 경우가 많다. 그리고 그런 생각을 고스란히 우리 아이에게도 적용한다. 만약 아이가 버릇 없다고 생각되면 아이의 생각을 뜯어고치는 것만을 유일한 방법으로 생각하고 아이가 순종하는 모습을 보일 때까지 혼내기도 한다. 하지만 아빠가 생각하는 것보다 아빠의 화내는 모습은 딸에게 엄청난 두려움으로 느껴질 수 있다. 두려움은 생각을 바꾸지 못한다. 단지 더 깊은 곳으로 숨게 할 뿐이다. 만약 아빠가 화를 내서 아이가 순종적인 모습을 보이더라도 그건 단지 아빠의 화를 피하기 위한 가면을 쓰는 것에 불과하다. 화를 내는 아빠도 화를 당하는 아이도 모두 감정만 상할 뿐, 본질은 바뀌지 않는다는 것이다.

우리의 생각과 달리 대부분 아이에게는 아빠를 골탕 먹이려는 의도가 전혀 없다. 다만 우리가 아직 미처 모르는 제 나름의 분명한 이유가 있을 뿐이다. 자신의 마음을 몰라주는 아빠에게 섭섭한 마음이 쌓인 것일 수도 있고, 정말 좋아하는 놀이에 꽂혀서 주변이 어질러지는 것도 의식하지 못한 채 자신의 잠재력을 키우던 중이었을 수도 있다. 그런 아이들에게 화를 내고 나면 혹시 이렇게 말하고 싶어질 수도 있다.

"아빠 말 들어서 하나 손해 볼 거 없어. 다 너희를 사랑해서 하는 말이니까 말이야."

하지만 이 말은 마치 중학생이 된 딸에게 "우는 아이에게는 산타가 선물을 안 주실 거야."라는 표현 만큼이나 설득력이 떨어진다. 사실은 아이를 위하는 척 보이지만, 아이의 존재를 대놓고 무시한 것이나 다름없기 때문이다. 이런 식의 태도에 과연 딸이 어떻게 반응할 수 있을까? 그저 무서운 아빠 앞에서 착한 딸의 가면을 쓰고 "네"라고 대답할 수밖에 없다. 그게 아빠가 원하는 전부라는 것을 알기 때문이다. 그리고 자신이 안전하다 느껴질 때까지 계속 가면을 벗지 않는다.

하지만 더 큰 문제는 그 가면을 너무 오래 쓰게 될 경우 자신의 진짜 얼굴을 잊게 된다는 것이다. 딸은 자신의 주변 사람들의 감정 표현에 매우 민감하게 반응한다. 자신을 바라보고 있는 사람이 웃고 있으면 스스로 사랑받고 있다고 판단하고, 찡그리고 있다면 스스로 성가신 존재로 받아들여지는 걸로 판단한다. 무표정한 얼굴 또한 마찬가지다. 우선 긍정의 반응이 아니라고 여기면 이내 자신으로 인해 상대방이 뭔가 기분이 좋지 않은 거라고 판단한다. 그리고 본능적으로 상대방과의 관계에서 벌어지는 갈등을 피하고자 자신의 감정을 숨긴다.

딸이 가진 공감 능력은 남을 위한 배려심과 이타심의 근본이 된다. 건강한 배려심과 이타심을 갖기 위해서는 자신의 감정을 적절하게 통제할 수 있어야 한다. 하지만 단지 상대의 기분을 좋게 만들기 위해 노력하는 것은 적절한 자기 통제가 아니다. 단지 자신의 감정을 포기함으로써 스스로 존재 가치를 떨어뜨리는 것에 불과하다. 많은 연구 결과에 따르면, 아버지와 원활한 관계를 맺은 딸은 남성에 대한 혐오감이 없어 연애도 순조롭고 건강한 정신을 가진 사람을 결혼 상대자로 고를 가능성이 크다고 한다.

반대로 아버지가 엄하거나 폭력적인 경우, 남성에 대한 두려움을 가지며 강압적인 모습의 남성을 두려워하면서도 그것을 남자다움으로 착각하여 이끌릴 가능성이 크다고 한다.

　실제로 자존감 교육에 참여했던 엄마 수강생 중에는 자신의 가치를 쉽게 인정하지 못하고 스스로 엄마로서 부족하다고 느끼며 자신을 책망하거나 자존감이 약해져 있는 경우가 많았다. 그런 엄마들은 과거를 회상하며 어린 시절부터 엄한 아버지 밑에서 스스로 착한 딸이 되어 인정받고 싶었다고 말하는 경우가 많았다.

　자신의 어린 시절 모습을 닮아가는 딸을 한편으로는 불안하게 여기면서도, 다른 한편으로는 자기도 모르는 사이에 착한 딸의 모습을 아이에게 강요하면서 자신의 상처를 고스란히 물려주는 경우도 많았다. 엄마가 만약 그런 어린 시절을 보낸 경우라면, 딸을 키우는 데 있어 아빠의 역할은 더욱더 중요하다.

자신의 감정에 솔직한 딸로 키우는 방법

혹시 아이와 함께 있을 때 부부가 언쟁을 벌여본 경험이 있는가? 만일 그렇다면 아마 이런 딸의 모습을 경험해봤을 수 있다. 엄마 아빠가 눈앞에서 언성을 높이는 심각한 상황임에도 불구하고 딸은 마치 분위기 파악을 못 하는 아이처럼 상냥하고 밝은 모습을 하는 경우가 있다. 부부싸움에도 정도의 차이가 있겠지만, 한 연구 결과에 따르면 부부싸움을 통해 아이가 느끼는 공포는 마치 전쟁을 겪고 있는 정도와 같다고 한다.

하지만 딸은 그 정도로 극심한 공포를 느끼는 상황에서 폭력적으로 변하기보다 오히려 거꾸로 온순해지는 것이다. 마음은 전쟁의 한복판에 서 있지만, 얼굴은 미소를 짓는다. 살아남기 위해 자신의 스트레스를 노출하지 않고 안으로 삭이면서 아이 수준에서 감당하기 벅찰 정도로 강도 높은 '감정 노동'을 하는 것이다.

아이 때문에 화가 나는 상황에서 침착하기란 쉬운 일이 아니다. 하지만 그런데도 반드시 생각해봐야 할 것은 '나는 왜 아이에게 화가 나는가?' 하는 것이다. 아이를 키우다 보면 종종 아이가 나의 바람대로 움직여주지 않을 때가 있다. 그럴 때 우리는 화나는 것이 당연하다고 생각할 때가 많다. 나의 바람은 옳지만, 그것에 미치지 못하는 아이는 잘못된 거로 생각하기 때문이다. 하지만 그 생각이 과연 옳은 것인지 판단하기 위해서는 먼저 내가 아이에게 바라는 것은 무엇인지, 그것이 이루어지지 않았을 때 화를 내는 것은 과연 정당한지 스스로 질문해 보아야 한다.

1. 주위 사람들 앞에서 화가 난 적이 없는 걸까, 아니면 단지 자신의 감정을 드러내지 않으려 노력한 것일까?
2. '착하다'는 것은 어떤 의미인가?
3. 그 평가는 과연 누구에게 이로운 것일까?
4. 왜 남들 앞에서와 달리 가족들 앞에서는 큰소리나 화를 낼 수

있는 걸까?
5. 아이들이 어떻게 할 때 화가 나는 걸까?
6. 아이들에게 화를 내는 상황이 왜 당황스러운 걸까?

평소 지극히 당연하다고 느끼며 살아온 것들에 질문을 던지면 우리의 뇌는 격동한다. 본질을 건드리는 질문에 때로는 당혹감을 느낄 수도 있다. 하지만 그것을 두려워해서는 안 된다. <u>스스로 보호할 줄 아는 자존감 넘치는 딸로 키우기</u> 바란다면 무엇보다도 아빠가 자신을 먼저 알고 <u>스스로 자존감을 지킬 수 있어야 한다</u>.

이런 개념 정립을 통해서 우리는 딸을 키우는 육아의 목표를 좀 더 명확히 할 수 있고, 주체적 의지를 더욱 단단히 다질 수 있으며, 아이의 올바른 감정 표현이 얼마나 중요한지 또한 이해할 수 있다.

머리가 아닌
마음을 움직여라

방향성을 잃은 아빠 육아의 결과

애착이 어느 정도 형성되면 어느 부모나 그다음으로는 아이의 학습에 관심을 갖는다. 아이의 장래는 결국 아이가 쌓는 스펙에 따라 결정된다는 믿음 때문이다. 물론 아무리 자존감이 높은 아이라도 결국 남들로부터 능력을 인정받을 수 있어야 먹고 살 수 있는 것은 자명한 사실이다.

하지만 아직 아이들에게 자신의 미래에 관한 위기의식은 없다. 우리야 지금까지도 그 여파를 실감하고 있지만, 아이들에게는 아직 보이지 않는 먼 훗날의 일이기 때문이다. 당장 숨쉬기가 어려울 정도로 폐가 아픈 고통을 아직 경험하지 못한 아빠가 담배 케이스에 박힌 새까만 폐의 사진을 보면서도 금연의 필요성을 절감하지 못하는 것과 같은 이치다.

아이가 학교에 들어가는 순간부터 엄마는 아이에게 필요한 온갖 정보를 모으는 데 신경을 집중한다. 성장 발육, 교육에 관한 이전과는 다른 차원의 고민이 시작된다. 원하든 원하지 않든 다른 집 아이들의 상황과 자신의 육아 방식을 비교한다. 엄마들끼리 만나서 정보를 주고받으며 새로운 내용을 알게 되어 기쁜 날도 있지만, 그보다 남들과 비교되는 우리 아이 걱정에 우울한 날들이 더 많다.

우스갯소리로 들릴지도 모르겠지만, 실제로 육아 서적을 읽고 자신이 이제껏 잘못된 길을 걷고 있었다는 충격에 빠져 식음을 전폐하는 엄마들도 있을 정도다. 여기에 딸을 키우는 엄마들에게는 이따금 들려오는 성범죄 관련 뉴스들까지 불안을 더한다.

하지만 아빠의 입장은 엄마와 상당히 다르다. 학교에 들어간다는 사실은 알지만, 아이의 환경이 어떻게 달라지고 엄마의 스트레스는 어떤 부분 때문에 높아지는지 알지 못한다. 가장 중요한 시기를 가족들과 공유하지 못하는 아빠는 아이가 초등학교에 들어가면서부터 점점 더 가족의 중심에서 멀어질 수밖에 없다.

해가 가고 아이가 중학교에 올라가게 되면 드디어 수면 아래에 가려져 있던 문제들이 하나씩 드러나기 시작한다. 엄마에게만 믿고 맡겼던 아이의 학업은 갈 길을 잃고 방황하기 시작한다. 학교 성적은 좀처럼 오르지 않고, 사춘기를 맞게 된 딸은 오히려 친구 문제와 외모 문제로 나름 인생 최대의 고민에 빠지는 상황까지 이르게 되면 아빠의 선택지는 하나로 좁혀진다. 장렬하게 폭발하는 것이다. 서로 책임을 다하지 못한 것을 비난하며 엄마와 다투고 실망한 딸에게는 큰소리를 내기 시작한다. 그 모든 비난은 이제껏 애써 쌓아왔던 딸과의 애착을 단 몇 번의 폭발로 몽땅 날려버린다. 그리고 머리를 감싸 쥐며 고뇌한다.

"도대체 뭐가 문제인 거야?"

유치원에 다닐 때까지만 해도 친구 같은 아빠, 가정적인 남편으로 살 수 있었다. 아무런 문제 없이 평화롭던 집안 분위기가 아이가 학교에 다니기 시작하면서 추락하는 이유는 바로 처음부터 방향성을 잃은 채 열심히 뛰는 것에만 집중하고 있었기 때문이다.

아빠 육아의 진정한 방향성

우리는 항상 결과보다 과정이 더 중요하다고 말한다. 하지만 막상 왜 그런지 물으면 단순히 "열심히 하는 모습이 아름다운 거니까!"라고 말하는 경우가 많다. 맞는 말이다. 하지만 아무리 강한 의지를 다지고 열심히 노력하더라도, 그 의지가 누군가로부터 억지로 떠밀려 생긴 거라면 노력은 결국 고생이 된다.

놀자! 딸육아연구소를 운영하기 전부터 나는 오랫동안 유대인의 성공적인 비즈니스 노하우에 지대한 관심이 있었다. 많은 연구 끝에 나름대로 그들의 성공 법칙을 발견할 수 있었고, 딸 부모들을 위한 육아 교육을 하는 지금까지도 한편으로는 그런 노하우를 사람들에게 알려주며, '자기다움'을 찾고 자신이 추구하는 가치를 얻을 수 있는 천직을 찾도록 돕고 있다. (놀자! 딸육아연구소의 교육 중에 유대인에 관한 이야기가 많이 등장하는 이유는 바로 그런 경험 때문이다.)

나를 찾아오는 많은 사람들 중에는 예비 창업가들도 있고, 이미 중소기업 수준의 안정적인 회사를 운영하는 CEO들도 있다. 모두 '반드시 나여야만 하는 일'을 찾기 위해 온 사람들이다.

처음 만나 컨설팅을 시작할 때 내가 물어보는 첫 질문은 언제나 동일하다.

"만일 평생 쓰고도 남을 돈을 벌게 되었다면, 그때부터는 무엇을 하면서 여생을 보내시겠어요?"

정말 행복한 상상이지 않은가? 평생 일을 하지 않아도 먹고 살 걱정이 없을 만큼의 돈이 내 은행 계좌에 쌓여 있다니! 하지만 이런 질문을 받는 사람들은 처음엔 생각만 해도 흐뭇하다는 듯 미소를 짓다가도 이내 심각한 표정으로 이렇게 말하는 경우가 대부분이다.

"한 번도 생각해본 적이 없습니다."

현재 자신의 위치와 상관없이 그런 반응을 보이는 이유는 무엇일까?

사실 행복한 상상을 가장한 그 질문의 진짜 의미는 이것이다.

'당신이 진짜로 원하는 것은 무엇인가?'

사람들은 인생을 살면서 저마다 자신이 원하는 목표를 세운다. 돈을 버는 것, 가족들을 포함한 타인으로부터 인정받는 것, 또 어떤 경우에는 생각하기조차 싫은 부정적 결과를 피하는 것 등을 목표로 삼기도 한다. 목표를 달성하고 나면 그 이후부터는 분명 행복할 거로 생각한다. 마치 '더는 돈을 위해 힘들게 일하지 않아도 되는 상태'가 되는 것처럼 말이다. 그리고 목표를 향해서 열심히 달린다.

하지만 설령 목표에 도달하더라도 행복이 오래가지 못하는 이유는 바로 '더는 이룰 것이 없어졌기 때문'이다. 행복은 긴 시간을 인내한 끝에야 짧은 순간 맛볼 수 있는 달콤한 열매 같은 것이 아니다. 그것이 우리가 지금 당장 행복해져야 하는 이유다. 그리고 그 행복은 내가 생을 다 하는 순간까지 쭉 이어져야 한다.

자식 농사는 자식이 대학에 들어가면 끝나는 것이 아니다. 자식이 성인이 되었다고 끝나는 것도 아니다. 심지어 부모의 인생을 몽땅 다 털어 넣어도 끝나지 않는다. 부모의 자식 농사는 자식이 온전히 생을 마감할 때야 비로소 끝이 난다. 그것이 언제가 되든지 우리는 딸보다 먼저 인생을 마감하게 된다. 그때까지 딸이 자신의 행복을 스스로 지킬 수 있는 자생력을 갖지 못한다면, 우리의 자식 농사는 어떻게 마무리지어질지 장담할 수 없다.

아빠는 바쁘다. 하지만 과연 무엇 때문에 바쁘게 살고 있는지 한

번 곰곰이 생각해보자. 딸을 키우는 아빠로서, 나는 지금 얼마나 행복하다고 느끼는지. 만약 지금의 과정이 괴롭고 힘들게 느껴진다면, 그것은 결코 의지가 약해서가 아니다. 노력이 부족해서도 아니다. '내 마음이 진짜로 원하는 것'이 무엇인지 아직 모르기 때문이다. 마음이 이끄는 목표를 찾는다면 그 마음이 생각을 키우고, 그 생각이 의지를 일으킬 것이며, 그 의지는 목표를 이루기 위해 노력하는 과정 내내 꺾이지 않을 것이다.

결국, 마음이 모든 것을 움직이고 이루어낸다. 이것이야말로 우리 인생의 행복을 결정하는 핵심이다. 한 인간으로서, 그리고 딸을 키우는 아빠로서, 내가 마음으로 원하는 행복이 과연 무엇이고, 딸에게 진정으로 남겨주고 싶은 것은 무엇인지 반드시 생각해보자.

답은 당신에게 있다.

세상에 나쁜 아빠는 없다

한 랍비가 주위를 살피지 않고 그저 미친 듯이 뛰어다니는 남자에게 물었다.

"왜 그렇게 정신없이 뛰어다니시오?"

"랍비여, 눈앞의 빵을 붙잡으려면 어쩔 수 없습니다."

"하지만 빵이 당신의 앞에 있는지를 어떻게 확신하시오? 그것은 당신의 뒤에 있을 수도 있잖소. 그렇다면 쉴 새 없이 뛰어다니는 대신 그 자리에 멈춰 서서 주위를 둘러보는 일이 더 중요하지 않겠소?"

_《탈무드》 중에서

좋은 아빠가 된다는 것은 아이와 아내로부터 진심으로 인정받는 가장이 된다는 것을 말한다. 가장이라면 누구나 가정의 경제적 안정을 위해 언제나 밤낮으로 고민하고 열심히 노력하기 마련이다. 전쟁터 같은 삶의 현장에서 고군분투하며, 수많은 경쟁자를 물리치기 위해 몸부림치고, 직장에서 살아남기 위해 애쓴다.

하지만 밖에서 아무리 열심히 인정받는 아빠라 하더라도 왠지 집에만 들어오면 힘이 빠질 때가 있다. 피곤한 몸이지만 그래도 딸과 즐거운 시간을 갖기 위해 좋은 분위기로 시작했던 놀이가 결국 누군가 울면서 끝나기 일쑤이기 때문이다. 그리고 나면 돌아오는 건 딸의 냉랭한 반응과 엄마의 따가운 눈총뿐이다. 밖에서 일할 땐 분명히 노력한 만큼의 능력을 인정받던 아빠가, 왜 딸과 단둘이 붙어 있기만 하면 크립토나이트를 만난 슈퍼맨처럼 맥을 못 추는 상황이 벌어지고 마는 것일까?

밖에서 돈을 버는 것보다 딸을 훌륭하게 키워내는 일이 분명 더 의미 있는 거라는 걸 아빠가 모를 리 없다. 딸 인생의 소중한 시간을 함께 보내고 싶은 마음은 아빠라면 본능적으로 가지고 있다. 하지만 나름의 노력을 해도 그만큼의 결과가 나오지 않게 되면 아빠는 육아에 의욕을 잃게 되기 마련이다. 그런 아빠를 보며 엄마는 말한다.

"처음부터 잘하는 사람이 어딨어? 해보면서 배우는 거지. 몇 번 해보지도 않고 힘들다는 건 마음이 없는 거야!"

그리고 또 세상은 이렇게 말한다.

"열심히 노력하면 누구나 인정받는 아빠가 될 수 있습니다!"

왠지 반박의 여지가 없는 말 같다. 하지만 그 말을 그냥 인정해버리자니 나름의 노력을 했다고 생각하는 아빠는 스스로 아빠 자격이 없는 못난 사람처럼 느껴진다. 혼란스럽고 힘 빠지고 억울함까지 밀려온다. 그런데 정말 강한 의지로 열심히 노력만 하면 언젠가 좋은 아빠가 될 수 있다는 말이 사실일까?

우리는 어떤 일이든 열심히만 하면 반드시 원하는 목표를 이룰 수 있을 것이라 믿는 경우가 많다. 만약 운이 좋거나, 단기간에 결과를 볼 수 있는 것들이라면 그때까지 억지로 버텨낼 수 있을지도 모른다. 하지만 금쪽같은 내 자식을 키우면서 과연 운을 바랄 수 있을까?

'육아는 도와주는 것이 아닌 함께하는 것이다'라는 인식이 점차 퍼져가고 있지만, '딸 아빠'만큼은 여전히 어려움을 느끼고 있는 경우가 많다. 딸과의 소통은커녕 같이 놀기조차 쉽지 않거나, 심지어는 딸이 아빠를 무시하고 때리는 경우가 벌어지기도 한다.

반면 엄마가 딸 때문에 이런 어려움을 겪는 경우는 그리 많지 않다. 딸을 키우는 일은 왜 아빠에게만 이토록 어려운 걸까? 그것은 아들로 태어난 아빠라서, 딸이 가진 여성 특유의 성향과 행동 방식을 제대로 이해하지 못하기 때문이다.

신발을 만드는 장인이 가장 잘 알아야 하는 것은 신발을 만드는 기술보다 그 신발을 신을 발에 관한 정보다. 아무리 훌륭한 솜씨로 정성을 다해 만든다 한들, 정작 신발이 발에 맞지 않는다면 무슨 소용이 있겠는가? 우리가 누군가? 그냥 아빠가 아니고 '딸 아빠'다! 그렇다면 우리는 무엇보다도 우선 딸이 가진 특성에 대해 잘 알아야 한다. 그리고 우리가 갖춘 능력과 주어진 시간을 어떻게 효율적으로 활용할 수 있을지 생각해봐야 한다.

이제까지 아내가 시키는 대로, 혹은 어느 육아 서적에서 말한 대로, 최선을 다해 열심히 노력해봤음에도 결과가 만족스럽지 않았던 것에 대해 제발 더는 아빠 자질 운운하며 자책하지 말자. 세상에 나쁜 아빠는 없다. 단지 길을 잃었을 뿐이다.

이 책을 쓰면서 단순히 딸 키우는 아빠를 위한 육아 교육 노하우만 담으려고 하지 않았다. 새로운 관점을 통해 딸에 대해서, 그리고 더 나아가 엄마와 아빠 자신에 대해서까지도 더 잘 이해하고 딸을 키우는 데 꼭 필요한, 명확한 방향성을 제시하는 실질적인 가이드가 되었으면 싶었다.

나 또한 딸을 키우는 아빠로서, 이 책과 함께하는 당신에게 아빠의 딸 육아가 그저 '딸을 잘 키우겠다'라는 추상적인 목표를 쫓는 인고의 시간이 아닌, 마치 여행의 과정을 즐기듯 한 발자국씩 옮기는 걸음 자체가 행복한 여정이 되길 진심으로 바란다.

바른 교육 시리즈 ❼
사랑받는 아빠는 소통법이 다르다

초판 1쇄 발행 2020년 6월 19일
초판 5쇄 발행 2025년 12월 30일

지은이 신우석

대표 장선희 **총괄** 이영철
기획편집 정시아, 안미성, 오향림, 배인혜
디자인 이승은, 장혜미 **외주디자인** 별을잡는그물
마케팅 장동철, 이은진, 서세유, 박현우
경영관리 전선애

펴낸곳 서사원 **출판등록** 제2023-000199호
주소 서울시 마포구 성암로 330 DMC첨단산업센터 713호
전화 02-898-8778   **팩스** 02-6008-1673   **이메일** cr@seosawon.com   홈페이지   인스타그램

ⓒ 신우석, 2020

ISBN 979-11-90719-26-3   13590

- 이 책은 저작권법에 따라 보호를 받는 저작물이므로 무단 전재와 무단 복제를 금지합니다.
- 이 책 내용의 전부 또는 일부를 이용하려면 반드시 저작권자와 서사원 주식회사의 서면 동의를 받아야 합니다.
- 잘못된 책은 구입하신 서점에서 바꿔 드립니다. • 책값은 뒤표지에 있습니다.

 서사원은 독자 여러분의 책에 관한 아이디어와 원고 투고를 설레는 마음으로 기다리고 있습니다.
책으로 엮기를 원하는 아이디어가 있는 분은 서사원 홈페이지의 '출간 문의'로 원고와 출간 기획서를 보내주세요.
고민을 멈추고 실행해보세요. 꿈이 이루어집니다.